强制隔离戒毒文书制作与应用

陈书成 主编

中国人民公安大学出版社
·北 京·

编写人员与分工

主　编：陈书成

副主编：张志强　胡钟鸣

撰稿人（以撰写内容先后为序）：

陈书成　胡钟鸣　张志强　王天瑞

周福银　田作京　胡　悦　成卓华

前 言

毒品是全世界的公害。打赢禁毒、戒毒这场生命之战，是世界各国人民的共同期待，是全社会及千万个涉毒人员家庭的共同期待，更是戒毒工作机构、戒毒人民警察、戒毒工作者、戒毒人才培养和理论研究工作者的光荣使命。

根据司法部2019年6月发布的《中国司法行政戒毒工作发展报告》，自2008年《禁毒法》实施以来，全国累计收治强制隔离戒毒人员144.4万余人，目前在册20.7万人；累计收治戒毒康复人员10.6万余人，目前在册4000余人；管理服务社区戒毒、社区康复人员5.5万余人。

党的十八大以来，全国各级司法行政戒毒机关坚持"以人为本、科学戒毒、综合矫治、关怀救助"的原则，坚持走教育戒治科学化、专业化的道路，不断探索符合戒毒工作规律的教育戒治方法，各项工作取得全面进展，建立了全国统一的司法行政戒毒工作基本模式，形成了中国特色司法行政戒毒工作体系。同时，强制隔离戒毒执法与管理也面临着法治化、科学化、专业化和规范化有待提高的问题。

司法警官类高等职业教育如何实现与政法行业人才需求、人才培养无缝衔接，实现"学校行业融合"，落实"课岗融合"，是目前行政主管部门和各司法警官类高等职业院校正在努力推进的重大课题。为了推进教学改革与创新，河南司法警官职业学院在行政执行专业的专业建设、课程设置、教材建设、实习实训、人才培养模式创新等方面做了大量有益探索。2020年，河南司法警官职业学院向河南省财政厅申报的河南省高等职业教育项目库项目——行政执行专业课程建设项目成功立项。《强制隔离戒毒文书》是行政执行专业的核心课程，研发《强制隔离戒毒文书》课程教材是该项目的任务之一。为了使学生比较系统地了解强制隔离戒毒文书的基础理论，掌握各类强制隔离戒毒文书制作与应用的基本技能，具备融会贯通以及运用相关理论和知识处理实际问题的能力，满足强制隔离戒毒场所人民警察开展岗位培训和素质提升的需求，我们组织编写了这本教材。

关于本书特点以及本书的编写，以下几点需要略做说明：第一，本书注重学校行业融合，确保教材与行业实际对接。本书的两位编者具有多年戒毒执法与管理一线工作的实践经验：胡钟鸣老师曾经长期在浙江省良渚强制隔离戒毒所工作，周福银老师曾经在河南省未成年强制隔离戒毒所工作多年。他们充分发挥了履历优势，在本书编写准备阶段，收集、提供了大量戒毒执法与管理文书案例。不仅如此，其他编者在编写过程中也尽力联系实务部门的同行，在文书范例的选用上注意选用各省市强制隔离戒毒场所现行实践中的鲜活例子，确保内容的实用性和实操性。第二，在全国范围内，除少数特例外，大量戒毒执法与管理文书在格式上尚没有明确的统一规范，均是各地戒毒场所在实务中依据相关法律法规等规范性文件的精神和要求，在上级部门指导下，结合执法与管理工作实际制作和应用的。因此，本书列举的范例均是编者从最新实务案例中慎重选择的，每一个范例都经过了反复比较和研究，仅供读者在学习和应用中参考。第三，本书内容注重法律规定与实际的联系，使读者既能很好地掌握每一种文书的制作背景与法理依据，更能快速直观地看到鲜活范例，学习掌握该文书的制作要领与注意事项。同时，在编写体例上，每一章后面均配有相应的拓展材料和实训题目，便于开阔读者视野，培养学习兴趣，提高实战能力。第四，本书所述的“戒毒场所”，一般专指司法行政戒毒场所；所述的“戒毒人员”，除特定的表述外，一般专指司法行政强制隔离戒毒场所中的戒毒人员；所述的“戒毒民警”，一般专指在司法行政强制隔离戒毒场所工作的人民警察。为了节省篇幅，当然也为了表述方便，本书中一些反复出现的概念、表述，一般使用简称，例如，《中华人民共和国禁毒法》简称《禁毒法》，以此类推，正文不再一一注明。

本书是集体智慧和共同努力的结晶。全书由主编陈书成拟定编写提纲和计划，张志强、胡钟鸣、周福银参与编写体例的商讨和制订，最后由陈书成统稿、完善和定稿。本书各章节编写分工为（按撰写内容先后为序）：

陈书成（河南司法警官职业学院）：前言，第一章，第八章第一、二节，附录。

胡钟鸣（浙江警官职业学院）：第二章。

张志强（河南司法警官职业学院）：第三章。

王天瑞（河南司法警官职业学院）：第四章。

周福银（河南司法警官职业学院）：第五章，第七章。

田作京（河北司法警官职业学院）：第六章。

胡 悦（河南司法警官职业学院）：第八章第三、四节。

成卓华（吉林司法警官职业学院）：第九章。

本书的编写参考和借鉴了有关的教材、学术著作和网络媒体资讯，吸收和借鉴了相关学者、专家的研究成果，在此谨向原作者致以敬意和感谢。同时，本书的编写得到了河南司法警官职业学院领导和同事们的大力支持，尤其要感谢袁理政院长和张峰副院长，以及中国人民公安大学出版社的编辑老师们！

文字作品是一件永远带有瑕疵的艺术品。无论我们怎么努力，本书一定会有这样或者那样的不足和缺憾。我们期待各位读者、专家、学者，尤其是工作在强制隔离戒毒一线的人民警察能指出不足，提出宝贵意见，以帮助我们改进和完善。

陈书成

2021 年 4 月 2 日

目 录

第一章　强制隔离戒毒文书的基础和原理

强制隔离戒毒是强制隔离戒毒执法与管理的简称。强制隔离戒毒文书产生于强制隔离戒毒工作，即强制隔离戒毒机构在强制隔离戒毒执法与管理过程中，依法制作的具有法律效力或法律意义的各类文书的总称。强制隔离戒毒文书服务于强制隔离戒毒执法与管理，离开了强制隔离戒毒执法与管理，相关文书就成了无源之水、无本之木。因此，学习和研究强制隔离戒毒文书的制作与应用，需要先学习和研究我国强制隔离戒毒工作的运行体制、法律依据和工作任务，弄懂强制隔离戒毒执法与管理的特点和内涵，在此基础上，才能更好地了解和学习强制隔离戒毒文书的原理和要求，为后续深入学习和研究强制隔离戒毒文书的制作与应用打下坚实的基础。

第一节　强制隔离戒毒工作概述

一、强制隔离戒毒的概念

依据我国《禁毒法》《戒毒条例》等法律法规，强制隔离戒毒是由公安机关对法定的强制隔离戒毒对象依法作出强制隔离戒毒的决定，由分属公安机关和司法行政机关的强制隔离戒毒场所分段对被决定强制隔离戒毒者收容隔离，进行综合性戒治康复的具体行政行为。从法理上讲，强制隔离戒毒是一种强制性具体行政行为。

二、强制隔离戒毒工作的体制

我国的戒毒工作坚持以人为本、科学戒毒、综合矫治、关怀救助的原则，采取自愿戒毒、社区戒毒、强制隔离戒毒、社区康复等多种措施，建立戒毒治疗、康复指导、救助服务兼备的工作体制。

我国《禁毒法》第三十八条第一款、第二款规定："吸毒成瘾人员有下列情形之一的，由县级以上人民政府公安机关作出强制隔离戒毒的决定：（一）拒绝接受社区戒毒的；（二）在社区戒毒期间吸食、注射毒品的；（三）严重违反社区戒毒协议的；（四）经社区戒毒、强制隔离戒毒后再次吸食、注射毒品的。对于吸毒成瘾严重，通过社区戒毒难以戒除毒瘾的人员，公安机关可以直接作出强制隔离戒毒的决定。”该条第三款同时规定，“吸毒成瘾人员自愿接受强制隔离戒毒的，经公安机关同意，可以进入强制隔离戒毒场所戒毒。”第四十一条第一款规定：“对被决定予以强制隔离戒毒的人员，由作出决定的公安机关送强制隔离戒毒场所执行。”该条第二款规定：“强制隔离戒毒场所的设置、管理体制和经费保障，由国务院规定。”

我国《戒毒条例》第二十七条第一款、第二款规定：“强制隔离戒毒的期限为2年，自作出强制隔离戒毒决定之日起计算。被强制隔离戒毒的人员在公安机关的强制隔离戒毒场所执行强制隔离戒毒3个月至6个月后，转至司法行政部门的强制隔离戒毒场所继续执行强制隔离戒毒。”

三、强制隔离戒毒的法律依据

《宪法》是我国的根本大法，是一切国家机关、人民团体、企业事业单位，包括国家公职人员在内的全体公民需要遵守的基本规范。《宪法》既是强制隔离戒毒法律法规的制定依据，也是强制隔离戒毒执法与管理活动的根本遵循。《宪法》中关于我国国体、政体等基本制度的规定，关于公民权利和义务的规定，关于国家机构的设置等，都是强制隔离戒毒工作的根据，并且都对强制隔离戒毒工作有规范意义。

强制隔离戒毒执法与管理工作的直接法律依据主要包括：《禁毒法》《戒毒条例》《人民警察法》《治安管理处罚法》《公务员法》《传染病防治法》《麻醉药品和精神药品管理条例》《安全生产法》等。

除以上法律法规外，一些相关的部门规章也是重要的法律依据。例如，《吸毒成瘾认定办法（2016修订）》以及《关于修改〈吸毒成瘾认定办法〉的决定》（公安部、国家卫生和计划生育委员会令第142号）；《强制隔离戒毒诊断评估办法》（公安部、司法部、国家卫生和计划生育委员会2013年9月印发、生效，公通字〔2013〕32号）；《监管场所艾滋病防治管理办法》（最高人民检察院、公安部、司法部、国家卫生和计划生育委员会2015年5月印发，司发通〔2015〕49号）；《强制隔离戒毒人员死亡处理规定》（国家禁毒委员会办公室、公安部、司法部、国家卫生和计划生育委员会、民政部2015年7月印发，禁毒办通〔2015〕80号）等。

司法部制定的禁毒戒毒方面的相关规范性文件当然也是司法行政强制隔离戒毒工作的重要依据，例如，《司法行政机关强制隔离戒毒工作规定》（2013年4月司法部令第127号）；《司法行政强制隔离戒毒所安全警戒工作规定》（2014年

11月司法部印发，司发通〔2014〕123号）；《强制隔离戒毒人员教育矫治纲要》（2014年7月司法部印发，司发通〔2014〕75号）；《司法部关于切实加强监狱、强制隔离戒毒所违禁物品管理的若干规定》（2015年3月，司发〔2015〕6号）。

在地方层面，各省、自治区、直辖市立法机关及人民政府依法制定和发布的地方性法规、条例、办法，设区的市人大和人民政府依法制定的规范性文件，只要符合上位法的规定，符合《立法法》的要求，有关戒毒及强制隔离戒毒的规范，也属于戒毒执法活动的执法依据。省、自治区、直辖市司法机关制定的相关规范性文件，省、自治区、直辖市司法行政机关及戒毒管理部门，以“通知”“办法”“实施细则”等形式下发的规范性文件，往往对执法及管理活动的具体细节作出规范和要求，这些规范和要求只要不违背相关法律法规，事实上在戒毒执法与管理活动中也起着重要作用。

四、强制隔离戒毒工作的任务

强制隔离戒毒工作属于行政执法与管理的范畴，是因采取社区戒毒不足以达到戒毒目标而采取的强制性戒毒措施。强制隔离戒毒执法与管理是完成戒毒工作任务的载体和途径，是实现戒毒工作目标的基本条件。强制隔离戒毒场所执法与管理中对戒毒人员的隔离和自由限制措施，体现了国家禁毒的意志和决心，为戒毒人员提供了必要的戒毒环境，也是促使戒毒人员履行戒毒义务的法定条件。

强制隔离戒毒场所的中心任务和工作目标是在强制隔离环境下，通过戒毒医疗、教育矫治、康复训练等执法和管理活动，帮助戒毒人员有效戒除毒瘾、康复身心、回归社会。

强制隔离戒毒执法与管理具有共同的使命和任务，就是使戒毒人员摆脱毒品之害，实现身心康复。在具体职能上包括强制隔离戒毒措施的执行行为，对戒毒人员及戒毒事务的管理行为，对戒毒人员的矫治康复等专业性服务等。无论是戒毒执法还是戒毒管理，强制隔离戒毒场所的一切活动都必须依法进行，体现合法性；都应当以保障戒毒人员的权益为基础，确保正当性；都应当维护良好的禁毒戒毒秩序、管理秩序和矫治康复秩序，并最终服务于戒毒人员戒断毒瘾、回归社会的目的。

五、强制隔离戒毒执法与管理的属性、联系与区别

行政执法是指国家机关为了执行法律、法规、规章，履行国家行政管理职能，依照法定职权和法定程序，对公民、法人和其他组织实施的影响其权利义务

的具体行政行为。强制隔离戒毒执法本质上是一种行政执法行为，也是一种具体行政行为。

行政执法的特点包括：（1）行政执法是行政行为的一种，具有国家强制性。戒毒执法也具有国家强制性，不存在戒毒人员在戒毒决定及执行上讨价还价的余地和可能。（2）行政执法是执行法律、法规的活动，也是立法工作的延续。（3）行政执法是对特定人或特定事项采取的行政行为。因此，行政执法是一种具体行政行为。（4）行政执法是行政机关直接同相对人之间形成法律关系的行为。

管理是指应用科学的手段安排组织社会活动，使其有序进行。从狭义上讲，管理是指为保证一个单位全部业务活动而实施的一系列计划、组织、协调、控制和决策的活动。行政管理是管理的一个具体类别，是行政组织为了公共利益，以法律和公共权力为基础，对社会公共事务和组织自身内部事务进行的管理和服务活动。

强制隔离戒毒执法与管理密不可分，具有共同的最终目标和任务，相互依存，相互补充，常被统称为“执法与管理”。有学者对执法与管理不加区分，认为强制隔离矫治与管理都是行政执法活动，执法与管理相互指代①。有学者将包括强制隔离戒毒场所管理文书在内的所有文书统称为“执法文书”②。但是，从法理和实践看，二者有着明显不同。

执法是强制隔离戒毒场所及其人民警察执行法律规定、履行法定职责的行为和过程，更侧重于享有执法权的法定主体根据法律授权，执行法律法规的活动和行为。执法行为具有法律上的明确授权、要求、约束和限制，包括执法主体、执法依据、执法权限、执法对象、执法程序、执法内容等。强制隔离戒毒执法是戒毒场所及其戒毒人民警察主要的工作任务。

管理是为了提高工作效率，体现公平公正，通过统筹计划、科学组织、强化领导、严密控制等手段，服务执法工作，高效完成戒毒场所和戒毒人民警察的使命与任务。在强制隔离戒毒场所，管理为执法服务，是为了戒毒执法的效率更高、效果更好。在戒毒工作中，有些工作必须由戒毒人民警察执行，是典型的执法行为，如戒毒人员的接收、违禁物品的检查、警械具的使用、保护性约束措施的使用与解除、所外就医的决定与办理、强制隔离戒毒的解除等；有些工作是执法的必然环节，如诊断评估管理、戒毒人员康复训练管理；有些则只是为执法服务，是纯粹的管理行为，如对戒毒人民警察的人事、工资福利、办公设施等行政事务的管理，戒毒所的财物装备管理，对戒毒人员的生活卫生、伙食被服、习艺劳动工具的管理等。

---

① 李岚、梁志东、张敏发：《强制隔离戒毒矫治与管理实务》，暨南大学出版社 2011 年版，第 3~4 页。

② 汪宗亮：《强制隔离戒毒场所执法文书制作》，浙江大学出版社 2013 年版，第 1~4 页。

从理论和实践上将执法活动与管理活动相区别，有利于增强戒毒人民警察的执法意识，规范执法行为，规避执法风险，保障戒毒人员的合法权益。当然，管理做得好，也有利于提高工作效率，实现最佳戒毒效果。

本书重点阐述司法行政强制隔离戒毒场所在执法与管理过程中的文书制作与运用。为了叙述的方便，凡是没有专门强调强制隔离戒毒场所的部门属性，均指司法行政部门的强制隔离戒毒场所。

第二节　强制隔离戒毒执法

一、强制隔离戒毒执法的概念及其内涵

强制隔离戒毒执法，是指国家公安机关、司法行政机关强制隔离戒毒场所及其工作人员根据法律授权，为帮助吸毒人员戒断毒瘾并顺利回归社会而执行禁毒相关法律法规的具体行政行为①。戒毒执法在法律属性上是一种行政行为。为了更好地理解这一概念，需要注意以下内涵：

（一）执法主体有明确的法律授权范围

我国禁毒、戒毒工作实行政府主导、有关部门各负其责、社会广泛参与的工作机制；采取了自愿戒毒、社区戒毒、强制隔离戒毒、社区康复等多种戒毒措施；建立起了戒毒治疗、康复指导、救助服务等功能兼备的综合治理工作体系和模式。这种系统化、社会化的综合性治理体系和多管齐下的治理方略，需要法律明确规范和保障，为此，我国《禁毒法》对相关部门参与禁毒戒毒的权限和职责作出了明确的规定。

依照我国法律规定，强制戒毒的执法主体具有复合性，既有公安机关依法作出强制隔离戒毒决定、解除强制隔离戒毒决定等行政行为，以及公安部门强制隔离戒毒场所执行隔离戒毒的行政行为；也有司法行政机关及其所属强制隔离戒毒场所执行强制隔离戒毒措施的行政行为。从司法行政戒毒工作角度看，不仅规定司法行政机关负责强制隔离戒毒措施的执行，直接管理所属的强制隔离戒毒所和戒毒康复所的工作，还应对社区戒毒、社区康复工作提供指导和支持。

（二）执法的程序、内容和标准有明确的法律规制

根据《禁毒法》的规定，被决定予以强制隔离戒毒的人员，由作出决定的

---

① 司法部戒毒管理局：《司法行政强制隔离戒毒执法实务》，法律出版社 2017 年版，第 2 页。

公安机关送至强制隔离戒毒场所执行。强制隔离戒毒场所应当根据戒毒人员的性别、年龄等情况，对戒毒人员实行分别管理。强制隔离戒毒的期限为两年。执行强制隔离戒毒一年后，经诊断评估，对于戒毒情况良好的戒毒人员，强制隔离戒毒场所可以提出提前解除强制隔离的意见，报强制隔离戒毒的决定机关批准。强制隔离戒毒期满前，经诊断评估，对于需要延长戒毒期限的戒毒人员由强制隔离戒毒场所提出延长戒毒期限的意见，报强制隔离戒毒的决定机关批准。强制隔离戒毒的期限最长可以延长一年。

同时，《禁毒法》规定，强制隔离戒毒场所对有严重残疾或者疾病的戒毒人员，应当给予必要的看护和治疗；对患有传染病的戒毒人员，应当依法采取必要的隔离、治疗措施；对可能发生自伤、自残等情形的戒毒人员，可以采取相应的保护性约束措施。

司法行政机关戒毒场所对戒毒人员的人身自由等权利依法加以必要限制，依法执行强制隔离戒毒，是一项严肃的执法活动，其执行行为的程序、内容和标准必须符合法律要求。同时，应当严格规范戒毒人民警察在戒毒执法过程中依法履行职责和行使权力，并切实保障戒毒人员的合法权益。

（三）执法过程必须科学

我国有关戒毒的法律法规体现了科学戒毒的原则和精神。《禁毒法》第四十三条第一款规定，强制隔离戒毒场所应当根据戒毒人员吸食、注射毒品的种类和成瘾程度等，对戒毒人员进行有针对性的生理、心理治疗和身体康复训练。第四十五条第一款规定，强制隔离戒毒场所应当根据戒毒治疗的需要配备执业医师。强制隔离戒毒场所的执业医师具有麻醉药品和精神药品处方权的，可以按照有关技术规范对戒毒人员使用麻醉药品、精神药品。该条第二款同时规定，卫生行政部门应当加强对强制隔离戒毒场所执业医师的业务指导和监督管理。国务院制定发布的《戒毒条例》第二十九条规定，强制隔离戒毒场所设立戒毒医疗机构应当经所在地省、自治区、直辖市人民政府卫生行政部门批准。强制隔离戒毒场所应当配备设施设备及必要的管理人员，依法为强制隔离戒毒人员提供科学规范的戒毒治疗、心理治疗、身体康复训练和卫生、道德、法制教育，开展职业技能培训。第三十条规定，强制隔离戒毒场所应当根据强制隔离戒毒人员的性别、年龄、患病等情况对强制隔离戒毒人员实行分别管理；对吸食不同种类毒品的，应当有针对性地采取必要的治疗措施；根据戒毒治疗的不同阶段和强制隔离戒毒人员的表现，实行逐步适应社会的分级管理。

强制隔离戒毒不同戒毒阶段有不同的规律。在生理脱毒期，需要更多地依靠来自外界的强制力；在巩固期和康复期，需要培养戒毒者的自制力来逐渐代替外界的强制力；在回归社会期则更主要地依靠戒毒者的自制力来保证不再复吸。

对戒毒人员从生理脱毒的戒毒医疗到教育矫治和康复训练等各种类型的戒治

工作，在依法进行的同时，都应当尊重科学，尊重规律。由于戒毒人员存在诸多的身体疾病和问题行为，尤其是在戒断反应期，经常会出现诸如稽延性症状、突发性疾病或精神症状，还可能突发自杀自残、伤害他人等比较严重的危害事件。因此，戒毒人民警察应当具备较高的法治素养和较强的执法行为能力，妥善应对一些突发问题和危害事件，以维护戒毒场所的正常秩序。

如前所述，根据禁毒法律规范，戒毒执法属于行政法律关系内的执法活动。行政法律关系，是指行政主体为实现行政法确定的行政管理职能与行政相对人之间的特定社会关系。就戒毒执法而言，（1）公安机关对吸毒者拥有强制隔离戒毒决定权，公安机关强制隔离戒毒场所和司法行政机关强制隔离戒毒场所对戒毒人员拥有不同戒毒阶段的强制隔离戒毒执行权；（2）强制隔离戒毒场所对被决定并送交执行的戒毒人员拥有人身限制权和管理权，而医疗卫生部门对戒毒医疗技术和标准拥有评估、管理和监督权；（3）上级司法行政主管机关对强制隔离戒毒场所的执法活动有检查监督权，行政监察机关对从事戒毒工作的人民警察在履职中的过错责任有调查并追究过错责任权等。

二、强制隔离戒毒执法的内容及其法理分析

戒毒执法工作覆盖从决定到接收，再到解除的整个过程。从法理上讲，戒毒执法是强制隔离戒毒决定、执行和管理机关、场所，及其工作人员根据法定职权，依照法定程序开展的一系列工作，内容包括：对戒毒人员重新赋予和保障某些权利，同时也限制一部分权利，并设定一定的义务，确认法律事实和法律地位等执行、变更或解除强制隔离戒毒等。戒毒执法工作应紧紧围绕建立健全戒毒人员管理、教育矫治、生活卫生、戒毒治疗、诊断评估等工作规程，建立健全戒毒人员从入所到出所各个环节的执法标准，所有的戒毒执法活动必须有法律依据，以帮助吸毒成瘾人员戒除毒瘾，恢复健康，顺利回归和融入社会为核心价值追求。

（一）重新赋予和保障权利

重新赋予和保障权利是戒毒执法工作的重要内容。戒毒人员因毒品而误入歧途，成为毒品的受害者，其法定的权利，如身体权和健康权、受教育权、劳动权、家庭权等，因自身原因，无法完整和正常享有。国家投入大量资源建立戒毒场所，不仅帮助他们摆脱毒品，更重要的是帮助他们尊重生命、尊重自我、重新获得尊严。戒毒场所和人民警察代表国家保障了戒毒人员作为公民理应享有的正当权利，如健康权、受教育权、劳动权、取得劳动报酬权，以及宪法所保障的政治权利和自由。

（二）限制权利、设定义务

戒毒执法不仅赋予和保障权利，而且也会通过限制戒毒人员的一部分权利来达到促使和帮助他们戒毒的目的。戒毒执法通过隔离的方法阻断吸毒者与毒品的接触，截断毒源，但它是以限制吸毒者一定的人身自由为基本条件，只有通过对自由的限制才能实现隔离的目的。

强制隔离戒毒工作的执法活动也是对戒毒人员设定义务的过程。作为受害者和违法者，戒毒人员自身存在很多缺陷，如世界观和价值观扭曲、贪图享乐、意志力薄弱、社会认知错误等。这些缺陷必须通过戒毒执法活动的强制力、教育矫治活动的影响力进行矫正。因此，戒毒执法对戒毒人员设定遵规守纪、配合矫正、服从管理、自觉接受教育等义务。

（三）确认法律事实与法律地位

戒毒执法活动通过接收强制隔离戒毒人员的过程，来确认其法律事实与法律地位。吸毒成瘾人员因符合《禁毒法》第三十八条第一款、第二款的规定，由县级以上人民政府公安机关作出强制隔离戒毒的决定。这一法律事实通过《强制隔离戒毒决定书》予以确认，并以该法律文书之书面形式反映戒毒人员在戒毒所中的法律地位。按照《禁毒法》第三十八条第三款的规定，吸毒成瘾人员自愿接受强制隔离戒毒，经公安机关同意进入强制隔离戒毒场所戒毒的，其法律事实与法律地位同样得以确立。

（四）变更法律地位

强制隔离戒毒的期限为两年，最长可延长强制隔离戒毒期限至三年。其间，戒毒人员如因病所外就医的，强制隔离戒毒的法律关系并未消亡，只是发生执行地点变更。因犯罪活动被执行拘留、逮捕或者依法收监执行刑罚的，强制隔离戒毒法律关系自然发生变化。强制隔离戒毒法律关系也因戒毒人员死亡、期限届满、变更戒毒措施及撤销强制隔离戒毒决定等事实和决定而变更。

三、强制隔离戒毒执法的特点

（一）合法性

司法行政机关及其戒毒场所通过戒毒人民警察依法实施的戒毒执法，是体现国家禁毒意志的具体行政行为。对于行政主体来讲，“法无规定不可为”。依法行政的本质是行政行为的主体合法、权限合法和程序合法。强制隔离戒毒所及其人民警察作为执行主体，其职权行为是经过相关法律、法规授权的，该职权不可让渡，不可恣意扩充或者缩减。强制隔离戒毒所及其人民警察作为执行主体要忠实于相关法律法规，严格依照法定的授权权限和程序，依法实施戒毒措施。

例如，在《戒毒条例》及《司法行政机关强制隔离戒毒工作规定》中，对人员接收、物品检查、人员管理、违纪处理、突发事件处置、保护性措施、警戒具的使用、所外就医、诊断评估、探视探访、解除戒毒、死亡处理等内容作出了明确规定，为戒毒执法提供了明确的依据与标准。同时我国《禁毒法》《戒毒条例》都设置了“法律责任”专章，对强制隔离戒毒场所及工作人员明确规定了禁止性行为及相应法律责任。

戒毒人民警察在执法过程中，必须严格遵守法定程序，依照法定方式执行。同时应当坚持公正、严格、文明的执法原则。坚持公正执法，对所有戒毒人员一视同仁，确保各个执法环节依法依规、公平公正。坚持严格执法，认真贯彻实施《禁毒法》《戒毒条例》等法律、法规和规章，恪守法律权限要求，严格依法接收管理戒毒人员，不越权、不违法，确保所有执法活动依法进行。

（二）强制性

强制性是隔离戒毒的重要特点，也是隔离的重要保障。隔离是对戒毒人员人身自由的相对限制，其目的为：其一，切断吸毒成瘾者获得毒品的途径，断绝吸毒成瘾者接触毒品的可能；其二，提供一个无毒的、生活规律的、健康的戒毒康复环境。

强制性也是实现戒毒目的的重要保障。毒品的戒断已成为世界难题，尤其是新型毒品会对人体神经系统造成不可逆转的损伤。因此，在强制隔离戒毒机构成功戒毒需要两个方面的强制力共同作用，一是吸毒成瘾者自身的自我强制即自制力，二是来自外界的强制力，只有这两方面有效结合，才能实现戒毒的目的。

（三）复杂性

戒毒执法的对象是戒毒人员。戒毒人员具有多重身份：病人、涉毒违法者、毒品受害者，这就决定了戒毒执法的复杂性。针对戒毒人员是病人的特点，戒毒场所要提供医疗服务和可靠有效的治疗方法进行戒毒，通过康复强健其体魄；针对戒毒人员也是毒品受害者的特点，戒毒执法者对戒毒人员要进行挽救和关爱，通过心理治疗帮助其戒除心瘾，挽救其受损的社会关系和家庭关系；针对戒毒人员是违法者的特点，戒毒场所采用强制隔离的措施，通过阻断获得毒品的渠道帮助其戒毒，同时对戒毒人员开展以知法守法教育、道德教育、职业技术教育为核心的矫正教育，以消除戒毒人员的违法心理，培养其守法心理，使其掌握在社会上独立生存的技能。总之，戒毒工作是一项具有法治性、科学性和社会性等多种特征的专业工作，需要戒毒人民警察具有较强的问题解决能力和较高的处理复杂情境的执法水平。

（四）以人为本

以人为本是我国戒毒工作的显著特征。《禁毒法》第一条开宗明义明确了该法的立法目的：“为了预防和惩治毒品违法犯罪行为，保护公民身心健康，维护社会秩序，制定本法。”《戒毒条例》第七条规定：“戒毒人员在入学、就业、享受社会保障等方面不受歧视。对戒毒人员戒毒的个人信息应当依法予以保密。对戒断3年未复吸的人员，不再实行动态管控。”第二十八条第二款规定：“女性强制隔离戒毒人员的身体检查，应当由女性工作人员进行。”第二十九条规定，强制隔离戒毒场所应当配备设施设备及必要的管理人员，依法为强制隔离戒毒人员提供科学规范的戒毒治疗、心理治疗、身体康复训练和卫生、道德、法制教育，开展职业技能培训。

在强制隔离戒毒初期，强制隔离的约束和限制往往使戒毒人员存在一定程度的痛苦和抵触。随着戒毒人员的逐渐康复，要弱化强制隔离的约束和限制性，强化戒毒执法的保障性特征，并在保障性中体现以人为本。

戒毒执法活动的以人为本还要尊重戒毒人员的人性尊严。例如，不得对戒毒人员进行体罚虐待，禁止非人道的和残忍的惩罚，保障戒毒人员的法律救济权等。再如，《禁毒法》第四十九条明确规定，戒毒康复场所组织戒毒人员参加生产劳动的，应当参照国家劳动用工制度的规定支付劳动报酬。

第三节　强制隔离戒毒管理

一、强制隔离戒毒管理的概念

管理广泛存在于社会各行各业之中，每个行业的管理都有其各自的特点。戒毒管理是一种特殊行业的管理，是由国家行政机关依法行使管理权的行政活动，属于行政管理的范畴。

强制隔离戒毒是在法律框架下，强制隔离戒毒机关及其戒毒人民警察按照自身职能要求，在强制隔离环境下，在对戒毒人员进行教育矫治、戒毒医疗、康复训练、习艺劳动过程中，实施的计划、组织、领导和控制的活动和过程。从涵盖范围看，戒毒管理主要包括各种保障资源的管理、行为活动管理和生活事务管理。从终极目标看，和戒毒执法类似，戒毒管理以有效实现戒毒人员戒除毒瘾、康复身心、回归社会为目标。

司法行政强制隔离戒毒机关主要包括：中央司法行政强制隔离戒毒管理机关，即中华人民共和国司法部。司法部具体负责管理该项工作的职能部门是戒毒管理局；省、自治区、直辖市一级，是该省、自治区、直辖市的司法厅（局），具体职能部门是戒毒管理局（处），在司法厅（局）领导下，负责管理本省（自治区、直辖市）的戒毒工作；地市一级，是市（地区、盟、自治州）司法局，具体职能部门为戒毒管理处（科），受司法局领导，管理木地区的戒毒工作；强制隔离戒毒所，具体开展和实施强制隔离戒毒工作，是强制隔离戒毒的执行机关。

二、强制隔离戒毒管理的内涵

内涵决定事物的属性。为了更好地理解强制隔离戒毒管理工作，需要特别注意戒毒管理的内涵。

第一，戒毒管理要立足于戒毒人员既是病人，也是违法者和受害者的特点，注重教育感化和挽救，强调人性化管理，突出人文关怀。重视社会力量的参与，如充分发挥戒毒人员的近亲属、社会组织及志愿者等社会力量的作用，同时引导戒毒人员自我管理、自我约束、自我教育，注意贯彻以人为本、加强服务和科学管理的理念。

第二，戒毒管理的核心目的是提高戒毒工作的效率和效果。一般来讲，管理过程是一定组织中的管理者，通过实施计划、组织人力、指导与领导、控制等方法来协调他人，使别人同自己一起实现既定目标的活动过程。管理追求的是效率和效果的双重目的。效率方面，注重的是国家和社会投入的戒毒力量和资源是有限和稀缺的，因此要提高效率；效果方面，注重的是资源的最终使用效果，要通过先进的管理活动使戒毒工作达到最佳效果，即帮助戒毒人员戒除毒瘾、康复身心、回归社会。

第三，综合施策，多管齐下，有效实现管理目标。不仅要综合运用医学、心理学、社会学和法学等多方面的知识和原理，而且要采取行政管理、加强监督、教育矫治、戒毒医疗、康复训练、心理疏导、社会工作、习艺劳动等多种手段和措施帮助戒毒人员摆脱对毒品的依赖，恢复身心健康，为回归社会打好基础。

三、强制隔离戒毒管理的特点

（一）行政属性

强制隔离戒毒是一种行政措施。《禁毒法》第三十八条规定：“吸毒成瘾人员有下列情形之一的，由县级以上人民政府公安机关作出强制隔离戒毒的决定……”明确了公安机关是强制隔离戒毒的决定机关。第四十条第二款规定：“被决定人对公安机关作出的强制隔离戒毒决定不服的，可以依法申请行政复议或者提起行政诉讼。”

将强制隔离戒毒定性为一种具有行政性和强制性的戒毒措施，不仅戒毒人员本人可以接受，其家属、亲友也能承受，有利于社会和谐稳定。相反，如果把吸毒成瘾的戒毒人员作为刑法惩罚和制裁的对象，不仅会让戒毒人员及其家属难以接受，而且也会造成刑法资源的浪费，而将这部分资源配置到严厉打击贩毒等犯罪行为上，会更为有效和合理，而且也更加符合国际趋势。①

（二）非处罚属性

强制隔离戒毒虽然是一种具有行政性和强制性的戒毒措施，但戒毒管理的全部内容和过程体现了其非处罚属性。

强制隔离戒毒本质不是对吸毒者的行政处罚，而是一种挽救吸毒人员的措施。其强制性的目的是使吸毒人员远离原来的吸毒生活、远离毒品，这样有利于强制隔离戒毒场所对其进行思想教育综合治疗和行为矫治，全面提高毒瘾戒断率，帮助其恢复身心健康。

戒毒管理的基本原则是“以人为本、科学戒毒、综合矫治、关怀救助”，由此可以看出戒毒管理具有人性化的特征。例如，《禁毒法》第四十三条第一款规定：“强制隔离戒毒场所应当根据戒毒人员吸食、注射毒品的种类及成瘾程度等，对戒毒人员进行有针对性的生理、心理矫治和身体康复训练。”第四十四条规定：“强制隔离戒毒场所应当根据戒毒人员的性别、年龄、患病等情况，对戒毒人员实行分别管理……对可能发生自伤、自残等情形的戒毒人员，可以采取相应的保护性约束措施……”

（三）治疗与教育矫治属性

戒毒诊断治疗是要祛除戒毒人员因毒品导致的“身体疾病”，教育矫治是要祛除戒毒人员因吸毒导致的“心理疾病”。戒毒人员不同于监狱中服刑的罪犯，戒毒机关必须把对戒毒人员的医疗、教育矫治、康复放在第一位，尊重戒毒人员的个体差异、认知、情感和利益诉求，尊重科学，尊重规律，通过医学、教育学、心理学、社会学等措施和方法，有针对性地做好教育矫治、戒毒医疗和康复管理工作。

四、戒毒管理的分类

根据不同的分类标准，可以把戒毒管理分成不同的类型。

---

① 司法部戒毒管理局：《司法行政强制隔离戒毒管理实务》，法律出版社 2017 年版，第 12 页。

1. 根据管理对象分类，可以把戒毒管理分为戒毒人民警察管理、戒毒人员管理、装备管理、财务管理、设施管理、信息管理等。

2. 根据戒毒治疗流程分类，戒毒管理可以分为脱毒阶段管理、康复阶段管理和回归准备阶段管理。

3. 根据管理手段分类可以把戒毒管理分为教育矫治管理、戒毒医疗管理、康复训练管理等。

4. 根据戒毒工作具体内容，戒毒管理可以分为接收管理、日常管理、解除管理等。因为这种分类涉及本书戒毒场所文书的分类，对此稍做分析。

接收管理是强制隔离戒毒所依法为戒毒人员办理入所手续，进行相关检查并分类编队的活动。例如，查收法律文书并核对戒毒人员身份、安全检查、健康检查、办理接收手续、登记建档等。日常管理，是指强制隔离戒毒所对入所后的戒毒人员依法进行的日常管理活动。主要包括教育矫治管理、戒毒医疗管理、康复训练管理、生活卫生管理、安全管理等。解除管理，是指强制隔离戒毒所依法对符合条件的戒毒人员按照法定程序解除强制隔离戒毒措施的活动。主要包括诊断评估、审核戒毒期限、办理解除手续、报送审批机关并通知亲属或接纳组织领回等。

第四节　强制隔离戒毒文书概述

一、强制隔离戒毒文书的概念

强制隔离戒毒文书，是强制隔离戒毒执法与管理文书的简称，是指强制隔离戒毒机构在强制隔离戒毒执法与管理过程中，依法制作的具有法律效力或法律意义的系列文书的总称。强制隔离戒毒文书是强制隔离戒毒执法与管理行为的载体，属于国家行政公文的范畴。它是强制隔离戒毒工作中对具体事件处理和管理的文字记载及说明，是以文字形式记载强制隔离戒毒工作中事件发生、发展和结果的重要凭证。可以说强制隔离戒毒文书既是强制隔离戒毒这一法律活动运作的工具和平台，又是强制隔离戒毒法律活动的载体和文字证明，还是强制隔离戒毒人民警察及工作人员依法履行职责的重要依据和方式。①

① 汪宗亮：《强制隔离戒毒场所执法文书制作》，浙江大学出版社 2013 年版，第 1 页。

二、强制隔离戒毒文书的特点

（一）强制隔离戒毒文书制作和使用的主体是强制隔离戒毒所，具体的制作者和使用者是强制隔离戒毒所人民警察及其他正式工作人员

强制隔离戒毒所是国家的执法机关，依照《禁毒法》以及《戒毒条例》等法律、法规的规定，对被决定强制隔离戒毒的人员进行必要的治疗、教育和管理，使其戒除毒瘾，康复身心，帮助其重塑法治意识，并顺利回归和融入社会，成为守法公民。强制隔离戒毒文书的内容基本反映和覆盖戒毒场所戒毒执法与管理的特点和过程，包括诊断治疗、所政管理、安全防范、教育矫治、习艺劳动、生活卫生管理、突发应急处理等内容。因此，这些戒毒执法与管理文书只能由具有执法和管理权的强制隔离戒毒所制作，具体是由戒毒人民警察代表强制隔离戒毒所实施。因此，强制隔离戒毒文书具有符合强制隔离戒毒工作自身性质和特点的特定内容和范围。这也决定了人民警察应当严格依照有关法律的规定制作文书，以确保法律的正确实施和管理的规范运行。

（二）强制隔离戒毒文书具有程度不等的法律效力，既是戒毒执法与管理的真实反映，也对戒毒执法与管理起到支撑和载体作用

戒毒人民警察对戒毒人员诊断评估、分类管理、教育矫治，组织戒毒人员进行康复训练、习艺劳动等是戒毒人民警察的职责所在，对戒毒人员的强制隔离戒毒执法与管理是由法律的强制力来保证实施的。因此，几乎所有的执法文书都具有特定的法律效力，这些执法文书一旦完成了制作并通过了相应的审批程序，就具有了法律效力，对戒毒人员的权利义务会产生相应的影响，例如《戒毒人员入所体检表》《戒毒人员入所登记表》《警械使用审批表》《采取保护性约束措施审批表》《所外就医审批表》《强制隔离戒毒人员探视审批表》《解除强制隔离戒毒证明书》《解除强制隔离戒毒通知书》等执法文书，都具有相应的法律效力。

至于管理类文书，主要是在教育矫治、习艺劳动、生活卫生管理中记载管理过程中的相关情况，例如《教育谈话记录表》《心理辅导记录表》《食堂刀具领用登记表》《戒毒人员配发物品登记表》《戒毒人员生活卫生检查登记表》《安全生产检查记录》《习艺矫治工具使用登记簿》等，既是规范化管理的媒介和途径，也是管理过程的真实记录和反映，还是对戒毒执法的支撑和辅助。例如，日常管理中制作的询问笔录等，同样是强制隔离戒毒所执法文书的组成部分，同样具有一定的法律效力；《教育谈话记录表》《心理辅导记录表》等，对判断戒毒人员的教育矫治状况，甚至决定是否提前解除强制隔离戒毒都有重要意义；《安全生产检查记录》《习艺矫治工具使用登记簿》等，不仅对规范习艺劳动管理很

有必要，对安全防范也有较大价值和意义。

基于管理类文书的制作主体、制作目的、使用环境与戒毒执法文书的一致性，并且同样具有的一定的法律意义，有学者直接将强制隔离戒毒所的所有文书，统称为执法文书。①

（三）强制隔离戒毒文书具有符合强制隔离戒毒工作特征的特定格式

凡是文书都具有一定的格式。作为文书的一个种类，强制隔离戒毒文书也具有特定的格式。强制隔离戒毒文书的格式是在强制隔离戒毒工作实践中形成，在制作和使用过程中不断完善，最后由上级有关机关规范并认可的文书样式。

目前，我国司法行政强制隔离戒毒所文书的格式，主要分为以下几种：第一，部分文书格式是法律法规明确规定的，各地方要严格依照规定制作和使用，原则上不得更改。例如，公安部、司法部、国家卫生和计划生育委员会于2013年联合发布实施的《强制隔离戒毒诊断评估办法》中，明确提供了《强制隔离戒毒诊断评估手册》与《提前解除/延长强制隔离戒毒期限意见书》的式样。其中，《强制隔离戒毒诊断评估手册》中包含了评估手册的封面及《强制隔离戒毒综合诊断评估表》《戒毒人员生理脱毒评估表》等6份具体文书的格式。第二，司法部戒毒管理局规范和发布，供全国强制隔离戒毒场所统一使用。第三，各省、自治区、直辖市戒毒管理局总结各地戒毒机构的经验，并根据有关法规和本地区的实际情况，制定了部分地方性的强制隔离戒毒场所执法与管理文书格式，供本地区的强制隔离戒毒所在日常工作中统一使用。此外，一些执法属性很弱的文书，如一些生活卫生类表格，一般由各地戒毒机构根据实际自行制作和使用。

总的来说，一些具体的戒毒执法与管理文书，在格式上全国并不统一。本书编者认为，原因有以下几点：第一，形式是为内容服务的，文书是为执法与管理实务服务的。与文书的具体格式相比更为重要的是，文书传达和反映的内容与信息要准确无误，要以事实为根据，以法律法规为准绳，适时使用，应用正确。至于语言言简意赅，形式简明得当，也属于文书的基本要求，但很难有明确和统一的标准。第二，与其他行政执法和行政管理文书一样，戒毒场所文书的具体种类繁多，其形式上的执法敏感性也差异很大，戒毒执行机构的上级主管机关也很难对所有的文书进行规范和统一。第三，与公安机关、检察院、法院等部门的司法工作及行政机关常见行政执法与管理工作相比，强制隔离戒毒工作的历史并不长，实践中，一些基层戒毒所还受过去劳动教养工作模式和作风的影响，执法与管理上的规范化、科学化和精准化有待加强。同时，全国各地戒毒工作的重点、难点也有所不同，一些具体工作还都在探索之中。

在我国，《禁毒法》、《戒毒条例》及《司法行政机关强制隔离戒毒工作规

① 汪宗亮：《强制隔离戒毒场所执法文书制作》，浙江大学出版社2013年版。

定》等法律法规是全国通用的，因此，戒毒执法与管理文书的制作和使用依据又是基本相同的，进而，全国的相关执法文书，在种类、内容及格式上，除了细节上的差异，其目的、用途、主要内容及精神等又是大致相同的。例如，相关法律法规和规章，特别是司法部颁布的《司法行政强制隔离戒毒所安全警戒工作规定》，对戒毒所安全警戒有明确的规定和要求。但是对安全警戒执法与管理过程中相关环节的文书并没有详细规定与格式要求，实务中，各地各戒毒所依据相关规定，做了大量有效探索和实践，各地戒毒所在安全警戒执法与管理中的文书会有格式上的些许甚至较大差异。

本书在编写过程中，虽然对文书范例的选择也较为慎重，反复比较，但仍然会有这样那样的问题。所选用的例子有资料收集上的偶然性，并不代表编者的偏好，仅供读者在学习和应用中参考。

三、强制隔离戒毒文书的分类

为了方便学习，研究强制隔离戒毒文书的规律，提高其科学化水平，进而推动强制隔离戒毒工作的法治化、科学化和规范化建设，有必要研究强制隔离戒毒文书的分类。对强制隔离戒毒文书的分类，可以有宏观、中观和微观等不同的层次。本节先从第一层次和第二层次，即从宏观和中观来分析。本书以后的章节会对该类文书从更细层次再具体分述。

（一）第一层次的分类

在实际工作中，根据该文书是否与戒毒人员的权利义务有直接关系，我们可以把强制隔离戒毒文书分为以下两类：

第一类是强制隔离戒毒决定机关和执行机关，即公安机关、强制隔离戒毒所及所属各工作部门制作、使用的，与戒毒人员有直接关系的文书。本书把它们归为戒毒执法管理文书、专用公文，或专用文书。这些文书中，有些涉及戒毒人员权利义务变更等具体执法内容，以强制隔离戒毒决定机关、执行机构名义，需要对外送达或公开，具有特定格式的戒毒执法与管理文字材料，如决定书、通知书、审批表、案件调查报告、登记表、讯（询）问笔录、提前解除强制隔离戒毒或延长强制隔离戒毒限期建议书等；有些涉及戒毒人员一般事务性管理、戒毒场所后勤生活卫生管理、戒毒人员生产劳动管理等。其中执法和管理互为表里，密不可分，并不能截然分开。本书在次序上对戒毒执法文书与戒毒管理文书并不做特殊分类。

第二类与戒毒人员没有直接关系，是司法行政系统内部，特别是强制隔离戒毒所所属工作部门、大队、中队等，在工作运转中，用来传达政令、请示工作、报告情况、联系事项、制订计划、总结经验、记载活动的文字材料，如通知、计划、总结、报告、简报、预案等，为通用公文，又称行政事务性文书，或者综合应用类文书。

强制隔离戒毒所的戒毒执法管理文书和行政事务性文书有着明显区别。前者执法属性更明显，其中部分涉及戒毒人员的权利义务变更、身份变化，有的还需要对外送达或对外公开。后者多用于系统内部，包括司法行政机关戒毒管理部门与戒毒所之间的行政公文，戒毒所内部戒毒人民警察事务管理等。两类文书都是为着戒毒场所及戒毒人民警察依法履行职责、开展戒毒工作的目的，都是为着维护良好的禁毒戒毒秩序、管理秩序和矫治康复秩序，并最终服务于帮助戒毒人员戒断毒瘾、矫治教育、康复身心、回归社会的目的。

为了尽可能地反映强制隔离戒毒文书制作与运用的全貌，本书对强制隔离戒毒文书的讲解与阐述，以上述第一类戒毒执法管理文书为主，这类文书是本书的研究重点，同时兼顾综合应用类文书。

（二）第二层次的分类

在第一层次的分类中，强制隔离戒毒文书整体上可以分为两大类：一类是戒毒执法管理文书；另一类是行政事务性文书。接下来，按照不同标准，可以分别分类如下：

先看戒毒执法管理文书，按强制隔离戒毒文书反映的内容分类，一般可以分为以下几类：（1）入所收治类执法文书。这是指在戒毒人员入所收治过程中制作和使用的文书。例如《收治强制隔离戒毒人员证明书》等执法文书。（2）诊断评估与医疗康复类文书。这是指强制隔离戒毒所在对戒毒人员进行毒瘾诊断、戒毒效果评议及医疗康复过程中制作和使用的文书。例如，戒毒人员在生理脱毒期、身体康复期、戒毒巩固期等不同阶段的相关诊断评估文书。（3）所政管理类文书。这类文书贯穿戒毒人员强制隔离戒毒的全过程，是维护戒毒执法与管理秩序，确保戒毒场所安全稳定的重要平台和依据。例如，戒毒人员分类分期管理执法文书、安全管理执法文书、通信通话管理执法文书、奖惩管理执法文书、探视管理文书等。（4）教育矫治类文书。这是指强制隔离戒毒所在对戒毒人员进行教育矫治过程中制作和使用的文书。例如，对戒毒人员的教育矫治执法文书、对戒毒人员进行个别教育、集体教育的文书等。（5）生活卫生类文书。这类文书应用于戒毒所管理和维护戒毒人员日常生活卫生的过程中。例如，也可以把对戒毒人员膳食管理、医疗检疫等文书归入所政管理大类。（6）习艺劳动管理类文书。习艺劳动管理类文书应用于确保习艺劳动安全、维护习艺劳动秩序的执法与管理。例如，安全生产检查整改、习艺劳动工具登记等习艺劳动方面的文书。习艺的目的是教育矫治，因此，也可以把此类文书归入教育矫治大类。（7）安全警戒类文书。强制隔离戒毒所在加强人防、物防、技防建设，综合运用安全教育、安全检查等手段，确保安全警戒过程中制作和应用的文书属于安全警戒类文书。（8）解除强制隔离戒毒类文书。强制隔离戒毒所在对达到规定的解除强制隔离戒毒标准的戒毒人员，解除强制隔离，准予其回归社会的行政执法过程中制作与应用的执法文书属于解除强制隔离戒毒类文书。以上这种分类贴近强制隔离戒毒工作的实际，在实务中有较大的使用价值。本书章节目录的安排基本上以此为依据。

按形式分类，戒毒执法与管理文书一般可以分为以下几类：（1）填写式文书。填写式文书是指文书的要素内容提前以表格等形式设计，制作时只需按相应内容对应填写的文书。例如，《戒毒人员（入所）体检表》《戒毒人员基本情况登记表》《强制隔离戒毒人员所外就医证明书》《出所通知单》等，都属于填写式文书。（2）拟制式文书。拟制式文书是需要制作者用较多的文字记述、概括或总结相应内容的一类文书。例如，对戒毒人员的鉴定意见文书。有的也事先大致设计成一定的样式，需要制作者拟制、填写较多的文字。例如，《安全检查登记表》《社区康复帮教协议》《教育教研活动记录》等，都属于拟制式文书。（3）笔录式文书。笔录式文书是指强制隔离戒毒场所在日常管理过程中对有关人员进行询问时所做的现场纪实记录。《询问笔录》等文书属于笔录式文书。

再看行政事务性文书，目前强制隔离戒毒所常用的行政事务性文书有以下几种：决定、意见、通知、通报、报告、请示、批复、函等。除此之外，计划、会议记录和纪要、总结等，也是戒毒所行政管理实务中常见的文种。行政事务性文书不是本书的重点，将会放到本书最后一章中简要介绍。

四、强制隔离戒毒文书与法律文书的关系

法律文书，是适用于法律活动，带有法律专业属性的所有非规范性文件的总称，具体地说是指我国公安机关、国家安全机关、人民检察院、人民法院、监狱、国家行政机关、公证机构、仲裁机构、律师事务所等司法、执法机关和法律机构以及自然人、法人和其他组织，在诉讼和非诉讼的法律事务中按照法定程序，就具体案件或法律事务适用法律而制作的具有法律效力或者法律意义的非规范性法律文件的总称。① 也有学者从广义上将国家安全机关颁布的规范性文件归入法律文书的范畴②。

需要说明的是，规范性文件是指各级机关、团体或者组织制定发布的，具有约束和规范人们行为作用的文件。广义上的所有法律，都是典型的规范性文件。例如，宪法、基本法律和行政法规、地方性法规等法律文件都是典型的规范性文件，都具有普遍的约束力。非规范性文件与规范性文件相对应，是适用法律过程

① 潘庆云：《法律文书》，中国政法大学出版社 2017 年版，第 15 页。

② 李晓棠：《书记员工作实务》，中国人民大学出版社 2010 年版，第 93 页。

中所产生的文件。而法律文书则仅就具体的案件和当事人进行事实认定和证据甄别，或通过分析论断作出处理决定，只适用于该案件及其各具体当事人，不具有普遍性的约束力。

法律文书是一种应用性文体，但又区别于一般的应用性文体。作为一种应用性文体，总的来讲，法律文书一般具有主旨鲜明、材料真实、要素法定、格式特定、用词严谨、解释单一和讲求实效等技术要求。[①] 一份法律文书，不仅要符合特定的语言写作方面的要求，还要符合技术规范，同时要体现上述各项主要特征。

公安和司法行政强制隔离戒毒工作机关，包括决定机关、各级管理机关和具体执行机关，都是国家行政机关的组成部分。强制隔离戒毒执法与管理文书属于法律文书的范畴。

包括强制隔离戒毒文书在内，法律文书的制作和运用是一项十分严肃且要求很高的工作。必须综合运用法学、法律业务、语言学、文章写作学等多种知识和技能，以事实为依据，以法律为准绳，敬畏法律，尊重事实，才能够制作出高水平的法律文书，并发挥它的效能和价值，贯彻和落实法律，实现公平、正义。

五、强制隔离戒毒文书的地位与作用

关于强制隔离戒毒文书的性质及地位，学界有不同认识。有学者认为，强制隔离戒毒文书是国家司法公文体系中的一个有机组成部分。强制隔离戒毒文书与公安机关在案件侦查期间所制作的法律文书、检察机关在案件起诉阶段所制作的法律文书、人民法院在案件审判期间所制作的法律文书以及监狱在执行法律过程中所制作的刑罚执行文书，共同组成了国家司法公文的一个完整体系。[②]

本书编者认为，强制隔离戒毒文书是法律文书的一种，其具体属性取决于它反映和服务的内容和对象。强制隔离戒毒工作的依据是《禁毒法》《戒毒条例》等法律法规及相关行政规章等，强制隔离戒毒的决定机关和执行机关是行政机关。《禁毒法》第四十条第二款规定，被决定人对公安机关作出的强制隔离戒毒决定不服的，可以依法申请行政复议或者提起行政诉讼。作为强制隔离戒毒措施，强制隔离戒毒所对戒毒人员实施的执法和管理行为属于行政执法和管理范畴。这与监狱作为刑罚执行机关，依据我国《刑法》《刑事诉讼法》和《监狱法》开展的刑罚执行工作是有本质区别的。据此，强制隔离戒毒文书属于行政执法与管理类法律文书。

强制隔离戒毒文书在国家法律公文体系中占有一席之地，在对戒毒人员执法和管理过程中具有十分重要的作用。其重要作用主要表现在以下几个方面：

---

① 李晓棠：《书记员工作实务》，中国人民大学出版社 2010 年版，第 94~96 页。

② 汪宗亮：《强制隔离戒毒场所执法文书制作》，浙江大学出版社 2013 年版，第 2 页。

第一，强制隔离戒毒文书是强制隔离戒毒所对戒毒人员实施管理、教育矫治和戒毒康复的重要载体。强制隔离戒毒文书，从一个侧面反映戒毒人民警察的执法管理状态与水平，对确保强制隔离戒毒工作执法管理活动的正常有序进行具有十分重要的作用。离开了强制隔离戒毒场所执法与管理文书这一载体，很难想象强制隔离戒毒工作如何开展，强制隔离戒毒执法与管理活动将陷入无序状态。

第二，强制隔离戒毒文书具有记录和凭证的作用。强制隔离戒毒文书的记录作用主要体现在两个方面：一方面强制隔离戒毒文书记载了人民警察的执法与管理过程。执法与管理文书制作的质量从一个侧面反映人民警察的执法管理水平，是规范戒毒执法与管理工作的重要抓手，也是强制隔离戒毒执法管理活动中的凭据和证明，更是事后追溯和查阅、接受检查和监督的重要依据和参照。另一方面强制隔离戒毒文书记载了戒毒人员接受隔离戒毒的全过程，既能够反映戒毒人员矫治质量，又能够记录戒毒康复动态变化的轨迹，是检验戒毒人员矫治质量和矫治康复进度的重要依据。作为强制隔离戒毒工作执行过程以及矫治康复过程的实际记录，强制隔离戒毒文书还具有档案保存价值。

有些文书还具有证明戒毒人员身份、状态的凭证作用。例如，戒毒人员被批准离所探视时，强制隔离戒毒所出具的《强制隔离戒毒人员外出探视证明书》，是戒毒人员离所探视时的身份证明。再如，《强制隔离戒毒人员所外就医证明书》是戒毒人员所外就医过程中证明其身份的法律凭证。

第三，强制隔离戒毒文书是强制隔离戒毒所与公安机关、检察机关、人民法院及其他司法行政机关以及戒毒人员家属、相关社会组织联系的纽带。强制隔离戒毒所的执法活动不是孤立进行的，必然要和相关的公安机关、检察机关、人民法院和其他司法行政机关相互联系、互相配合、互为监督，而这一切需要通过强制隔离戒毒所的执法文书才能得以实现。例如《强制隔离戒毒决定书》《提请提前解除强制隔离戒毒意见书》等，这些执法文书起到了与相关司法机关和执法部门联系的纽带作用。

第五节　强制隔离戒毒文书的制作与应用要求

一、总体要求

（一）文书的主旨必须合法、准确和鲜明

文书的主旨是指文书制作的目的和意图。文书的主旨在文书中处于核心地位，起到了统领文书的作用。在确立文书的主旨时要注意以下两点：

1. 主旨要合法、正确，必须以事实为依据，以法律为准绳。文书制作的目

的和意图不能凭空产生，必须先有产生文书制作目的和意图的客观事实，而且这一客观事实必须符合相关法律规定。例如，要产生提请公安机关给予戒毒人员提前解除强制隔离戒毒的主旨，首先该戒毒人员必须具有符合提前解除的条件以及相关的事实，而且该事实必须达到法律相关规定的要求。否则，制作的文书是违法或无效的。

2. 主旨要鲜明。主旨鲜明是指文书主张的目的要一清二楚，态度鲜明，不可模棱两可，模糊不清。一般而言，文书的标题就反映了该文书的主旨。此外，文书制作者对该主张所表明的态度一般在审批意见栏里要明确表达。因此，在签署审批意见时一定要态度鲜明，绝不能模棱两可。此外，强制隔离戒毒文书的主旨还具有单一性的特点，一种强制隔离戒毒场所执法文书只能表达一个行文意图。

（二）文书的内容和材料要真实和典型

文书的内容和材料要真实、可靠、典型。内容真实是文书的生命。虚假的材料只会产生违法的主旨，最终导致徇私舞弊和执法腐败。在选择材料时应当注意以下两点：

1. 选择的材料必须真实。所谓材料的真实是指选择的材料必须实事求是，客观准确。一是文书中所涉及的人物，事件发生的时间、地点、经过、结果和原因动机都必须真实可靠；二是文书中所涉及的数据必须准确无误；三是对事实的分析必须客观公正，结论必须实事求是，符合逻辑；四是考核过程必须公开、公平、公正。

2. 选择的材料必须典型。在制作文书的过程中，会收集到许多材料，但并不是所有的材料都适用，必须对收集的材料进行整理和挑选。只有选择典型的材料，才能使文书的主旨具有较强的说服力，才能最终实现文书所要表达的目的和意图。

（三）文书的结构要完整和规范

文书的结构是指文书的内容构造。文书的结构是文书的基本框架，没有这个框架，文书的材料就无法组织。因此，文书的结构在文书中同样具有基础性地位。

强制隔离戒毒文书的结构一般是固定的。其基本样式包括填写式、拟制式和笔录式三种。这几种文书样式的内部结构要素是相对定型的，结构的基本要素主要由以下三部分组成：

1. 首部。主要包括文书的制作机关、文书的标题、发文字号、戒毒人员的基本情况等内容。

2. 正文。正文是文书的核心部分，一般由两部分组成：一是事实依据和法律依据，主要阐述体现文书主旨的事实理由和法律依据。二是处理意见和结论，也就是在阐述事实和理由的基础上，鲜明地表达文书制作者的处理建议或结论性意见。

3. 尾部。主要表达致送机关、签署单位、成文日期、用印、附项等相关事项。

（四）文书的语言要准确和简练

文书的材料只有通过恰当的语言表述才能呈现出来。要写好强制隔离戒毒文书，必须在语言表达上下功夫。第一，文书的语言要准确。文书语言的准确是指在制作文书时所使用的语言必须准确表达事物的本质。用词恰当，表达的内容完全符合事实。这就要求在制作执法文书时对文字的表达必须字斟句酌，反复推敲。文书语言不能有歧义，解释上要具备唯一性。第二，文书的语言要简练，要言简意赅。作为一种特殊的应用文，尤其是法律应用文书，强制隔离戒毒文书的语言与艺术作品的语言风格是截然不同的。强制隔离戒毒文书的语言风格是简洁和质朴的，需要经常使用一些法定词语、专业术语和行业约定俗成的惯用句式。

（五）文书的表达方式要恰当，要素要齐全

文章的一般表达方式有叙述、说明和议论。但强制隔离戒毒文书用得最多的表达方式是叙述，偶尔应用说明的表达方式，在依据事实和法律法规做出处理建议或者结论性意见时，也是一种简洁的议论。

叙述是指用客观的语言将事情的发生、发展和结果等全过程如实记载下来的一种写作方法。在具体应用叙述这种表达方式时要注意以下几点：

1. 正确使用叙述的人称。强制隔离戒毒文书最常用的人称是第三人称。

2. 叙述的要素要齐全。对事实的叙述主要包括事情发生的时间、地点、人物，事情发生的起因、发展（情节、手段）、结果等要素，由于这些要素在处理相关执法事务中具有一定的法律意义，因此，在制作文书叙述相关事实时特别要注意要素是否齐全。

3. 叙述的方法要恰当。为了做到层次清晰、条理分明，常用的叙述方法包括自然顺叙法、突出主体法、综合归纳法、先总后分法、先分后总法等。在具体使用时，应当根据文书制作的需要，可以单独使用一种叙述方式，也可以综合使用多种叙述方式。

（六）文书总体布局要庄重、朴实、简洁、规整

同其他法律文书一样，强制隔离戒毒文书在篇章布局上，除考虑突出标题和主要内容外，还要兼顾整个文件布局，使其疏密相间而不失稳重、朴实，错落参

差而不失规整。此外，文书的签署印章、成文时间、核对、装订、存档等均应符合规范和惯例。

二、文书常见项目的基本要求

由于具体的使用场合、目的不同，强制隔离戒毒文书有不同的种类和形式，但所有的文书有一些常见项目或者要素（以下通称项目），在要求上是相通的。文书常见项目包括：姓名、别名（含曾用名、绰号、笔名、小名等）、出生时间、籍贯等个人信息类项目；吸毒情况、违法犯罪事实、法律条文的援引等记录或者描述类项目；印章、笔和墨水、数字和计量单位的使用等技术类项目等，在此对这些常见项目及其基本制作要求分别做出说明。

1. 姓名。姓名是强制隔离戒毒场所执法文书的一个重要项目，也是各类执法文书中的一个关键要素。通常需要注意以下三点：一是戒毒人员收治入所时，要将《强制隔离戒毒决定书》中的姓名与其本人身份证件认真核对。一方面，有的戒毒人员可能有不同的姓名，应当将其身份证上的姓名视为其正名。另一方面，要防止出现“三假”人员（假姓名、假身份、假地址）。实践中，有的戒毒人员为了逃避承担法律责任，或者便于从事违法犯罪活动，会借助虚假居民身份证，或者冒用他人的身份证。因此，对所有戒毒人员在收治后要进行调查，核实其真实的姓名、身份和家庭住址，当然这个核查也应该贯穿整个戒毒期间。对极个别短时间无法弄清楚的，应作为重点人员从严控制。二是手工填写姓名时字迹要清楚端正，不能潦草，更不得涂改。三是对少数民族戒毒人员，应正确填写汉语译名，必要时在其汉语译名的后面注明其本民族或本地区特有文字的姓名。

2. 别名。别名是指戒毒人员除正规姓名以外的名字，通常身份证上的为规范姓名，其他的为别名，如曾用名、绰号、代名、笔名、乳名等。有些戒毒人员的正式姓名在居住地或生活地无人知晓，但他的别名却无人不知。戒毒人民警察应当掌握这类信息，便于有针对性地开展戒毒工作，提高工作效率。在有关戒毒人员的文书中，如《强制隔离戒毒人员入所登记表》，应如实记载。

3. 出生时间。戒毒人员的出生时间以公历为准，包括年月日信息，一般以《强制隔离戒毒人员决定书》或居民身份证号码或《强制隔离戒毒人员信息表》中所记载的出生年月为准。当决定书与信息表不一致时，通常以最初的决定书为准。手工填写出生时间时字迹要清楚，不能潦草，更不得涂改。

4. 籍贯。籍贯，又名祖居地或原籍，籍贯一般从父，个别从母，是指祖父及以上父系祖先的长久居住地或出生地。原籍地是原来的籍贯。参照公安部公通字〔1995〕91号文件，戒毒人员的籍贯应为本人出生时祖父的居住地（户口所在地）；祖父去世的，填写祖父去世时的户口所在地；祖父未落常住户口的，填写祖父应落常住户口的地方；公民登记籍贯后，祖父又迁移户口的，该公民的籍贯不再随之更改。

另外，在填写时要与出生地、现居住地加以区分。这三者有可能是相同的，有可能是其中两项相同，也有可能三项都不相同，在戒毒人员收治入所时应对其籍贯、出生地和现住址进行详细了解，分别据实填入相关栏目。

5. 口音。戒毒人员的口音应以其基本口音和习惯口音为准。戒毒人民警察应当全面了解戒毒人员情况，当发现其会使用其他方言时，应将相关情况如实记录。

6. 文化程度。文化程度可分为博士研究生、硕士研究生、本科、大专、高中（中专）、初中、小学、文盲等档次，以国家教育行政机关承认的最高学历为准。有些戒毒人员通过自学达到一定文化水平，也可在栏目中填写“相当于××文化”，如果是通过国家自学考试并取得了相应学历证书，应当以学历证书上的学历为准。有些戒毒人员未完成相关学历的学习，可填写“××肄业”。此外，有些戒毒人员为了逃避参加戒毒所组织的文化技术学习，或出于其他动机，会故意提高或降低自己的学历，对此要加以注意。

7. 婚姻状况。婚姻状况一般分为未婚、已婚、离异、丧偶四种情形。在戒毒人员收治入所时应了解戒毒人员的实际婚姻状况，并据实填写。

8. 家庭地址。家庭地址是戒毒文书中常见的项目。戒毒人员家庭地址的填写必须详细准确，不能简写或缩写。一般以《强制隔离戒毒人员决定书》所列的家庭地址为准，如果了解到戒毒人员有其他居住地址的也应详细写明。居住地为农村的，应填写到县、乡、村、组。居住地为城镇的应填写到市、县（区）、镇、路（街道）、门牌号码。居住在城镇小区的还应写明“××小区××幢××单元××室”。在强制隔离戒毒期间如果戒毒人员家庭地址发生变动的，民警在知晓后应当在相关执法文书中及时更新。

9. 健康状况。戒毒人员收治入所后的健康状况以《戒毒人员（入所）体检表》的结论为准，如发现有生理、精神疾病或缺陷的，应如实填写。在强制隔离戒毒期间健康状况发生变化的，特别是强制隔离戒毒人员在强制隔离戒毒期内每半年进行一次体检，身体健康状况均应在《戒毒人员（期中）体检表》中据实填写。

10. 职业。职业主要反映戒毒人员在被公安机关抓获，执行强制隔离戒毒决定前所从事具体工作的状况。在填写其他文书中的职业项时应以《强制隔离戒毒人员决定书》所记载的职业状况为准，同时在入所谈话期间也应了解和掌握戒毒人员在强制隔离戒毒前曾从事过的其他职业状况。

11. 工作单位。工作单位是指戒毒人员被公安机关抓获，执行强制隔离戒毒决定前所在工作单位的名称和地址。填写时以《强制隔离戒毒人员决定书》所载明的工作单位为准，同时也应了解和掌握戒毒人员被决定强制隔离戒毒前所有工作过的单位的情况。填写戒毒人员工作单位时要用全称，不能写简称或缩写。

如有必要，单位地址也要一并记载。

12. 个人简历。戒毒人员的简历，一般应从上小学开始，按时间先后顺序填写，一直写到本次决定强制隔离戒毒前为止。特别要强调的是时间不能有中断，要保持连贯性。

13. 吸毒情况简介。吸毒情况简介这一项目一般包括四个方面的信息，即吸食毒品种类、吸毒次数、吸毒方式和吸毒时间。吸食毒品的种类要求详尽填写其吸食过的毒品具体名称，如海洛因、冰毒、摇头丸、氯胺酮（K 粉）等，并注明是吸食单种还是某几种或是以某种为主并附加其他的种类；吸毒的次数要清楚地填写从首次到抓获时或抓获前最近一次的累计次数；方式要填写清楚是鼻嗅、烫吸、注射的其中一种还是各种方式均采用过；吸毒的时间包含两个方面的内容，一是首次吸毒的时间，二是从首次到现在的总计时间，一般以年为计算单位，如吸食毒品 3 年。实际时间跨自然年的，一般按 2 年计。

14. 决定机关。确定强制隔离戒毒的机关一定要填写单位名称的全称，如××市公安局××公安分局，不可采用简称如××局或××分局。

15. 违法犯罪情况（记录）。该项目主要指戒毒人员历次的违法犯罪记录（管制、拘役、徒刑、劳教、强制隔离戒毒），从首次到最近一次，按照时间顺序，要写明历次服刑或服教（强制隔离戒毒）起始时间，以及在历次违法犯罪期间在监狱、劳动教养或强制隔离戒毒场所的奖惩情况。

16. 法律条文的援引。制作强制隔离戒毒文书时，经常要引用法律条文，此时必须写明该部法律的全称，不能使用简称；同时引用法律条文要具体，法律条文中有条款项的要引用到具体适用的条、款、项。

17. 发文字号。发文字号是文档编排、文件查阅和存档工作的重要依据，是文书制作的重要技术项目。一般来讲，强制隔离戒毒文书中涉及决定书、意见书或是证明书之类的关系到戒毒人员权利义务、责任承担等比较重要的执法文书均应有特定的发文字号。该字号一般由发文单位所属的省级行政辖区简称、发文单位涉及该文书的文种简称、年份和发文序号组成。如《提请提前解除强制隔离戒毒意见书》的发文字号由单位、文种、年份和文书序号四部分构成，如《浙江省××强制隔离戒毒所提请提前解除强制隔离戒毒意见书》的发文字号“浙强戒提解字〔20××〕第××号”。再如，该所《强制隔离戒毒人员外出探视证明书》的字号为“浙（×戒）外探证字〔20××〕第××号”；《强制隔离戒毒人员所外就医证明书》的字号为“浙（×戒）外医证字〔20××〕第××号”等。

18. 印章的使用。拟定后的正式强制隔离戒毒场所执法文书通常应当加盖单位印章。使用印章时应将印章端正地加盖在成文日期年、月、日的上面，横向位置应当在年、月、日的中间位置，俗称“骑年盖月”。需要加盖强制隔离戒毒所所长私章的，则应于成文日期年、月、日上方并列落款“强制隔离戒毒所所长”，然后将强制隔离戒毒所所长私章加盖在落款的右边。此外，一纸多联的强制隔离戒毒文书在每联的中缝应填写发文字号并加盖强制隔离戒毒所公章，俗称“骑缝章”。修改执法文书的局部文字或表述错误时要加盖“纠错专用章”，必要时在旁边由经办（纠错）人手写签名，注明纠错时间，以示严肃。

19. 数字和计量单位的使用。按照《国家行政机关公文处理办法》的规定，在强制隔离戒毒文书中，除发文字号、统计表、计划表、序号、专用术语或其他必须使用阿拉伯数字的情况以外，一般用汉字书写，如戒毒期限“贰年”。按照《国家行政机关公文处理办法》新的规定：“公文中的数字，除成文日期、部分架构层次序数和在词、词组、惯用语、缩略语、具有修辞色彩语句中作为词素的数字必须使用汉字外，应当使用阿拉伯数字。”在制作强制隔离戒毒场所执法文书时需要使用计量单位的，应当使用法定计量单位，如“米”“千克（公斤）”“千米（公里）”等。

20. 笔和墨水的使用。当前，信息化办公已经成为主流办公模式，而且是未来发展的必然方向。除有特殊要求外，制作强制隔离戒毒文书时应当优先选择使用计算机制作并按照规范格式编辑、打印。打印后的文书，其中需要手写的部分，比如个人签名，应当在相应位置亲笔填写。不能或者不便使用打印机打印的文书，包括拟制式文书、笔录式文书、表格或者填写式文书，必须使用黑色墨水的钢笔、自来水笔或者签字笔制作或者填写，不得使用圆珠笔、铅笔或者其他颜色的墨水笔填写。

【知识拓展】

阅读材料 1：

2019 年中国毒品形势报告

前　言

2019 年，中国禁毒部门在党中央、国务院坚强领导下，按照国家禁毒委员会统一部署，全面落实党的十九大和十九届二中、三中、四中全会精神，认真贯彻习近平总书记关于禁毒工作重要指示精神，深入推进“禁毒 2019 两打两控”专项行动、禁毒重点整治和示范城市创建等重点工作，推动禁毒人民战争取得新成效。深入开展“除冰肃毒”打击制毒犯罪专项行动，严厉打击了制造合成毒品犯罪活动；创新完善堵源截流机制，部署开展“净边”专项行动，有力遏制了毒品入境内流；集中打击网络涉毒违法犯罪活动，有效遏制了网上涉毒问题发展蔓延；深入实施青少年毒品预防教育工程，有效减缓了新吸毒人员滋生；积极推进社区戒毒社区康复工程，有效减轻了毒品社会危害；持续深化禁毒重点整治工作，扭转了一些地方毒品问题严重状况；务实开展禁毒国际合作，积极参与国际禁毒事务和跨国禁毒执法行动。2019 年，全国共破获毒品犯罪案件 8.3 万起，抓获犯罪嫌疑人11.3万名，缴获各类毒品65.1吨；查处吸毒人员61.7万人次，处置强制隔离戒毒22万人次，责令社区戒毒社区康复30万人次。经过不懈努力，中国禁毒斗争形势稳中有进、趋势向好，吸毒人数继续下降，规模性制毒活动大幅萎缩，制毒物品非法流失问题得到整治。

当前，全球毒品问题继续呈恶化态势，“金三角”、“金新月”、“银三角”三大毒源地传统毒品产能依然巨大，并与冰毒等合成毒品和新精神活性物质形成三代毒品叠加供应态势。“金三角”地区在向我渗透海洛因、冰毒片剂的同时，冰毒晶体及氯胺酮输入量急剧上升，占据我国毒品市场主导地位。大麻、可卡因等毒品向我国渗透不断增多。《2019世界毒品报告》显示，全球每年约有2.7亿人吸毒，近3500万人成瘾，近60万人直接死于毒品滥用。随着经济全球化和社会信息化加快发展，世界范围毒品问题泛滥蔓延，特别是周边毒源地和国际贩毒集团对中国渗透毒品不断加剧，成为中国近年来毒品犯罪面临的外部威胁。

一、毒品滥用

2019年，中国毒品滥用形势继续好转。经过持续深入推进青少年毒品预防教育工程、社区戒毒社区康复工程以及吸毒人员“清零”、“清隐”、“清库”行动等专项工作，国内毒品滥用增长势头进一步减缓。现有吸毒人数（不含戒断三年未发现复吸人数、死亡人数和离境人数）连续两年下降，戒断三年未发现复吸人数连续多年上升。尽管中国减少毒品需求工作成效明显，治理毒品滥用问题取得一定成效，但滥用人数规模依然较大、吸毒活动隐蔽性增强、新类型毒品增多，治理巩固难度加大。

——吸毒人数持续下降，毒品滥用形势继续好转。截至2019年底，中国现有吸毒人员214.8万名，占全国人口总数的0.16%，系连续第二年减少，同比下降10.6%。其中，35岁以上109.5万名，占51%；18岁到35岁104.5万名，占48.7%；18岁以下7151名，占0.3%。戒断三年未发现复吸人员253.3万名，同比上升22.2%，首次超过现有吸毒人数。全年共查获吸毒人员61.7万人次，同比下降13.9%；其中新发现吸毒人员22.3万名，较上年减少3万名。全年新发现吸毒人员中青少年占比下降，但60岁以上吸毒人员同比增加3.5%。

——三类主要品种滥用人数下降，冰毒滥用人数最多。在214.8万名现有吸毒人员中，滥用冰毒人员118.6万名，占55.2%，同比减少12.1%，冰毒仍然是我国滥用人数最多的毒品；滥用海洛因80.7万名，占37.5%，同比下降9.2%；滥用氯胺酮4.9万名，占2.3%，同比下降20%。海洛因、冰毒和氯胺酮三类主要滥用品种滥用人数均出现下降。滥用大麻人员2.4万名，与上年持平，以外籍人员、有境外学习或工作经历人员及演艺人员为主。

——吸毒方式越来越隐蔽，排查发现难。为规避公安机关查处，吸毒活动隐蔽性私密性特点增强，公共娱乐场所吸毒活动有所减少，选择在宾馆、出租屋、私人会所或私家车等隐蔽处所吸毒明显增多；一些吸毒人员从线下转入线上，利用网络社交软件建立“毒友群”，采用虚拟身份、暗语交流，进群先直播吸毒，进群后不参与直播吸毒或不购买毒品即被踢出群，形成更加隐蔽的网络吸毒圈子。

——新类型毒品增多，识别查处难。目前，我国已列管431种毒品和整类芬太尼类物质，但新类型毒品不断出现。如含LSD成分的“邮票”、向学生兜售的“聪明药”以及逐渐蔓延的“0号胶囊”、“G点液”、“犀牛液”等色胺类物质，品种五花八门。有的变换包装，伪装成食品、香烟等，如“奶茶”、巧克力形态的毒品；有的是未列管的毒品替代品，如号称“改良K粉”的氟胺酮；还有新精神活性物质作为第三代毒品，在国内迅速扩张，且花样不断翻新，如合成大麻素“娜塔莎”等等，据国家毒品实验室检测，全年检测出新精神活性物质41种，其中新发现5种。

——滥用危害风险始终存在，严重影响社会治安。毒品滥用不仅给吸毒者本人及其家庭带来严重危害，也诱发盗抢骗等一系列违法犯罪活动。长期滥用合成毒品还极易导致精神性疾病，由此引发自伤自残、暴力伤害他人、“毒驾”等肇事肇祸案事件在各地仍时有发生，给公共安全带来风险隐患。

二、毒品来源

中国毒品来源于境外输入和国内制造。2019年，全国共缴获各类毒品65.1吨，其中国内制毒案件缴获冰毒、氯胺酮等主要毒品2.7吨，同比下降50.5%，占全国缴毒总量的4.1%；明确来源于境外的毒品35吨，同比上升7.5%，占全国缴毒总量的53.7%。根据各地办案部门不完全统计，其他不确定来源的缴获毒品大多数也产自境外。随着国产毒品产量减少及毒品价格暴涨，境外毒品向我渗透不断加剧，迅速抢占市场，弥补需求空缺，取代了国产毒品的市场主导地位。

（一）境外毒品来源

——“金三角”毒品仍是主流。据卫星遥感监测数据显示，2019至2020年生长季，“金三角”地区罂粟种植面积55.5万亩，较上年略降1.4%，可产鸦片500余吨。同时，该地区还大规模制造冰毒片剂、晶体冰毒和氯胺酮并向我及周边地区大肆输出，是中国毒品的主要来源地。2019年，全国共缴获海洛因、冰毒晶体及片剂、氯胺酮等主要毒品33吨，其中来自“金三角”地区的共27.3吨，同比上升5.5%，占总量的82.7%。

——“金新月”和南美毒品渗透风险依然存在。全年共破获“金新月”海洛因案件11起、缴毒78.9公斤，破获南美可卡因案件118起、缴毒166.1公斤。虽总量不多，但两大毒源地毒品产能巨大，“金新月”地区与我地缘便利，南美贩毒集团不断扩张全球可卡因贩运网络，两地毒品对我国渗透的风险始终存在。

——北美大麻入境案件增多。中国海关全年立案查处走私入境大麻案268起，缴获大麻252.1公斤，走私大麻案件和缴毒量呈逐年增长态势。受欧美一些国家大麻合法化政策影响，中国境内外籍员工、高校留学生、海外归国人员以及文娱从业人员通过互联网勾联，以国际邮包、航空夹带等方式从境外购买、滥用大麻及其制品现象明显增多。

（二）国内毒品制造

——规模性制毒活动减少。经过持续不断推进打击制毒“除冰肃毒”专项行动和易制毒化学品清理整顿，国内制毒犯罪受到严厉打击，地下制毒活动得到有效遏制。全年共破获制毒犯罪案件290起，捣毁各类制毒厂点173个，缴获冰毒、氯胺酮等主要毒品2.7吨，同比分别下降30%、35.5%、50.5%。制毒活动出现新变化，呈现规模小型化、分布零散化、工艺简单化的特点，有的在家庭作坊、小型货车内流动制毒，大宗制毒活动减少，产能大幅下降。

——制毒活动向境外转移趋势明显。受严打整治挤压，国内一些制毒分子与境外贩毒势力相勾结，流窜到“金三角”地区或其他东南亚国家选点设厂，购买生产制毒物品，制成毒品后再走私回流入境或销往其他国家。

——国内制毒活动存在反弹风险。全国现有滥用冰毒人员118.6万名，市场需求依然规模大，冰毒成瘾性强、戒断难度大，毒品消费“刚需”依然存在。同时，国内冰毒、氯胺酮等合成毒品受国产供应减少影响，价格高涨，受高额暴利的刺激，个别地方地下制毒活动仍有发生。

——制毒物品流入制毒渠道问题受到遏制。随着制毒物品监管、整治、打击力度不断加大，国内非法流入国内制毒渠道的制毒物品大幅减少。全年共破获制毒物品案件332起，缴获各类化学品2313.6吨，同比分别减少39.3%和78.3%。受境内外存在制毒原料需求影响，非法制贩和走私制毒物品活动仍较活跃，订单式研发生产非列管化学品用于制毒的问题日益突出。一些不法分子注册“皮包公司”，通过骗取经营资质和许可备案证明等方式，违规交易、运输、储存、进出口化学品，几经倒手即流入非法渠道。

三、毒品贩运

2019年，中国共破获走私、贩卖、运输毒品案件6.2万起，抓获犯罪嫌疑人9万名，缴获毒品49.1吨，同比分别下降22.5%、16.6%和10.3%。毒品贩运活动依然活跃，呈现境内境外、网上网下相互交织的局面。

——境外毒品经云南辐射全国仍是主流。云南是“金三角”毒品主要的渗透入境地和中转集散地，贩毒群体云集。“金三角”毒品经云南入境后内流全国的主要贩运路线有：沿沪昆高速贩往湖南、湖北的华中线和江西及“长三角”地区的华东线，经四川、重庆贩往陕西、河北等地的华北线，经四川、甘肃等地贩往新疆、宁夏等地的西北线。

——物流寄递渠道贩毒突出。经过持续治理，外流贩毒和特殊群体贩毒等“老大难”问题得到有效遏制，但物流寄递渠道贩毒案件大幅上升，全年共破获物流货运渠道贩毒案件491起、邮寄快递渠道贩毒案件2037起，同比分别上升29.6%和32.4%，共缴获毒品4.9吨。寄递渠道贩毒交寄方便、成本低、风险小，一些人采取境外转寄、请人代寄等方式，将毒品直接从毒源地寄到末端消费市场。

——网络贩毒活动突出。全年共破获网络涉毒案件6957起、抓获犯罪嫌疑人1.2万名，缴获毒品2.9吨，分别占全国总数的8.3%、10.6%和4.5%。由于网络勾联方便、安全和网上支付简单、快捷等特点，走私贩毒人员携带毒品、当面交易的接触式贩毒模式已越来越少，利用网络虚拟身份勾联、线上交易毒品，采用手机银行、微信、支付宝转账等网络支付方式付款，通过寄递渠道运送毒品的网络贩毒模式已成新常态，追踪查控难度大。

结　语

2020年，中国禁毒部门将坚持以习近平新时代中国特色社会主义思想为指导，深入贯彻党的十九大和十九届二中、三中、四中全会精神，牢固树立并贯彻总体国家安全观，持续推进“两打两控”、重点整治、示范城市创建等重点工作，全力开展“净边2020”专项行动，着力构建全覆盖毒品预防教育、全环节管理服务吸毒人员、全链条打击毒品犯罪、全要素监管制毒物品、全方位监测毒情态势、全层级落实禁毒工作责任的“六全”中国特色毒品治理体系，从严从细从实抓好各项禁毒工作措施落实，进一步推动毒情形势持续好转，为实现全面建成小康社会的目标做出新贡献。

（资料来源：2020年6月28日20：23公安部网站，网址：http://www.gov.cn/xinwen/2020-06/28/content_5522443.htm）

阅读材料2：

坚决打赢新时代禁毒人民战争

——我国近年来深入推进禁毒工作成就综述①

新华社北京6月25日电（记者白阳）毒品，一朵潜滋暗长的“恶之花”，给人民和社会带来巨大的安全危害。禁毒工作事关国家安危、民族兴衰、人民福祉，毒品一日不除，禁毒斗争就一日不能松懈。

党的十八大以来，以习近平同志为核心的党中央高度重视禁毒工作，提出一系列加强禁毒工作的新理念新思想新战略，为深入推进新时代禁毒工作指明了前进方向、提供了根本遵循。各地区、各部门坚决贯彻落实党中央关于禁毒工作的决策部署，进一步完善毒品治理体系，创新禁毒工作措施，禁毒人民战争不断取得新成就。

---

① 编者对原文有少量删改。

一、主动进攻重拳出击，打击毒品犯罪战果显著

2014年，中共中央、国务院印发《关于加强禁毒工作的意见》，对新时期禁毒工作作出全面部署。全国禁毒部门以组织禁毒人民战争为载体，以开展禁毒专项行动为抓手，以创新完善毒品治理体系为动力，以强化禁毒工作基础为保障，打击毒品犯罪取得显著战果。

——以“端制毒窝点、打贩毒团伙、控吸毒人员”为重点，深入开展禁毒严打整治行动，全链条打击毒品制造贩运，全环节堵截毒品走私入境，深挖涉毒黑恶势力及其“保护伞”。

2013年至2018年，全国共破获毒品犯罪案件85万起，铲除制贩毒团伙3.4万个，抓获犯罪嫌疑人100.5万名，缴获毒品482吨。

——针对境外毒品走私渗透加剧的情况，建立堵源截流工作机制，完善陆海空邮港立体化查缉防控体系，组织云南、广西等21个重点地区协同作战，推行物流寄递实名制等，严控毒品入境内流。

2013年以来，全国共查获毒品走私贩运案件55万余起，抓获毒贩69万余名，缴获毒品251.8吨。

——针对互联网涉毒问题泛滥的情况，制定下发《关于加强互联网禁毒工作的意见》等法规文件，集中开展网络扫毒专项行动，共侦破网络涉毒案件2.8万起，抓获7.3万名涉案人员，缴获毒品11吨，清理删除非法涉毒信息7万余条，关停取缔涉毒网站近千个，网上涉毒问题蔓延得到有效遏制。

国家禁毒办最新数据显示，2018年，我国毒品问题呈现出稳中向好、持续改观的积极变化，一些地方毒品问题严重的状况得到扭转，毒品社会危害明显减轻。

二、综合治理合作执法，禁毒重点整治成效明显

今年的热播电视剧《破冰行动》，让6年前公安部禁毒局直接指导协调参与，广东公安机关历史上组织规模最大、调用警力最多、查获毒品最多的陆丰市博社村毒品清剿行动再次进入公众视线。如今，这个曾经的“制毒第一村”已成为网格化禁毒管理的样板。

博社村的变迁是毒品问题综合治理成效的一个典型缩影。党的十八大以来，国家禁毒委聚焦解决区域性、全局性突出毒品问题，深入排查毒品问题严重地区，先后对117个县市区进行禁毒重点整治，大多数地区毒品问题严重状况得到扭转，88个地区实现了降级或“摘帽”，一些地方制毒问题突出地区实现了规模性制毒“零发生”。

针对管制制毒物品和新精神活性物质等毒品新动向，出台新精神活性物质列管办法，深入开展重点易制毒化学品专项督查，加大重点制毒前体的管制力度，严厉打击非法生产、非法买卖易制毒化学品犯罪活动和制造、走私新精神活性物质犯罪活动。

2013年至2018年，全国共破获制毒物品犯罪案件4200余起，缴获易制毒化学品 2 万多吨，通过国际核查共拦截 234 批 4.8 吨易制毒化学品进出口，破获了一批具有国际影响的新精神活性物质大案，在国际社会产生良好反响。

目前，我国已与 13 个国家建立了年度禁毒会晤机制，与缅甸、越南、蒙古等周边国家建立了 12 个边境禁毒联络官办公室，加强与美国、俄罗斯、加拿大、新西兰等国情报交流和执法合作，组织开展中老缅泰柬越“平安航道”联合扫毒、中澳“火焰”行动联合缉毒等跨国执法行动，联合破获跨国跨境毒品大案 800 多起。禁毒国际合作不断向纵深发展，有力服务了国内禁毒斗争。

三、标本兼治以人为本，全力铲除毒品生存土壤

禁毒工作的关键，在于铲除毒品生存土壤。一方面要完善戒毒康复管理模式，让吸毒人员早日回归社会；一方面要强化毒品预防教育，遏制毒品向其他人群特别是青少年蔓延。

为此，国家禁毒办会同 11 部委制定全国社区戒毒社区康复工作五年规划，深入实施社区戒毒社区康复工程，积极推进吸毒人员网格化服务管理，完善戒毒医疗服务网络。

截至 2018 年底，全国社区戒毒康复工作机构有 3.9 万个、禁毒社工 10.6 万名，戒断三年未复吸人员 207 万名，是 2013 年的 2.3 倍；现有吸毒人员数同比 2017 年减少 6%，多年来首次出现下降。同时，积极建立戒毒康复人员就业安置基地，累计帮助 77 万人次戒毒人员就业，一大批吸毒人员重获新生。

各级禁毒部门以开展青少年毒品预防教育工程为重点，组织开展了一系列形式多样、内容丰富的禁毒宣传教育活动，建设应用全国青少年毒品预防教育数字化平台，20 万所中小学校、7582 万中小学生注册使用，基本实现了在校学生毒品预防教育的全面普及。

禁毒部门还积极创新宣传手段和方式，从电视剧《湄公河大案》《破冰行动》，到电影《湄公河行动》，一系列叫好又叫座的禁毒题材影视作品接连上映，吸引了包括青少年群体在内的社会公众对禁毒工作的广泛关注和支持。

统计显示，我国已发展在册禁毒师资 112 万人、校外辅导员 23 万人，建成国家、省、市、县四级联动的禁毒宣传教育基地 4400 多个，培育禁毒社会组织 289 个、发展禁毒志愿者 556 万人，禁毒人民战争的阵地正在稳步推进。

禁毒，是一项艰辛与荣光相伴的伟大事业。面对毒品犯罪新形势新发展，全国各级禁毒部门将坚持以习近平新时代中国特色社会主义思想为指导，增强“四个意识”、坚定“四个自信”、做到“两个维护”，全面贯彻总体国家安全观，健全完善毒品治理体系，全面提升毒品治理能力，走中国特色的毒品问题治理之路，坚决打赢新时代禁毒人民战争。

（资料来源：2019 年 06 月 25 日 19：28：13 新华社，网址：http://www.nncc626.com/2019-06/25/c_1210169645.htm）

【实训实战】

1. 请与你的同学组成3至5人学习小组，共同完成下列学习任务：第一，通过中国禁毒网、中华人民共和国公安部网站等网址，或者图书馆，查找阅读我国相关部门发布的2014年、2015年、2016年、2017年、2018年中国毒品形势报告。第二，结合上面“知识拓展”中的阅读材料1、阅读材料2以及同学们查找到的2014年至2018年中国毒品形势报告，讨论近年来我国境内毒品滥用、毒品来源、毒品贩运等方面的情况，以及我国毒品形势走向，谈谈毒品的危害，以及你们对我国禁毒措施的认识。

2. 有人认为，强制隔离戒毒属于行政处罚措施。请你查阅法理学、行政法学等相关书籍，结合强制隔离戒毒相关法律法规的内容，对此观点做出分析评判。

第二章 入所收治类执法文书

强制隔离戒毒人员由公安机关移送至司法行政戒毒场所进行强制隔离戒毒，入所收治是非常重要的一个阶段。这一阶段涉及公安机关与司法行政机关的执法工作交接，涉及司法行政戒毒所对入所戒毒人员开展健康检查、入所登记、安全检查、教育告知等多项执法工作。这些工作的开展需要公安机关的配合，更需要司法行政戒毒机构警戒护卫大队、医疗康复中心、入所大队等工作部门的配合。

本章首先阐述入所收治类执法文书的概念、特点、分类和总体要求，然后通过具体范例，分别对人员交接、入所医学检查、入所信息登记、入所安全评估、入所教育告知以及物品收发登记等环节的执法文书进行详细说明。学习中需要注意的是，如前面章节所述，目前从全国范围来看，各地区毒品问题及强制隔离戒毒场所收治戒毒人员的情况差别较大，很多执法文书还没有完全统一的文书格式，一般在省、自治区、直辖市范围内相对统一，本章所选用的文书暂以浙江省强制隔离戒毒工作实践中的相关文书为范例。

第一节 概 述

一、入所收治类执法文书的概念及特点

入所收治类执法文书，是指被依法强制隔离戒毒的人员由公安机关移送至司法行政强制隔离戒毒所继续执行强制隔离戒毒措施，司法行政强制隔离戒毒所依照法定授权和程序制定的，用于收治戒毒人员的法律文书。入所收治类执法文书的目的在于确保强制隔离戒毒所在收治戒毒人员过程中的合法、安全、有序，同时也有利于保障戒毒人员的正当权利不受侵犯。

制作和应用入所收治类执法文书，需要注意其以下特点：

1. 主旨鲜明，用途专一。入所收治类执法文书只能用于对戒毒人员入所收治执法环节，不得用于其他执法或非执法环节。

2. 材料客观、准确。司法行政强制隔离戒毒所在收治入所戒毒人员时务必对公安机关的相关法律材料认真检查，对公安机关人民警察的有效证件和入所戒

毒人员信息进行仔细核对，确保入所材料客观、正确、有效。

3. 内容规范、格式统一。戒毒所应当按照法律、法规、相关规章及主管部门要求，根据入所收治相关实际情况和内容制作文书，内容要素齐全，书写格式规范，在一定区域内格式统一。

4. 形式的程式性，结构固定化，用语规范化。入所收治类执法文书制作过程有其严格的程序，需要从收入大队到管理部门，最后到戒毒所逐级审批。其格式固定，所使用的书写用语也有专门的标准，因此需要对相关人民警察进行专业培训。

5. 解释的单一性。制作入所收治类执法文书时规范用语非常重要。需要准确表达戒毒人员在收治过程的法律地位及其他相应环节的实际状况，因此要求语言高度准确和唯一，只能作单一解释，不允许有歧义，不能产生其他误解。

二、入所收治类执法文书的分类

目前，我国的司法行政强制隔离戒毒工作因各地区收治情况不同，在执法文书格式上还没有形成统一标准。这是当前各地戒毒工作复杂多样的现实状况造成的，同时也与相关领域的探索研究不够有关，但并不影响我们对相关执法文书的分类。根据工作内容不同，一般分为以下几类：

第一类，戒毒人员交接类。主要涉及与公安机关就戒毒人员移交所需要办理的执法文书，既包括对公安机关移送给司法行政系统戒毒所的戒毒人员相关案件的执法文书，也包括司法行政系统戒毒所收治戒毒人员时需要反馈和送达给公安机关的执法文书。

第二类，戒毒人员身体状况检查类。戒毒所医疗部门医生负责对公安机关移送的戒毒人员进行身体健康状况检查，确保戒毒人员的身体状况符合戒毒人员收治的相关身体健康标准。

第三类，戒毒人员入所信息登记类。戒毒人员入所后，按照主管部门具体要求，戒毒所人民警察根据戒毒人员的姓名、年龄、性别、吸毒史等基本信息进行登记，并制作相关文书材料，以便后续为戒毒人员开展戒毒治疗、教育矫正、心理矫治、体能康复等工作打好基础。

第四类，戒毒人员入所安全评估类。入所戒毒人员存在诸多安全隐患，戒毒所人民警察使用标准化与非标准化评估材料，对戒毒人员个人、家庭、社会三方面内容进行全面安全评估。

第五类，入所教育告知类。戒毒人员入所后，一方面戒毒人民警察需要帮助戒毒人员适应戒毒所生活，让其了解戒毒所相关规章制度；另一方面也需要将戒毒人员入所情况及时告知其家属，引导家属与戒毒所一起帮助戒毒人员戒除毒瘾。为此，就需要一些文书作为支撑，以达到教育和告知的目的。

第六类，物品收发登记类。“收”是指将戒毒人员从所外带入所内的私人物品，如钱财、首饰、通信工具、日用品等暂时代为保管起来；“发”是指戒毒所按照相关规定发放戒毒人员个人物资，如戒毒人员的服装、床上用品、洗漱用品等。

三、制作与应用的基本要求

入所收治类执法文书制作与运用是一项严肃的法律行为，这个过程代表着法律的威严，容不得半点马虎大意。制作与运用入所收治类执法文书需要注意以下几个方面的基本要求：

1. 主体。制作入所收治类执法文书的主体是强制隔离戒毒所及其人民警察，其法律地位是由《禁毒法》《戒毒条例》和《戒毒工作规定》等法律法规和部门规章赋予的，任何单位和个人未经法律允许都不可以剥夺其主体地位。

2. 职权。戒毒所及其人民警察制作入所收治类执法文书，是其职务范围内的权力行使和职责履行的过程。入所收治类执法文书是戒毒所对公安机关移送戒毒人员的手续证明，也是对戒毒人员行使法定权力的声明。戒毒所行使的收治职权仅限于对新入所的戒毒人员行使收治范围内的权力，不适用其他执法行为。

3. 内容。戒毒所的入所收治类执法文书的存在、内容构成以及文书规格，都是依据《禁毒法》《戒毒条例》《戒毒工作规定》等相关法律法规制定的。入所收治类执法文书的格式、内容、用语均是经过主管部门审核后统一执行的，未经主管部门批准，戒毒所不得对格式、内容、用语擅自修改。

4. 其他方面。从入所收治的第一步开始，戒毒所就需要使用统一的执法文书对各个执法过程进行规范，这是一件严肃的执法工作，容不得马虎大意和敷衍塞责。由于法律法规和司法部相关规范性文件尚没有对入所收治执法文书作出明确具体的规定，制作和使用这一类执法文书的相关形式和程序原则上由省、自治区、直辖市戒毒管理局依据法律法规和司法部相关规范性文件的精神统一制定，各地戒毒所必须认真、严格遵守执行。同时，入所收治类执法文书的制定、修改、执行也需要及时与相关公安机关进行业务沟通，协调不同执法部门在开展戒毒工作上的合作。

第二节　戒毒人员交接类执法文书

一、适用范围与主要依据

（一）适用范围

入所人员交接类执法文书主要适用于司法行政系统戒毒所与公安机关交接戒毒人员的执法过程，是不同部门协作开展戒毒工作的执法依据，更是司法行政戒毒所收治戒毒人员的第一道程序，涵盖戒毒人员入所记录、公安机关交给司法行政戒毒所的相关文书，及司法行政戒毒所接受戒毒人员后反馈给公安机关的执法文书。

（二）主要依据

1.《禁毒法》第三十八条规定：“吸毒成瘾人员有下列情形之一的，由县级以上人民政府公安机关作出强制隔离戒毒的决定：（一）拒绝接受社区戒毒的；（二）在社区戒毒期间吸食、注射毒品的；（三）严重违反社区戒毒协议的；（四）经社区戒毒、强制隔离戒毒后再次吸食、注射毒品的。对于吸毒成瘾严重，通过社区戒毒难以戒除毒瘾的人员，公安机关可以直接作出强制隔离戒毒的决定。吸毒成瘾人员自愿接受强制隔离戒毒的，经公安机关同意，可以进入强制隔离戒毒场所戒毒。”

2.《戒毒条例》第二十七条第二款、第三款规定：“被强制隔离戒毒的人员在公安机关的强制隔离戒毒场所执行强制隔离戒毒3个月至6个月后，转至司法行政部门的强制隔离戒毒场所继续执行强制隔离戒毒。执行前款规定不具备条件的省、自治区、直辖市，由公安机关和司法行政部门共同提出意见报省、自治区、直辖市人民政府决定具体执行方案，但在公安机关的强制隔离戒毒场所执行强制隔离戒毒的时间不得超过12个月。”

3.《禁毒法》第三十九条规定：“怀孕或者正在哺乳自己不满一周岁婴儿的妇女吸毒成瘾的，不适用强制隔离戒毒。不满十六周岁的未成年人吸毒成瘾的，可以不适用强制隔离戒毒。对依照前款规定不适用强制隔离戒毒的吸毒成瘾人员，依照本法规定进行社区戒毒，由负责社区戒毒工作的城市街道办事处、乡镇人民政府加强帮助、教育和监督，督促落实社区戒毒措施。”

4.《戒毒条例》第二十六条规定：“对依照《中华人民共和国禁毒法》第三十九条第一款规定不适用强制隔离戒毒的吸毒成瘾人员，县级、设区的市级人民政府公安机关应当作出社区戒毒的决定，依照本条例第三章的规定进行社区戒毒。”

5. 司法部《司法行政机关强制隔离戒毒工作规定》第十二条第三款规定：“对女性戒毒人员应当进行妊娠检测。对怀孕或者正在哺乳自己不满一周岁婴儿的妇女，不予接收。”

6. 司法部《司法行政机关强制隔离戒毒工作规定》第十四条规定：“强制隔离戒毒所接收戒毒人员，应当填写强制隔离戒毒人员入所登记表，查收戒毒人员在公安机关强制隔离戒毒期间的相关材料。”

二、相关执法文书

（一）《戒毒人员移交名册》

1. 文书示例

戒毒人员移交名册

移交单位：××市强制隔离戒毒所（盖章）
负责人：徐××（签名）
经办人：王××（签名）
接收单位：××省××强制隔离戒毒所（盖章）
负责人：张××（签名）
经办人：李××（签名）
本次共计： 贰 名戒毒人员　　移交日期：二〇××年×月×日

二〇××年×月×日移交戒毒人员名单（移送单位盖章）
共计 贰 人

序号	姓名	性别	年龄	家庭住址	决定机关	戒毒期限	起始日期	备注
1	詹××	男	37	××省××县×乡×××村	×市公安局××分局	贰年	20××年×月×日	因吸食海洛因于20××年×月×日被行政拘留一次
2	宋××	男	52	××省××市××区××街道××路×号	×县公安局	贰年	20××年×月×日	因吸食海洛因于20××年×月×日被行政拘留一次（HIV）
以下空白								

2. 制作与应用说明。此件由公安机关负责办理戒毒人员移交工作的人民警察与其他材料一起移交给戒毒所负责接收工作的人民警察，一般由管理科或入所大队的分管人民警察填写接收。制作此件是为了让戒毒所人民警察及时、准确地核对本次公安机关移交的戒毒人员初步情况，为后续工作打下基础。

（二）《强制隔离戒毒决定书》

1. 文书示例。

××市公安局

强制隔离戒毒决定书

×公强戒决定字〔20××〕00×号

违法行为人 张×× 性别 男 出生年月 19×× 年 × 月 ×× 日，身份证件名称及号码 居民身份证 ×××××××××××××××××× 工作单位 无 现住址 ××省××市××区××街道××路××小区×幢×单元×号 。

现查明 20××年×月×日×时，张××在××市××小区门口被公安机关查获，经尿样检测，张××的尿样中甲基安非他明呈阳性。经××省×司法鉴定中心鉴定，张××的尿液和头发（根部1.5cm）中均检测出甲基苯丙胺，同时经××市人民医院诊断，张××目前无帕金森病。张××有吸食毒品冰毒的违法活动。另查明：张××于20××年×月×日因吸毒被××市公安局行政拘留4日；于20××年×月××日因吸毒被××市公安局决定强制隔离戒毒2年。经××区公安局认定，张××已吸毒成瘾严重。

以上事实有 张××本人的陈述和申辩、检查笔录、尿样提取笔录、××市公安局现场检测报告书、毛发样本提取信息表、××省×司法鉴定中心司法鉴定意见书、××市人民医院诊断证明报告、前科材料、吸毒成瘾严重认定书 等证据证实。

根据《中华人民共和国禁毒法》第三十八条第一款第（四）项、第四十七条第一款之规定，决定对违法行为人强制隔离戒毒 贰 年（20××-××-××至20××-××-××）。

如不服本决定，可以在接到本决定书之日起60日内向 ××市人民政府 申请行政复议或者在6个月内依法向 ××市 人民法院提起行政诉讼。

强制隔离戒毒所名称及地址 ××省××强制隔离戒毒所，地址：××省××市××区××路。

市公安局（盖章）

二〇××年×月××日

2. 制作与应用说明。《强制隔离戒毒决定书》为一式三份，被强制隔离戒毒人员一份、强制隔离戒毒所一份、附卷一份。同时由戒毒人员所在单位或户籍所在地公安派出所负责将决定书复印件送达戒毒人员家属。

向戒毒人员宣布本决定后，需要戒毒人员在此件正面下方签名并捺手印。如戒毒人员拒绝签名和捺手印，可由办案人民警察写明拒绝签名原因并签名。

（三）《强制隔离戒毒人员信息登记表》

1. 文书示例。

强制隔离戒毒人员信息登记表

单位：××市公安局　　　　20××年×月××日

<table>
<tr><td>姓　　名</td><td>曾××</td><td>性　　别</td><td colspan="2">男</td><td rowspan="5">（照片）</td></tr>
<tr><td>别名或绰号</td><td>曾老鼠</td><td>民　　族</td><td colspan="2">汉</td></tr>
<tr><td>出生日期</td><td>19××. ××. ××</td><td>文化程度</td><td colspan="2">初中</td></tr>
<tr><td>籍　　贯</td><td>××</td><td>国　　籍</td><td colspan="2">中国</td></tr>
<tr><td>婚姻状况</td><td>已婚</td><td>职　　业</td><td colspan="2">务农</td></tr>
<tr><td>身份证号码</td><td colspan="5">××××××××××××××××××</td></tr>
<tr><td>户口所在地</td><td colspan="5">××省××县××乡××村</td></tr>
<tr><td>现住址</td><td colspan="5">××省××市××区××街道××小区××号</td></tr>
<tr><td>工作单位</td><td colspan="5">无</td></tr>
<tr><td>体貌体表特征</td><td colspan="5">国字脸、卷发、身材矮小</td></tr>
<tr><td>初次吸毒时间</td><td>19××. ×. ××</td><td colspan="2">既往戒毒次数</td><td colspan="2">2次</td></tr>
<tr><td>吸食毒品种类</td><td>海洛因</td><td colspan="2">吸毒方式</td><td colspan="2">注射</td></tr>
<tr><td>强制隔离戒毒期限</td><td colspan="5">20××. ××. ××至20××. ××. ××</td></tr>
</table>

（续表）

入所时间	20××. ××. ××		
其他并行处罚	无		
决定机关	××市公安局	联系人及电话	李××
本人简历	6~13岁在家读小学、13~16岁在××乡读初中、17~23岁去××打工、23岁务农至今		
何时何地受过何种处理	19××年在××吸毒被强制戒毒3个月 19××年在××吸毒被劳教戒毒2年		
家庭及社会关系	妻子：赵×× ××岁 在家开小超市 母亲：去世 父亲：曾×× ××岁 在家务农 儿子：曾×× ××岁 读小学		
其　　他			

填表人：李××

2. 制作与应用说明。《强制隔离戒毒人员信息登记表》为公安机关对戒毒人员吸毒案件基本信息的记录，涉及戒毒人员个人基本情况、家庭情况、违法记录等。实践中发现一些戒毒人员故意谎报信息或拒绝配合回答询问，可能出现“三假人员”的情况①，因此，需要戒毒所人民警察对其信息重新梳理。戒毒所一旦查明和确认某位戒毒人员为“三假人员”，不仅该戒毒人员前期戒毒中的所有考核奖分将作废，罚分继续有效，同时，因谎报信息，戒毒所还将依据情节给予其罚分或其他处分。

① 指涉及“假姓名、假地址、假社会关系”的戒毒人员。执法实践中，戒毒人员不论涉及“一假”“两假”还是“三假”，一般均被称为“三假人员”。

（四）《收治强制隔离戒毒人员证明书》

1. 文书示例。

收治强制隔离戒毒人员证明书

（存根）

×戒收治字第 20××号

兹收到＿××市强制隔离戒毒所＿移送强制隔离戒毒人员＿张×（男）＿，共计＿壹＿名及档案材料＿陆＿份（卷），包括＿《强制隔离戒毒决定书》（原件叁份）、《强制隔离戒毒人员信息表》（原件壹份）、《HIV 病毒抗体检测报告单》（原件壹份）、《考评汇总表》壹份。＿

经办人：施××

二〇××年＿×＿月＿×＿日

---------- ×戒收治字第 20××〔××〕号 ----------

收治强制隔离戒毒人员证明书

（副页）

×戒收治字第 20××号

兹收到＿××市强制隔离戒毒所＿移送强制隔离戒毒人员＿张×（男）＿，共计＿壹＿名及档案材料＿陆＿份（卷）

特此证明

（公章）

二〇××年 × 月 × 日

---------- ×戒收治字第 20××〔××〕号 ----------

收治强制隔离戒毒人员证明书

×戒收治字第 20××号

兹收到＿××市强制隔离戒毒所＿移送强制隔离戒毒人员＿张×（男）＿，共计＿壹＿名及档案材料＿陆＿份（卷）

特此证明

（公章）

二〇××年 × 月 × 日

2. 制作与应用说明。《收治强制隔离戒毒人员证明书》由戒毒所入所大队专职办理戒毒人员执法文书接收的人民警察开具。该证明书由存根和副页两部分构成，存根由戒毒所留存，副页为重复性的两联，全部交给办理戒毒人员移送事务的公安人民警察。副页之所以为两联，是因为一联要交给作出决定的公安分局存档，另一联由公安民警交所在的派出所留存。根据戒毒所工作需要，随同被移送戒毒人员一并交接的档案材料包括：《强制隔离戒毒决定书》原件3份、《强制隔离戒毒人员信息表》原件1份、《HIV病毒抗体检测报告单》原件1份、在公安机关戒毒所执行3至6个月的转送戒毒人员需要提供《考评汇总表》1份。未经公安机关戒毒所执行过的直送戒毒人员则不需要提供。

公安机关人民警察持入所队开具的《收治强制隔离戒毒人员证明书》，到戒毒所管理部门盖“戒毒人员收治专用章”，证明书才有效。

（五）《不予收治强制隔离戒毒人员证明书》

1. 文书示例。

不予收治强制隔离戒毒人员证明书

×强戒不予收治字〔20××〕第×××号

××市公安分局投送的强制隔离戒毒人员 李×× （决定书号 ×公强戒决定字〔20××〕×××号 ），诊断为急性肝炎发作，根据××省公安厅、司法厅印发的《××省强制隔离戒毒人员严重疾病认定标准》第 × 条第 × 款之规定，不予收治。

经办人：×××
二〇××年×月××日

2. 制作与应用说明。通过身份审核以及健康检查，戒毒所发现戒毒人员有以下情形之一的，不予接收：第一，怀孕或者正在哺乳自己不满1周岁婴儿的妇女；第二，不满16周岁的未成年吸毒成瘾人员；第三，符合各地区“强制隔离戒毒人员严重疾病认定标准”中所明确的不予收治的各类严重疾病患者。

符合以上三种情形的，分别凭《戒毒人员体检表》或戒毒人员身份证明，戒毒所开具的《不予收治强制隔离戒毒人员证明书》，注明具体理由、依据，并盖戒毒所公章，办理退回手续。

第三节　戒毒人员身体状况检查类执法文书

一、适用范围及主要依据

（一）适用范围

身体状况检查类执法文书主要用于戒毒所医疗部门对公安机关移送的戒毒人员进行身体健康状况检查。作为基础资料，为后续开展戒毒治疗、体能康复、心理矫治和教育矫正打好基础。

（二）主要依据

1.《禁毒法》第四十三条第一款规定：“强制隔离戒毒场所应当根据戒毒人员吸食、注射毒品的种类及成瘾程度等，对戒毒人员进行有针对性的生理、心理治疗和身体康复训练。”

2. 司法部《司法行政机关强制隔离戒毒工作规定》第十二条规定：“强制隔离戒毒所接收戒毒人员时，应当核对戒毒人员身份，进行必要的健康检查，填写强制隔离戒毒人员入所健康状况检查表。戒毒人员身体有伤的，强制隔离戒毒所应当予以记录，由移送的公安机关工作人员和戒毒人员本人签字确认。对女性戒毒人员应当进行妊娠检测。对怀孕或者正在哺乳自己不满一周岁婴儿的妇女，不予接收。”

二、相关执法文书

（一）《强制隔离戒毒人员入所体检表》

1. 文书示例。

强制隔离戒毒人员入所体检表

检查日期：××××年××月××日

姓名	宁××		临时编号	××××	身份证号	××××××××××××××××××	
性别	男		年龄	23	婚否	已婚	
既往病史		否认重大疾病及手术外伤史，否认输血史，否认吞食异物史					
药物过敏史		否认药物过敏史					
一般检查	身高（cm）	170	体重（kg）	79	体重指数	27.33	
	心率（bpm）	92			血压（mmHg）	115/88	
内科	心血管	未发现明显异常		肺部	两肺呼吸音清		
	腹部	平软，无压痛		肝	肋下未及	脾	肋下未及
外科	皮肤	皮肤湿润，有弹性，无黄染		淋巴	浅表淋巴未见肿大		
	甲状腺	未见异常		脊柱四肢	无畸形，无活动障碍		
	肛门	无殊		其他	无殊		
五官科	眼	双眼视力粗测可		耳	双耳听力粗测可		
	鼻	外观无异常		咽喉	无红肿		
	其他	无殊					
放射检查		胸部X线片未见明显异常					
肝功能检查		正常（详见化验报告单）					
心电图检查		正常（详见化验报告单）					
超声波检查		正常（详见化验报告单）					
HIV抗体检测		阴性（详见化验报告单）					
性病检查		正常（详见化验报告单）					
其他		无殊					
体检结果		未见明显异常，建议收治 医师签名：××× 20××年×月××日					
医院意见		同意收治 负责人签名：××× 20××年×月××日					
备注		无					

2. 制作与应用说明。

（1）戒毒人员办理正式收治手续前，需要进行身体状况检查。具备检查条件的戒毒所，应该安排具备资质的医生对戒毒人员进行检查。不具备检查条件的戒毒所，应该建议公安机关将戒毒人员移送到戒毒所指定的社会医院进行身体健康检查。

（2）根据身体状况检查情况，填写《强制隔离戒毒人员入所体检表》，由主检医生签署意见，戒毒所医疗部门负责人签字确认，加盖戒毒所体检专用章。本表需制作一式二份，一份由戒毒所医疗部门留存，另一份交入所大队制作入所档案。

（3）《强制隔离戒毒人员入所体检表》结果应由戒毒人员本人签字确认。如戒毒人员拒绝签字，或者戒毒人员是文盲人员，应由移送机关的人民警察和戒毒所医疗部门人民警察写明情况后签字确认。

（4）身体状况检查发现戒毒人员有内外伤的，应如实记录，拍照留存，并由移送机关人民警察和戒毒人员共同签字确认。如戒毒人员拒绝签字或是文盲，由移送机关人民警察和戒毒所医疗部门人民警察写明情况后签字确认。经检查发现伤情严重或不能确诊的，应当移送县级以上人民医院进行诊断，并出具诊断证明，需要住院治疗的，戒毒所暂时不收治。

（5）身体状况检查时发现戒毒人员体内有异物，在异物排出前，戒毒所暂时不收治。

（6）移送机关对身体状况检查结果有异议的，由移送机关负责将戒毒人员送至戒毒所指定的县级以上人民医院进行检查，戒毒所参照医院诊断结果决定是否收治。

（7）女性戒毒人员由女性工作人员进行身体状况检查。同时必须进行妊娠检查。

（8）入所戒毒人员必须进行 HIV 抗体检测。

（二）《HIV 抗体检测确认报告》

1. 文书示例。

HIV 抗体检测确认报告
REPORT OF HIV ANTIBODY CONFIRMATORY TESTING

私密　SECRET　　　　编号：×××××

<table>
<tr><td colspan="2">送检单位
FROM</td><td colspan="2">××市公安局</td><td colspan="2">送检日期
DATE</td><td colspan="2">20××年×月×日</td></tr>
<tr><td colspan="2">送检标本
SPECIMEN</td><td colspan="2">血浆</td><td colspan="2">送检人群
GROUP</td><td colspan="2">吸毒人员</td></tr>
<tr><td>姓名
NAME</td><td>戴××</td><td>性别
SEX</td><td>男</td><td>年龄
AGE</td><td>41</td><td>职业
OCCUPATION</td><td>无</td></tr>
<tr><td colspan="2">国籍或民族
NATIONALITY</td><td colspan="2">中国</td><td colspan="2">地址
ADDRESS</td><td colspan="2">××省××市××街道××路××号</td></tr>
<tr><td colspan="3">检测方法
METHOD</td><td colspan="3">检测日期
DATE</td><td colspan="2">检测结果
RESULTS</td></tr>
<tr><td colspan="3">（送检单位检测）</td><td colspan="3">20××年×月×日</td><td colspan="2">呈阳性反应</td></tr>
<tr><td colspan="3">第一次酶标</td><td colspan="3">20××年×月×日</td><td colspan="2">呈阳性反应</td></tr>
<tr><td colspan="3"></td><td colspan="3"></td><td colspan="2"></td></tr>
<tr><td colspan="3">免疫印迹法　带型
WESTERN BLOT BANDS</td><td colspan="3">20××年×月×日</td><td colspan="2">p17，p24，p31，p51，p55，p66，gp41，gp120，gp160</td></tr>
<tr><td colspan="2">结论
CONCLUSION</td><td colspan="6">HIV-1 抗体阳性（+）</td></tr>
<tr><td colspan="2">检测人
OPERATOR</td><td>吕××</td><td>签发人
HEAD</td><td>方××</td><td>报告日期
DATE</td><td colspan="2">20××年×月×日</td></tr>
<tr><td colspan="8">确认单位或实验室（公章）
××市疾病预防控制中心艾滋病确证实验室</td></tr>
</table>

2. 制作与应用说明。HIV 检测呈阳性只是意味着患者携带艾滋病病毒并检测呈阳性，这是艾滋病的初始阶段即潜伏期。而艾滋病是指 HIV 呈阳性并且病毒对患者本身造成了进一步伤害，患者免疫系统已经被削弱到一个临界点，除非接受治疗来恢复免疫系统，否则就会被感染。由 HIV 阳性到艾滋病，大概会有 8 年到 10 年的发展期，其间患者的身体免疫力将全面滑坡。虽然 HIV 阳性的患者并无疾病征兆但也具有强大传染性，像艾滋病一样可以通过性、血液、母婴等途径传播。

向戒毒人员公布 HIV 检测结果前，需要将 HIV 检测结果呈阳性的戒毒人员带到具有安全防范措施的空间，以防止戒毒人员听到“阳性”结果接受不了而做出一些冲动和过激行为。针对 HIV 阳性戒毒人员，戒毒所应当采取有针对性的措施，确保执法与管理效果。例如，戒毒所需要安排医生对其生理指标进行定期监测，安排心理咨询师开展必要的心理危机干预，安排好 24 小时“联号包夹”，分管人民警察进行个别教育等，确保戒毒人员安全。

（三）《CD4-T 淋巴细胞检测报告单》

1. 文书示例。

CD4-T 淋巴细胞检测报告单

注意保密

样品编号：NO×××××××

<table>
<tr><td>委托单位</td><td colspan="3">××市公安局戒毒所</td><td colspan="2">委托日期</td><td colspan="2">20××年××月××日</td></tr>
<tr><td>样品名称</td><td>血液</td><td colspan="2">样品量</td><td colspan="2">3mil</td><td>样品状态</td><td>液体</td></tr>
<tr><td>姓名</td><td>沈××</td><td>性别</td><td>男</td><td>年龄</td><td>39</td><td>职业</td><td>无</td></tr>
<tr><td>婚姻状况</td><td>已婚</td><td colspan="2">国籍/民族</td><td colspan="2">中国/汉</td><td>文化程度</td><td>初中</td></tr>
<tr><td>身份证号</td><td colspan="3">××××××××××××××××××</td><td colspan="2">地址</td><td colspan="2">××市××路××号</td></tr>
<tr><td>检测部门</td><td colspan="7">××市疾病预防控制中心艾滋病确证实验室</td></tr>
<tr><td>检测依据</td><td colspan="7">《艾滋病和艾滋病病毒感染诊断标准》WS293-2008</td></tr>
<tr><td>检测方式</td><td>流式细胞仪
平台法</td><td>试剂</td><td>BD</td><td colspan="2">检测日期</td><td colspan="2">20××年××月××日</td></tr>
<tr><td rowspan="7">检测结果</td><td colspan="3"></td><td colspan="2">绝对数（个/ul）</td><td colspan="2">百分数（%）</td></tr>
<tr><td colspan="3">CD3</td><td colspan="2">1878</td><td colspan="2">—</td></tr>
<tr><td colspan="3">CD3+CD4+</td><td colspan="2">467</td><td colspan="2">—</td></tr>
<tr><td colspan="3">CD3+CD8+</td><td colspan="2">1436</td><td colspan="2">—</td></tr>
<tr><td colspan="3">CD3+CD4+/CD3-</td><td colspan="2">—</td><td colspan="2">26</td></tr>
<tr><td colspan="3">CD3+CD8+/CD3+</td><td colspan="2">—</td><td colspan="2">67</td></tr>
<tr><td colspan="3">CD3+CD4+CD8+/CD3+</td><td colspan="2">—</td><td colspan="2">4</td></tr>
<tr><td>备注</td><td colspan="7">因受检方相关信息由委托方提供，本检测报告仅对该编号样品负责，样品编号：××××××××××××××</td></tr>
<tr><td>检测人</td><td>刘××</td><td>签发人</td><td>张××</td><td colspan="2">报告日期</td><td colspan="2">20××年××月××日</td></tr>
<tr><td colspan="8">（检验报告专用章）</td></tr>
</table>

2. 制作与应用说明。CD4-T 淋巴细胞是人体免疫系统中的一种重要免疫细胞，由于艾滋病病毒攻击对象是 CD4-T 淋巴细胞，所以其检测结果对艾滋病治疗效果的判断和对患者免疫功能的判断有重要作用。艾滋病病毒会附着在 CD4-T 淋巴细胞上，使得病毒进入 CD4-T 淋巴细胞并感染它。当一个人被艾滋病病毒感染时，病毒便在感染者体内免疫系统内制造更多的病毒细胞，把它变成制造艾滋病病毒的工厂。艾滋病病毒会不断复制，CD4-T 淋巴细胞会被破坏殆尽。免疫系统会再制造新的免疫细胞替代死亡的免疫细胞，但是新制造出的免疫细胞仍免除不了被艾滋病病毒感染。即使感染艾滋病病毒者身体感觉良好，没有任何症状，依旧可能有上亿的 CD4-T 淋巴细胞被破坏。感染者一旦失去了大量 CD4-T 淋巴细胞，就可能出现严重的疾病危险，这些疾病我们称为伺机性感染疾病。

目前，各地区出台了相应的《强制隔离戒毒人员严重疾病认定标准》，部分地区规定“艾滋病病毒（HIV）检测呈阳性、CD4-T 淋巴≤200/微升者”可以确定为严重疾病，应直接呈报所外就医或者变更戒毒措施，不再收治或转送。

第四节 戒毒人员入所信息登记类执法文书

一、适用范围与主要依据

（一）适用范围

戒毒人员入所情况登记类执法文书主要适用于戒毒人员入所登记，核对和查验戒毒人员的个人信息、社会关系及吸毒史、过往违法情况。作为基础资料，为开展后续戒毒治疗、教育矫正、心理矫治、体能康复等工作打好基础。

（二）主要依据

《禁毒法》第四十条规定：“公安机关对吸毒成瘾人员决定予以强制隔离戒毒的，应当制作强制隔离戒毒决定书，在执行强制隔离戒毒前送达被决定人，并在送达后二十四小时以内通知被决定人的家属、所在单位和户籍所在地公安派出所；被决定人不讲真实姓名、住址，身份不明的，公安机关应当自查清其身份后通知。被决定人对公安机关作出的强制隔离戒毒决定不服的，可以依法申请行政复议或者提起行政诉讼。”

司法部《司法行政机关强制隔离戒毒工作规定》第十四条规定：“强制隔离戒毒所接收戒毒人员，应当填写强制隔离戒毒人员入所登记表，查收戒毒人员在公安机关强制隔离戒毒期间的相关材料。”

二、相关执法文书

（一）《戒毒人员基本情况登记表》

1. 文书示例。

戒毒人员基本情况登记表

<table>
<tr><td>姓　名</td><td>刘××</td><td>性别</td><td>男</td><td>出生年月</td><td>××××. ××</td><td>民族</td><td>汉</td><td rowspan="3">贴
照</td></tr>
<tr><td>曾用名</td><td>无</td><td>职业</td><td>无业</td><td>文化程度</td><td>高中</td><td>婚否</td><td>未婚</td></tr>
<tr><td colspan="2">户籍所在地</td><td colspan="6">××省××市××区××街道××</td></tr>
<tr><td colspan="2">现住址</td><td colspan="7">××省××市××区××街道××</td></tr>
<tr><td colspan="2">决定机关</td><td colspan="3">××市公安局</td><td>送戒机关</td><td colspan="3">××市公安分局</td></tr>
<tr><td colspan="2">身份证号码</td><td colspan="3">××××××××××××××××××</td><td>原工作单位</td><td colspan="3">无</td></tr>
<tr><td colspan="2">前科情况</td><td colspan="7">服刑 0 次，劳教 1 次，强制戒毒 1 次，强制隔离戒毒 1 次</td></tr>
<tr><td colspan="2">强制隔离戒毒期限</td><td colspan="7">自 20××年×月×日至 20××年×月×日止</td></tr>
<tr><td colspan="2">本人简历</td><td colspan="7">7～12 岁读小学，12～14 岁读初中，14～16 岁读高中，16～27 岁在××市打工，27 岁至今无业</td></tr>
<tr><td colspan="2" rowspan="2">吸毒史</td><td rowspan="2">首次吸毒时间</td><td colspan="3" rowspan="2">19××年×月××日</td><td>吸毒方式</td><td colspan="2">注射</td></tr>
<tr><td>吸毒种类</td><td colspan="2">海洛因</td></tr>
<tr><td colspan="2" rowspan="6">家庭主要成员
与
社会关系</td><td>称谓</td><td>姓名</td><td colspan="3">家庭地址或工作单位</td><td colspan="2">联系电话</td></tr>
<tr><td>妻子</td><td>李××</td><td colspan="3">××市××有限公司</td><td colspan="2">135××××××××</td></tr>
<tr><td>儿子</td><td>刘××</td><td colspan="3">××市××区××××小学</td><td colspan="2">无</td></tr>
<tr><td>父亲</td><td>刘××</td><td colspan="3">××市××区××街道××</td><td colspan="2">137××××××××</td></tr>
<tr><td>母亲</td><td>王××</td><td colspan="3">××市××区××街道××</td><td colspan="2">137××××××××</td></tr>
<tr><td></td><td></td><td colspan="3"></td><td colspan="2"></td></tr>
</table>

2. 制作与应用说明。《戒毒人员基本情况登记表》由入所大队专职人民警察对新入所戒毒人员询问后填写，一般要求在戒毒人员入所当天填写。填写此件时需要注意以下几个事项：

第一，对戒毒人员询问的基本信息与公安机关转送文书所写基本信息原则上应当统一，但也会存在差异，原因是多方面的，需要人民警察填写时认真核对，切忌完全按照公安机关转送文书内容抄写。

第二，戒毒人员信息存在差异，需要进一步核对，必要时请公安机关帮助核对，纠正后的信息及时向公安机关通报。

第三，无法确认真伪的信息，需要在信息前加“自述”两字，代表该信息存在不确定性。对于前后自述不统一的信息，记录新信息时，不能将前面的记录信息删除。

（二）《强制隔离戒毒“三假”人员信息核对表》

1. 文书示例。

强制隔离戒毒“三假”人员信息核对表

<table>
<tr><td>姓　名</td><td colspan="2">蒋××</td><td>身份证号</td><td>××××××××××××××××××</td></tr>
<tr><td>户籍地址</td><td colspan="4">××省××市××区××街道××</td></tr>
<tr><td>现居住地</td><td colspan="4">××省××市××区××街道××</td></tr>
<tr><td rowspan="5">家庭关系</td><td>关　系</td><td>姓　名</td><td colspan="2">电话号码</td></tr>
<tr><td>妻子</td><td>李××</td><td colspan="2">189××××××××</td></tr>
<tr><td>女儿</td><td>蒋××</td><td colspan="2">177××××××××</td></tr>
<tr><td>父亲</td><td>蒋××</td><td colspan="2">135××××××××</td></tr>
<tr><td>母亲</td><td>黄××</td><td colspan="2">135××××××××</td></tr>
<tr><td rowspan="4">社会关系</td><td>关　系</td><td>姓　名</td><td colspan="2">电话号码</td></tr>
<tr><td>毒友</td><td>刘××</td><td colspan="2">139××××××××</td></tr>
<tr><td>毒友</td><td>王××</td><td colspan="2">188××××××××</td></tr>
<tr><td>朋友</td><td>胡××</td><td colspan="2">136××××××××</td></tr>
<tr><td colspan="5">以往违法犯罪情况</td></tr>
<tr><td>时间</td><td colspan="2">地点</td><td colspan="2">罪错情况</td></tr>
<tr><td>19××年×月××日</td><td colspan="2">××市</td><td colspan="2">因盗窃被拘留 10 日</td></tr>
<tr><td>19××年×月××日</td><td colspan="2">××市</td><td colspan="2">因吸毒被强制戒毒 3 个月</td></tr>
<tr><td>20××年×月××日</td><td colspan="2">××市</td><td colspan="2">因吸毒被劳教 2 年</td></tr>
<tr><td></td><td colspan="2"></td><td colspan="2"></td></tr>
<tr><td colspan="5">其他需要汇报的情况</td></tr>
<tr><td colspan="5">1. 入所前欠债×万元，债主可能会去家里要钱
2. 毒友刘××存在犯罪行为，现正在追查
3. 入所前妻子提出离婚，家庭关系破裂严重</td></tr>
</table>

2. 制作与应用说明。每一名新入所的戒毒人员都需要填写《强制隔离戒毒“三假”人员信息核对表》，目的是确保戒毒人员相关信息的真实性。“三假”人员是指假姓名、假地址、假社会关系。

由于一些技术问题，戒毒人员的信息还是存在通过戒毒人员“自述”而不能佐证的部分，“自述”的内容并非完全错误，但需要对戒毒人员强调“自述”所应承担的法律后果：一旦发现戒毒人员属于“三假”人员，在所期间的考核中的处罚继续有效，而奖励分均无效，根据情节还可能会受到处罚。因此，需要提醒戒毒人员如实回答，并及时纠正以往相关法律文书上错误的信息。

第五节　戒毒人员入所安全评估类执法文书

一、适用范围与主要依据

（一）适用范围

戒毒人员入所安全评估类执法文书用于戒毒所人民警察对戒毒人员进行安全调查与评估，包括对戒毒人员个人、家庭、社会等方面的评估。

（二）主要依据

《禁毒法》第四十四条第一款规定：“强制隔离戒毒场所应当根据戒毒人员的性别、年龄、患病等情况，对戒毒人员实行分别管理。”该条第二款规定：“强制隔离戒毒场所对有严重残疾或者疾病的戒毒人员，应当给予必要的看护和治疗；对患有传染病的戒毒人员，应当依法采取必要的隔离、治疗措施；对可能发生自伤、自残等情形的戒毒人员，可以采取相应的保护性约束措施。”

司法部《司法行政机关强制隔离戒毒工作规定》第十八条第一款规定，强制隔离戒毒所应当建立安全管理制度，进行安全检查，及时发现和消除安全隐患。第三十二条规定，戒毒人员提出申诉、检举、揭发、控告的，强制隔离戒毒所应当及时依法处理；对强制隔离戒毒决定不服提起行政复议或者行政诉讼的，强制隔离戒毒所应当将有关材料登记后及时转送有关部门。

二、相关执法文书

(一)《新收治强制隔离戒毒人员情况调查表》

1. 文书示例。

新收治强制隔离戒毒人员情况调查表

姓　名		性别		出生日期			
档案编号		民族		婚姻状况		文化程度	
工作单位				职　业			
家庭住址				户口地派出所			
戒毒期限				承办案件单位			
入所日期				移送的公安强制隔离戒毒所			

调查情况记录

（戒毒人员本人作肯定或否定回答，然后由询问人民警察填写具体内容）

1. 对自己被决定强制隔离戒毒是否不服？（有或没有）有否申请行政复议或提起行政诉讼？

答：

2. 在入所前（指本所，下同），身体有无残疾或体表受伤？（有或没有）如有残疾或体表受伤是什么原因造成？

答：

3. 入所前身体状况如何？（健康、一般、有疾病），如有疾病，是什么疾病？什么程度？

答：

4. 在其他单位收治（或拘留）时有没有被打或受过其他不公平待遇？（有或没有）如有，现状如何？

答：

5. 在社会上有没有得过传染病？（有或没有）如有，是什么病？现状如何？

答：

6. 父母、家庭有没有遗传病史？（有或没有）如有，是什么遗传病？有无家庭成员早逝现象？

答：

7. 家庭成员（直系亲属）有无精神疾病？（有或没有）如有，是什么精神疾病？

答：

8. 以前有无昏厥史？（有或没有）如有，情况如何？

答：

（续表）

<table>
<tr><td>
9. 入所后，影响你在这里接受戒毒的不安定因素有没有？（有或没有）如有，主要因素是什么？
答：
10. 你对自己接受戒毒有没有信心？（有或没有）如没有信心，其主要原因是什么？
答：
11. 入所时有没有贵重物品？（有或没有）如有，是否办理了保管手续？有没有给你开出收据？
答：
12. 自己体内有没有异物？（有或没有）如有，在什么部位？什么原因造成的？
答：
13. 在什么地方，什么时间首次吸毒？是什么毒品？这次强制隔离戒毒是因为吸什么毒品？
答：
14. 在这次执行强制隔离戒毒前，有哪些违法犯罪行为受到处罚？有无余罪需要向警官坦白或检举他人违法犯罪行为？
答：
15. 是否还有其他情况需要向警官说明？
答：
以上情况我已看过，与我所述相符。
被调查人签名： 时间： 年 月 日
询问人民警察签名： 时间： 年 月 日
</td></tr>
<tr><td>
大队领导审阅意见：
签名：
时间： 年 月 日
</td></tr>
</table>

2. 制作与应用说明。《新收治强制隔离戒毒人员情况调查表》为非标准化调查表，没有统一格式，15 个问题也会因为收治戒毒人员相关情况的改变进行修订，因此本表格内容仅供参考。

填写本表的具体要求：

第一，要求当天值班人民警察在戒毒人员入所 24 小时内完成询问并负责填写。发现戒毒人员存在重大安全隐患问题的必须第一时间向大队领导汇报，并对戒毒人员采取必要的安全防范措施。

第二，在询问过程中，人民警察应该关注戒毒人员的外在言行与内在心理的变化，对于戒毒人员在回答问题前故意拖延时间或思考后再回答的问题，应该特别注意。对于戒毒人员叙述中前后情况自相矛盾的内容更要注意研判。

第三，戒毒人员反映之前的执法过程中受到不公平对待或受到伤害的，询问人民警察必须给予关心，根据情况严重程度采取安全防范措施。

第四，戒毒人员明确提出行政复议或行政诉讼的，人民警察必须给予法律方面的援助，特别需要强调：戒毒所及人民警察应当尊重戒毒人员的合法、正当权利，不得查看、扣押戒毒人员的复议或诉讼材料。

（二）《生理脱毒区戒毒人员安全性评估量表》

1. 文书示例。

生理脱毒区戒毒人员安全性评估量表

戒毒人员姓名： 入所时间： 年 月 日

阶段	序号	评估项目	表现及分值
初始评定	1	戒毒症状	严重○8 分；一般○5 分；无○0 分
	2	体内异物	有○5 分；无○0 分
	3	现实精神状况	严重○8 分；轻度○5 分；无异常○0 分
	4	戒毒态度	严重○5 分；消极○2 分；接受○0 分
	5	其他疾病	危急○5 分；轻缓○2 分；无○0 分
	6	暴恐倾向	有○8 分；一般○5 分；无○0 分
	7	监管场所脱逃史	有○5 分；无○0 分
	8	自杀史	有○5 分；无○0 分
	9	自伤自残史	有○3 分；无○0 分
	10	“三假”人员	有○3 分；无○0 分
	11	家庭成员关系	差○2 分；一般○1 分；良好○0 分
	12	在外民事纠纷	有○5 分；无○0 分
	13	余罪	重大余罪○5 分；一般余罪○3 分；无○3 分
	14	前科	刑事○3 分；劳教○2 分；拘留○1 分；无○0 分
	15	特殊技能（攀爬、开锁、制枪）	有○3 分；无○0 分
	16	法定不得提前解除	是○1 分；无○0 分
合计得分		防控级别	重点管理○ 重点关注○ 常态管理○
			评估人民警察： 时间： 年 月 日 大队领导审阅： 时间： 年 月 日

2. 制作与应用说明。《生理脱毒区戒毒人员安全性评估量表》须在戒毒人员入所 24 小时内完成，以确保第一时间发现入所戒毒人员存在的安全隐患；此表由当天值班人民警察负责询问填写；此表的初始评定得 10 分以上列入重点管控、5~9 分列入重点关注、4 分以内列入常态管理。

（三）《自杀意念自评量表》

1. 文书示例。

自杀意念自评量表

SIOSS

姓名：　　年龄：　　学历：　　婚姻：　　卡号：　　日期：

题目	是	否
1. 在我的日常生活中，充满了使我感兴趣的事情	是（　　）	否（　　）
2. 我深信生活对我是残酷的	是（　　）	否（　　）
3. 我时常感到悲观失望	是（　　）	否（　　）
4. 我容易哭或想哭	是（　　）	否（　　）
5. 我容易入睡并且一夜睡得很好	是（　　）	否（　　）
6. 有时我也讲假话	是（　　）	否（　　）
7. 生活在这个丰富多彩的时代里是多么美好	是（　　）	否（　　）
8. 我确实缺少自信心	是（　　）	否（　　）
9. 我有时发脾气	是（　　）	否（　　）
10. 我总觉得人生是有价值的	是（　　）	否（　　）
11. 大部分时间，我觉得我还是死了的好	是（　　）	否（　　）
12. 我睡得不安，很容易被吵醒	是（　　）	否（　　）
13. 有时我也会说人家的闲话	是（　　）	否（　　）
14. 有时我觉得我真是毫无用处	是（　　）	否（　　）
15. 偶尔我听了下流的笑话也会发笑	是（　　）	否（　　）
16. 我的前途似乎没有希望	是（　　）	否（　　）
17. 我想结束自己的生命	是（　　）	否（　　）
18. 我醒得太早	是（　　）	否（　　）
19. 我觉得我的生活是失败的	是（　　）	否（　　）
20. 我总是将事情看得严重些	是（　　）	否（　　）
21. 我对将来抱有希望	是（　　）	否（　　）
22. 我曾经自杀过	是（　　）	否（　　）
23. 有时我觉得我就要垮了	是（　　）	否（　　）
24. 有些时候我因忧虑而失眠	是（　　）	否（　　）
25. 我曾损坏或遗失过别人的东西	是（　　）	否（　　）
26. 有时我想一死了之，但又矛盾重重	是（　　）	否（　　）

2. 制作与应用说明。

第一，此量表计分方式：

(1) 选“是”计1分、“否”不计分的题目：第2、3、4、8、11、12、14、16、17、18、19、20、22、23、24、26题；(2) 选“否”计1分、“是”不计分的题目：第1、5、6、7、9、10、13、15、21、25题；(3) 结果分析：26个项目，4个因子：绝望、乐观、睡眠、掩饰；(4) 绝望12题：第2、3、4、8、11、14、16、17、19、20、23、26题（分值越高，表明绝望程度越高）；(5) 乐观5题：第1、7、10、21、22题（分值越高，表明越不乐观）；(6) 睡眠4题：第5、12、18、24题（分值越高，表明睡眠状况越不好）；(7) 掩饰5题：第6、9、13、15、25题（掩饰≥4：表示说谎，测量结果不可靠）；(8) 自杀意念总分=绝望+乐观+睡眠≥12，且掩饰因子分<4，则判定为有自杀意念。表现为绝望程度越高、越不乐观、睡眠有障碍的心理特点。

第二，建议：有自杀意念者并非都会付诸自杀行动，真正自杀的毕竟只占有自杀意念者中的很小一部分；而且有自杀意念者并非一定都是精神疾病患者，精神正常的人因挫折失败而产生自杀意念者也屡见不鲜。自杀意念总分较高者，建议寻求专业人员进行危机干预，防止出现自杀行为。

第三，此量表并非强制隔离戒毒人员专用量表，因此使用该量表时需要考虑与社会人群使用之间的常模差异，不能机械地直接使用，但可作为戒毒所对强制隔离戒毒人员防范自杀评估的参考量表。

第六节 戒毒人员入所教育告知类执法文书

一、适用范围与主要依据

（一）适用范围

入所教育告知类文书一般适用于两个方面，一方面是戒毒人民警察告知戒毒所相关规章制度，起到初步教育的作用；另一方面是将戒毒人员入所情况及时告知其家属、所在单位和户籍所在地派出所，确保戒毒人员家属的知情权和对戒毒工作的支持，便于戒毒人员所在单位和户籍所在地派出所在工作上进行衔接和对戒毒工作提供支持。

（二）主要依据

《禁毒法》第四十条第一款规定：“公安机关对吸毒成瘾人员决定予以强制隔离戒毒的，应当制作强制隔离戒毒决定书，在执行强制隔离戒毒前送达被决定人，并在送达后二十四小时以内通知被决定人的家属、所在单位和户籍所在地公安派出所；被决定人不讲真实姓名、住址，身份不明的，公安机关应当自查清其身份后通知。”

司法部《司法行政机关强制隔离戒毒工作规定》第十五条规定：“戒毒人员入所后，强制隔离戒毒所应当书面通知其家属，通知书应当自戒毒人员入所之日起五日内发出。”

二、相关文书

《强制隔离戒毒人员家属通知书》

1. 文书示例。

××省××强制隔离戒毒所

强制隔离戒毒人员家属通知书（存根）

强制隔离戒毒人员＿张××＿家属通知书已于＿20××＿年＿××＿月＿××＿日寄送至＿××省××县××乡××村××号＿。

经办人：李××　　20××年　××　月　××　日

戒毒人员本人签字：张××

××省××强制隔离戒毒所

强制隔离戒毒人员家属通知书

20××年第××号

＿张××＿家属：

你好！

强制隔离戒毒人员＿张××＿，因吸毒成瘾被＿××市公安局＿决定强制隔离戒毒＿贰＿年，自＿20××＿年＿××＿月＿××＿日起至＿20××＿年＿××＿月＿××＿日止，并于自＿20××＿年＿××＿月＿××＿日送至我所＿一＿大队执行强制隔离戒毒。

我所全称：　××省××强制隔离戒毒所

联系地址：　××省××市××区××路××号

邮编：××××××××

咨询电话：××××-××××××××

特此通知。

附：戒毒人员探访日期及相关注意事项

××省××强制隔离戒毒所

＿20××＿年＿××＿月＿××＿日

2. 制作与应用说明。戒毒人员入所后，入所大队负责将戒毒人员入所信息通过《强制隔离戒毒人员家属通知书》，以邮寄的方式通知戒毒人员家属，以确保戒毒人员家属及时了解戒毒人员的去向。通知书最重要的内容有以下三点：

第一，戒毒所所名的全称与详细地址、咨询电话。所名与地址是为了方便戒毒人员家属了解人员去向和探视。咨询电话一般留戒毒所“所政管理科”的固定电话号码，以便戒毒人员家属询问相关事宜。

第二，通知书中需要附件《戒毒人员探访日期及相关注意事项》，事项中需要明确三个方面内容：其一是家属来所探访具体时间安排，路线和建议的交通工具；其二是明确如何办理探访手续及需要提供的证明材料；其三是明确探访的人员限定，即“仅限于直系亲属”。

第三，如果戒毒人员明确表示不希望戒毒所将《强制隔离戒毒人员家属通知书》邮寄给家属的，人民警察应当明确告知相关法律法规要求，并做好教育工作。

第七节 戒毒人员物品收发登记类执法文书

一、适用范围与主要依据

（一）适用范围

物品收发登记类文书是对戒毒人员从所外带入所内的私人物品进行保管记录，以及戒毒所按照相关规定发放给戒毒人员个人物品的凭证。

（二）主要依据

1. 《禁毒法》第四十二条规定：“戒毒人员进入强制隔离戒毒场所戒毒时，应当接受对其身体和所携带物品的检查。”

2. 《戒毒条例》第二十八条规定：“强制隔离戒毒场所对强制隔离戒毒人员的身体和携带物品进行检查时发现的毒品等违禁品，应当依法处理；对生活必需品以外的其他物品，由强制隔离戒毒场所代为保管。女性强制隔离戒毒人员的身体检查，应当由女性工作人员进行。”

3. 司法部《司法行政机关强制隔离戒毒工作规定》第十三条规定：“强制隔离戒毒所应当对接收的戒毒人员的身体和携带物品进行检查，依法处理违禁品，对生活必需品以外的其他物品进行登记并由戒毒人员本人签字，由其指定的近亲属领回或者由强制隔离戒毒所代为保管。检查时应当有两名以上人民警察在场。

女性戒毒人员的身体检查，应当由女性人民警察进行。”

二、相关执法文书

（一）《戒毒人员物品代管三联单》

1. 文书示例。

戒毒人员物品代管三联单

NO：××××××××

戒毒人员姓名	刘××	入所时间	20××年×月××日
接收人民警察签名	蒋××	戒毒人员签名	刘××
物品特征及数量	1. 华为手机壹部，型号 P30，金色，外表完整 2. 中国工商银行信用卡壹张，卡号：×××××××××××××× 3. 天梭手表壹块，型号 1853 银色金属表带		
备注	华为手机六成新，自述使用二年半；工商银行信用卡，卡内无欠款，不可提现金；天梭手表自述使用三个月，八成新，表盘 3 刻度处有一 0.5 厘米划痕		

注：白联，戒毒人员自行保管；红联，贴于保管袋外；黄联，留存。

2. 制作与应用说明。戒毒人员个人物品可以由戒毒所代为保管，贵重物品或限期使用物品建议戒毒人员邮寄回家或在家属探访会见时由家属带回，方便物品保管。

《戒毒人员物品代管三联单》由物品接收人民警察根据戒毒人员所交物品的实际情况如实填写并签名，戒毒人员将物品放入保管袋密封后，在密封处签名并捺手印，将《戒毒人员物品代管三联单》红色联贴于保管袋正面，戒毒人员核对无误后签名确认。

（二）《戒毒人员个人物品代管移交单》

1. 文书示例。

戒毒人员个人物品代管移交单

戒毒人员姓名		刘××	王××	宋××
保管单编号		××××××××	××××××××	××××××××
接收时间		20××. ××. ××	20××. ××. ××	20××. ××. ××
接收人民警察		李××	李××	李××
第一次移交	接收时间	20××. ××. ××	20××. ××. ××	20××. ××. ××
	接收人民警察	曾××	曾××	曾××
	移交原因	升级戒治	升级戒治	升级戒治
	保管袋状态	正常、无破损	正常、无破损	正常、无破损
	戒毒人员签名	刘××	王××	宋××
第二次移交	接收时间	20××. ××. ××	20××. ××. ××	20××. ××. ××
	接收人民警察	刘××	刘××	刘××
	移交原因	升级戒治	升级戒治	升级戒治
	保管袋状态	正常、无破损	正常、无破损	正常、无破损
	戒毒人员签名	刘××	王××	宋××
第三次移交	接收时间	20××. ××. ××	20××. ××. ××	20××. ××. ××
	接收人民警察	吕××	吕××	吕××
	移交原因	同案人员调动	解除强制隔离	解除强制隔离
	保管袋状态	正常、无破损	正常、无破损	正常、无破损
	戒毒人员签名	刘××	王××	宋××
第四次移交	接收时间	20××. ××. ××		
	接收人民警察	吕××		
	移交原因	解除强制隔离		
	保管袋状态	正常、无破损		
	戒毒人员签名	刘××		

2. 制作与应用说明。《戒毒人员个人物品代管移交单》是戒毒所大队之间对于戒毒人员代管物品管理移交所需表格，确保代管的戒毒人员物品随戒毒人员队别调动调整而移交。

戒毒人员在戒毒所根据戒治情况评估结果，在“四区”之间流转，其个人物品保管单位也需要进行调整。接收人民警察务必对保管袋的密封情况进行检查，核对三联单编号，由戒毒人员确认后，物品接收人民警察和戒毒人员本人签名确认。

【知识拓展】

戒毒场所民警艾滋病职业暴露

一、什么是艾滋病职业暴露？

艾滋病职业暴露，指在从事艾滋病防治工作及相关工作的过程中因职业活动被 HIV 感染者或艾滋病病人的血液、体液，或携带 HIV 的生物样本、废弃物污染了皮肤或者黏膜，或者被含有 HIV 的血液、体液污染的医疗器械及其他器具刺伤皮肤等情况，导致感染或可能感染 HIV 的情况。

二、艾滋病职业暴露后民警的紧急局部处理有哪些？

1. 用肥皂液和流动水清洗被污染的皮肤，用生理盐水冲洗黏膜。

2. 如有伤口，应从近心端向远心端轻柔挤压伤处，尽可能挤出损伤处的血液，再用肥皂液和流动水进行冲洗，禁止进行伤口的局部挤压。

3. 受伤部位的伤口冲洗后，应当用消毒液，如用 75%乙醇或 0.5%碘伏消毒液进行消毒和包扎处理。

三、什么是艾滋病暴露后预防？

艾滋病暴露后预防，是指可能受到艾滋病病毒感染的被暴露者通过尽早地使用抗病毒药物来阻断感染的一种预防性治疗措施。一般情况下，HIV 阴性人群在暴露于病毒之后，由医生或专家对其危险性进行评估，从而决定是否进行 HIV 暴露后预防治疗。采取治疗的时间越早越好（2 小时以内），最迟不能超过 72 小时，并连续治疗 28 天。

四、发生艾滋病职业暴露后，民警在哪些情况下推荐进行艾滋病暴露后预防？

1. 污染物（如针头）有明显可见的血液。

2. 针头直接刺入动脉或静脉。

3. 空心针。

4. 伤口较深。

5. 暴露源为晚期 HIV 感染者。

6. 暴露源高病毒载量。

五、哪些情况下民警不需要进行艾滋病暴露后预防？

1. 被暴露者本身为 HIV 感染者。

2. 暴露源为 HIV 抗体阴性者。

3. 暴露的体液没有感染 HIV 的风险，如眼泪、唾液、尿液、汗液。

【实训实战】

1. 某公安机关移送戒毒人员至戒毒所，接收人民警察发现《强制隔离戒毒决定书》上戒毒人员的姓名与身份证上所载信息有差异，公安机关负责移送的人民警察表示人没错，可能是决定书信息输入有误，希望戒毒所先办理收治手续，决定书重新制作后再邮寄到戒毒所，方便大家工作。戒毒所接收人民警察认为大家都已经很熟悉了，而且这样办理也最节约工作时间，能提高工作效率，因此办理了接收手续。请问戒毒所接收人民警察这样操作存在哪些问题？应该如何处理符合法律规定？

2. 戒毒人员宋××入所一年多来，为了能提前解除戒毒措施，在各方面均表现得非常积极，年终也被评为“省级优秀学员”。近期被查证其姓名与身份证号为假，经大队会议研究决定，对宋××罚 20 分，请问大队这样处理是否正确，为什么？

3. 戒毒人员刘××在回答《新收治强制隔离戒毒人员情况调查表》上的问题时，吞吞吐吐，顾虑很多。当问及“对自己被决定强制隔离戒毒是否不服”时，表示服从，入所大队负责接收的人民警察吕警官认为刘××已经表示服从决定，应该没什么大问题，便没将戒毒人员刘××列为重点人员，请问人民警察这样操作是否正确？为什么？

4. 戒毒人员赵××入所身体检查时，戒毒所医院主检医生发现其体内存在异物，戒毒人员赵××说是在公安派出所抓吸毒当天吞食的一颗三厘米长的螺丝，因为听别的吸毒人员说：“只要肚子里有异物，就不会被强制戒毒了。”根据实际情况，主检医生让公安机关移送人民警察将戒毒人员带回。请问戒毒人员赵××的目的能达到吗？法律法规对此是如何规定的？

5. 新入所戒毒人员姜××知道戒毒所会将《强制隔离戒毒人员家属通知书》邮寄至其家中，于是向戒毒民警提出请求：家中只有年逾八十的父亲，而且身患多种疾病，所以希望不要邮寄通知书到家里，生怕父亲身体受不了。如果你是管理民警，应该如何处理这件事？

6. 戒毒人员蒋××入所时有一块玉需要代管，赵警官建议让其家属会见时带回家保管，蒋××同意了，赵警官认为第二天就是会见日，而且确定蒋××家属会来会见，于是就没有办理烦琐的代管手续，后被大队领导发现并批评其工作不负责任。请问赵警官应该如何操作？

第三章　所政管理类文书（一）

2008年《禁毒法》的实施，标志着我国戒毒体系的基本确立，建立起了以生理脱毒、身心康复、重返社会为主要环节的戒毒模式，其中戒毒人员的管理是重要的环节，涉及戒毒人员在戒毒所的日常生活和行为规范，体现在所内管理和生活的方方面面。坚持依法规范管理戒毒人员，逐步将戒毒人员的管理纳入法制化、规范化的轨道，切实做到“管理有遵循、遵循有保障、保障有制度”，从而进一步提升对戒毒人员管理的水平，重要的依据和保障就是持续提升相关文书制作和应用的水平。在实践中，由于各省、市、自治区在具体做法上的差异，在所政管理相关文书的具体体现上也有所不同。本章主要依据司法部的统一文书体例；司法部没有统一文书体例的，结合了部分省、市的做法，并优选典型文书作为范例。

第一节　概　　述

一、所政管理类文书的概念及特点

所政管理类文书，是涉及强制隔离戒毒人员在戒毒所的行为规范、日常生活、奖惩探视管理等方方面面的执法与管理文书，贯穿强制隔离戒毒的全过程。所政管理类文书既规范了强制隔离戒毒场所的秩序，又维护了强制隔离戒毒人员的各项合法权利，是强制隔离戒毒人员档案的重要部分，也是对戒毒人员做出奖惩、解除强制隔离戒毒的重要依据。

与其他类别文书相比，所政管理类文书具有以下显著特点：一是从具体格式与内容上看，种类繁多，这是因为基本覆盖戒毒人员从入所到出所的全过程，具体文书的制作背景和应用主旨各异。二是从属性上看，除《戒毒人员尿检登记表》等少部分执法性质明显外，多数偏重于管理，涉及戒毒人员的日常管理、生活卫生、习艺管理等方方面面，制作应用文书的目的是创造和维护良好的戒毒秩序。三是从法律依据上看，除《戒毒人员尿检登记表》等少部分法律文书有明确的法律法规依据外，相当部分文书只是基于工作的实际需要，依据《禁毒法》《戒毒条例》等法律法规及规范性文件的精神，由各地戒毒所自主制作与适用，如生活卫生管理、习艺劳动管理方面的文书。因而全国各地的此类文书在格式上各具特色。

二、所政管理类文书的分类

所政管理贯穿戒毒人员强制隔离戒毒的全过程，所涉及的文书较多，主要有《强制隔离戒毒人员花名册》《强制隔离戒毒所尿检登记表》《强制隔离戒毒人员拨打亲情电话登记表》《强制隔离戒毒人员日常考核表》《重点戒毒人员审批表》《强制隔离戒毒人员坦白检举登记表》《信息员审批、奖惩、报告、撤销表》等，另外还有戒毒人员奖惩、探视管理等方面的一些文书。

根据文书所涉及的内容可以分为日常管理与考核类、生活卫生类、奖惩类和探视管理类等。日常管理与考核类文书主要包括《强制隔离戒毒人员花名册》《强制隔离戒毒所尿检登记表》《强制隔离戒毒人员拨打亲情电话登记表》《强制隔离戒毒人员接收、发出邮件登记簿》《强制隔离戒毒人员日常考核表》《强制隔离戒毒人员行为表现量化考核计分表》《强制隔离戒毒人员坦白检举登记表》《强制隔离戒毒人员变更社区戒毒审批表》《重点戒毒人员审批表》《重点戒毒人员排查、包夹转化登记表（簿）》《重点戒毒人员撤销审批表》等；生活卫生类文书包括戒毒人员卫生检查、戒毒人员食堂管理、物品配发等方面的相关文书；奖惩类文书主要包括《戒毒人员单独管理审批表》《延长强制隔离戒毒意见书》等；探视管理类文书包括《戒毒人员探访登记表》《强制隔离戒毒人员外出探视登记表》等相关文书。

考虑到各章篇幅的大致均衡，本书将所政管理类文书分置于两章阐述，第三章阐述日常管理类文书和生活卫生类文书，第四章阐述奖惩类文书和探视管理类文书。

第二节　日常管理与考核文书

一、适用范围与主要依据

强制隔离戒毒场所应当加强对戒毒人员的日常管理，按照以人为本、科学戒治的原则对戒毒人员实施分别管理，同时关心关爱戒毒人员，切实保障戒毒人员的合法权益。在这一过程中，需要规范制作和准确应用相关执法与管理文书，为确保戒毒秩序，保障管理质量提供平台和依据。

本节涉及的文书主旨各异，依据也各不相同，相关依据在各文书中分述。

二、相关文书详解

（一）《强制隔离戒毒人员花名册》

《强制隔离戒毒人员花名册》是指戒毒人员分类编队后，根据《强制隔离戒毒人员入所登记表》和谈话了解所填写的本大队所有戒毒人员基本情况的文书。该文书在所有的日常管理活动中经常用到，能够简明扼要地反映本大队所有戒毒人员的基本信息，便于民警迅速全面地了解本大队所有的戒毒人员的情况，并在日常教育矫治过程中采取有针对性的教育矫治措施。

1. 文书示例。

强制隔离戒毒人员花名册

年　月　日

档案编号	姓名	性别	民族	出生年月	文化程度	职业	身份证号	家庭住址	决定机关	吸毒种类	吸毒方式	戒毒次数	起止期限	入所日期	备注

2. 制作与应用说明。

（1）日期、编号：日期为民警制作的日期，填写要具体到年月日。编号为戒毒人员档案号码。

（2）戒毒人员的基本情况包括姓名、性别、民族、出生年月、文化程度、职业、身份证号、家庭住址、决定机关等，可以从戒毒人员入所登记表摘抄，对于不明确的地方，民警可以在戒毒人员入所后采取个别谈话的方式获取。

（3）吸毒种类、方式和戒毒次数：民警在填写时不仅要查阅决定书、信息登记表的情况，还要通过个别谈话获取、核实。

（4）起止期限和入所日期要和决定书、信息登记表一致。

（5）备注一栏可以载明该戒毒人员的特殊情况，如特殊病史、是否有传染病等。

（二）《强制隔离戒毒所尿检登记表》

1. 适用范围与主要依据。戒毒场所要对戒毒人员定期进行毒品检测。对探视、外出就医回所的戒毒人员必须进行检测。强制隔离戒毒所一般为一个季度对所有强制隔离戒毒人员进行一次毒品检测，常用手段是尿液检测，尿液检测的主要特点是快速方便、便于携带、准确率高等，所以我国大多数强制隔离戒毒所都采用这一检测形式。

司法部发布的《司法行政机关强制隔离戒毒工作规定》第二十六条规定："戒毒人员外出探视回所后，强制隔离戒毒所应当对其进行检测。发现重新吸毒的，不得报请提前解除强制隔离戒毒。"

公安部、司法部、国家卫生和计划生育委员会2013年9月制定的《强制隔离戒毒诊断评估办法》第七条第一款规定："戒毒人员生理脱毒评估标准：（一）毒品检测结果呈阴性；（二）停止使用控制或者缓解戒断症状的药物；（三）急性戒断症状完全消除；（四）未出现明显稽延性戒断症状；（五）未出现因吸毒导致的明显精神症状或者原有精神障碍得到有效控制。"

2. 文书示例。

×××强制隔离戒毒所尿检登记表

受检单位：三大队　　　　检查日期：2018年×月×日

<table>
<tr><td colspan="2">参与检查人员</td><td colspan="2">生活卫生科：张×　所医院：李×、王×　所政管理科：陈××</td></tr>
<tr><td colspan="2">检测试剂</td><td>所政用试剂的名称：
中文：（冰毒、大麻、摇头丸、吗啡、K粉）五合一检测试剂
英语：（MET/THC/MDMA/MOP/KET）5DRUGPANEL，（URINE）
批号：LOT200909312 MFG：05-2009
E×P：04-2011</td><td>被检查人数</td></tr>
<tr><td rowspan="4">受检单位及人员</td><td>一组</td><td>……</td><td>120人</td></tr>
<tr><td>二组</td><td>……</td><td>125人</td></tr>
<tr><td>三组</td><td>……</td><td>118人</td></tr>
<tr><td>……</td><td>……</td><td>×人</td></tr>
<tr><td colspan="2">检查结果</td><td colspan="2">上述40人冰毒、大麻、摇头丸、吗啡、K粉检测结果为阴性
检查人员：张×、王×</td></tr>
<tr><td colspan="2">医院意见</td><td colspan="2">现场医务检查人员使用检测试剂有效，检测方法正确，操作程序无误，同意检测结果
负责人：李×</td></tr>
<tr><td colspan="2">所政管理科意见</td><td colspan="2">同意医院检测结果
负责人：陈×</td></tr>
<tr><td colspan="2">备注</td><td colspan="2"></td></tr>
</table>

3. 制作与应用说明。

（1）检查时间：本次进行尿液检查的时间，要有具体的年月日以及检查的时间段。

（2）参与检查人员：所政管理科和所医院组织相关人员参加。

（3）检测试剂：必须是本次检查所采用的检测试剂，需要填写全名，如有外文名称要有中外文对照翻译，同时还要将本次所使用的检测试剂的批号等记录在册。

（4）受检单位及人员：受检单位一般为强制隔离戒毒所全部戒毒人员和重点检查人员。

（5）检查结果：对参与本次抽检的戒毒人员的检测情况进行表述，如果发现阳性的，则要记录该名阳性戒毒人员的姓名、所在大队。

（6）医院意见：对本次尿检所用试剂、操作程序、操作规范是否正确以及检验结果进行评述。

（7）所政管理科意见：对本次检测情况进行评述。

（8）备注：对出现阳性人员的后续检测情况进行表述。

（9）在安检过程中需民警亲自尿检，不可让戒毒人员参与尿检工作。参加检测的医务人员不少于 2 人。

（三）《强制隔离戒毒人员拨打亲情电话登记表》

1. 适用范围与主要依据。《强制隔离戒毒人员拨打亲情电话登记表》适用于戒毒人员拨打亲情电话的保障和管理过程。戒毒所应当保障和规范戒毒人员与家庭成员、监护人等必要和正当社会关系的联系。戒毒人员可以使用指定的固定电话与其亲属、监护人或者所在单位、就读学校有关人员通话，包括运用台式电脑进行网络视频通话，但戒毒人员不得持有、使用移动通信设备。通话时，必须有民警在场，防止发生问题。

《戒毒条例》明确将“以人为本、科学戒毒、综合矫治、关怀救助”作为戒毒工作的指导原则。

司法部《司法行政机关强制隔离戒毒工作规定》第二十一条规定：“经强制隔离戒毒所批准，戒毒人员可以使用指定的固定电话与其亲属、监护人或者所在单位、就读学校有关人员通话。戒毒人员在所内不得持有、使用移动通讯设备。”

2. 文书示例。

强制隔离戒毒人员拨打亲情电话登记表

______强制隔离戒毒所______大队　　　　　　　　　　　　　　____年____月

日期	戒毒人员姓　名	拨打号码	接听人姓名	关系	通话事由	通话起止时间及通话时长	戒毒人员签字	经办人

3. 制作与应用说明。

（1）接听人姓名：一般为父母、配偶、子女、直系亲属以及三代以内的旁系血亲。

（2）通话时长：戒毒人员每次拨打亲情电话原则上不得超过 15 分钟。如遇特殊情况可以适当延长，但最多不得超过 30 分钟。

（3）戒毒人员申请通电话必须严格遵守强制隔离戒毒所相关规定。如违反相关规定，管理民警可以阻止通话。

（4）通话期间一般采用普通话，严禁使用外语或者隐语，如果遇到采用当地方言进行交流的，一般可安排同一地区的民警进行监听。

（5）如有拨打亲情电话管理系统的单位可用电脑系统进行登记，不需要民警和戒毒人员签名，每月按台账要求整理一次，汇总后备查。对有涉及场所安全隐患的通话要采取技术手段予以保留。

（四）《强制隔离戒毒人员接收、发出邮件登记簿》

1. 适用范围与主要依据。《强制隔离戒毒人员接收、发出邮件登记簿》用于对戒毒人员接收、发出邮件的登记和规范管理。保障戒毒人员与外界的正当联系既是保障戒毒人员的合法权利，也是戒毒工作贯彻“以人为本、科学戒毒、综合矫治、关怀救助”的体现。

根据司法部《司法行政机关强制隔离戒毒工作规定》第二十条的规定：“对强制隔离戒毒所以外的人员交给戒毒人员的物品和邮件，强制隔离戒毒所应当进行检查，防止夹带毒品及其他违禁品。检查时，应当有两名以上人民警察在场。检查邮件时，应当依法保护戒毒人员的通信自由和通信秘密。”通信管理要坚持严格建立通信管理制度，信件、邮包应当由两名以上的民警进行严格检查，防止夹带毒品和其他违禁品，同时也要保护戒毒人员的通信自由和通信秘密。

2. 文书示例。

强制隔离戒毒人员接收邮件登记簿

________强制隔离戒毒所________大队　　　　　　　　　　　　　　____年____月

登记日期	戒毒人员姓名	寄件人姓名	寄件人地址	关系	信件数量	包裹数量内含物品	处置情况	戒毒人员签名	经办人	备注

3. 文书示例。

强制隔离戒毒人员发出邮件登记簿

________强制隔离戒毒所________大队　　　　　　　　　　　　　　____年____月

登记日期	戒毒人员姓名	收件人姓名	收件人地址	关系	信件数量	包裹数量内含物品	戒毒人员签名	经办人	备注

4. 制作与应用说明。

（1）所有往来邮件（指信件和快递函件等）均应登记。

（2）一般情况下，各大队在具体执行过程中为了工作方便，将邮件“收”和“发”分为两本分别进行登记。

（3）对方地址栏应按照信封内容如实填写。

（4）经办人为本次办理邮件收发的民警。

（5）备注主要记载该信件是否被扣留，以及扣留的原因。

（6）强制隔离戒毒所应对戒毒人员的信件进行严格检查，防止夹带毒品和其他违禁品。在检查信件时，应当依法保护戒毒人员的通信自由和通信秘密，有两名以上工作人员同时在场。

（7）戒毒人员来往信件由大（中）队统一登记、收发。

（五）强制隔离戒毒人员日常考核、行为表现量化考核计分表格

1. 适用范围与主要依据。公安部、司法部、国家卫生和计划生育委员会共同制定的《强制隔离戒毒诊断评估办法》第九条规定：“戒毒人员行为表现评估标准：（一）服从管理教育，遵守所规所纪；（二）接受戒毒治疗，参加康复训练；（三）参加教育矫治活动；（四）参加康复劳动；（五）坦白、检举违法犯罪活动。对戒毒人员的行为表现，强制隔离戒毒所应当将上述考核内容分解量化，采取日积累、月考评、逐月累计的计分形式进行动态考核，达到规定分数的为‘合格’，否则为‘不合格’。”

由于我国多数省份的量化考评分数和扣分标准不一，在此以上海市和湖南省的规定为例来说明。上海市司法局 2020 年 2 月 1 日开始实行的《上海市司法行政机关强制隔离戒毒诊断评估实施细则》第十一条规定：“行为表现评估的内容和标准包括：（一）服从管理教育，遵守所规所纪；（二）接受戒毒治疗，参加康复训练；（三）参加教育矫治活动；（四）参加康复劳动；（五）坦白、检举违法犯罪活动。行为表现考核评估是戒毒所根据遵规守纪、教育学习、康复劳动、康复训练、坦白检举五个方面，对戒毒人员的行为表现情况采取日记载、月考核、逐月累计的方式进行量化考核、综合评估。行为表现考核分数累计达到 2800 分为‘合格’，否则为‘不合格’。戒毒人员行为表现每日基础分为 4 分，行为表现达到基本条件的给予基础分，并可根据规定情形予以奖分或扣分，每日累计奖分或扣分不得超过基础分。此外，戒毒人员在半年评比、年终评比中或因戒治表现突出受到表扬、嘉奖、记功的，行为表现考核分数每次分别奖 10、20、30 分；戒毒人员因违反所规队纪受到警告、训诫、责令具结悔过的，行为表现考核分数每次分别扣 20、40、60 分。戒毒人员在公安机关强制隔离戒毒所或其他监管场所期间的行为表现情况，依据公安机关移交的诊断评估手册中记载的内容进行评分；戒毒人员在强制隔离戒毒期间被依法收监执行刑罚、采取强制性教育措

施或者被依法拘留、逮捕，依据羁押场所作出的评价进行评分。”

《湖南省司法行政戒毒系统强制隔离戒毒人员日常考核规定》第三条规定：“日常考核结果是对戒毒人员进行诊断评估的重要依据。”第五条规定：“对戒毒人员的日常考核，分为基础分、扣分、奖分三部分，每月基础分与扣分、奖分累计为戒毒人员的月考核总分。”第六条第二款规定：“对戒毒人员的日常考核，实行日记载、月考评、逐月累计的形式进行动态考核。”

从多数省、市的规定来看，考核内容主要包括戒毒康复、遵规守纪、教育学习、康复劳动、坦白检举等方面。

2. 文书示例。

强制隔离戒毒人员日常考核表

姓名：______队别：______　　______年___月　　责任警察：________

日期	基础分							奖罚分	奖罚分理由	实际得分	警察签名	戒毒人员签名
	戒毒康复	遵章守纪	教育学习	康复劳动	坦白检举	扣分	扣分理由					
1												
2												
3												
…												
28												
29												
30												
31												
合计												

3. 文书示例。

强制隔离戒毒人员行为表现量化考核计分表

姓名：　　　身份证号：　　　　　　入所日期：　　转司法行政部门戒毒所日期：

时间	戒毒康复	遵章守纪	教育学习	康复劳动	坦白检举	加、扣分情况	依据	当月得分	戒毒人员签名	警察签名
第1月										
第2月										
第3月										
……										
……										
……										
合计										

4. 制作与应用说明。

（1）该文书一日（月）一记录，应当详细客观记载戒毒人员的日常表现和奖惩依据。

（2）奖罚分理由应当按照戒毒场所规定的事由认真填写，不得随意奖罚。

（3）如有奖罚分数的情况，应该由戒毒人员本人亲笔签字，如不愿签字的应载明。警察签名一栏应为值班警察，不得代签。

（4）量化考核计分表是日常考核表的汇总，作为每月戒毒人员的积分统计。

（六）《强制隔离戒毒人员坦白检举登记表》

1. 适用范围与主要依据。《司法行政机关强制隔离戒毒工作规定》第三十二条规定："戒毒人员提出申诉、检举、揭发、控告的，强制隔离戒毒所应当及时依法处理；对强制隔离戒毒决定不服提起行政复议或者行政诉讼的，强制隔离戒毒所应当将有关材料登记后及时转送有关部门。"

公安部、司法部、国家卫生和计划生育委员会共同制定的《强制隔离戒毒诊断评估办法》第九条第一款规定："戒毒人员行为表现评估标准：（一）服从管理教育，遵守所规所纪；（二）接受戒毒治疗，参加康复训练；（三）参加教育矫治活动；（四）参加康复劳动；（五）坦白、检举违法犯罪活动。"

这里的坦白，是指强制隔离戒毒人员在戒毒所内主动地供述司法机关还未掌握的本人罪行。检举，是指强制隔离戒毒人员对于违法失职的国家机关和国家工作人员向有关机关揭发事实、请求依法处理的行为。检举与控告申诉的区别在于，控告人和申诉人往往是受害者，而检举人一般与事情无直接关系，控告和申诉是为了自己的权益而要求依法处理，而检举一般是出于维护正义感和维护公共利益的目的。根据《禁毒法》《禁毒条例》等有关法律法规，戒毒人员享有检举权，戒毒人员对戒毒所和民警的违法决定、违纪行为可以向司法机关、上级主管单位或监察机关提出。

2. 文书示例。

强制隔离戒毒人员坦白检举登记表

年　　月　　日

姓名		年龄		入所时间	
强制隔离戒毒期限	年　　月　　日至　　年　　月　　日			所属大队	
坦白检举内容摘要					
转递单位及时间					
经办人					
处理结果					

3. 制作与应用说明。

（1）坦白检举内容摘要，应简明扼要地陈述坦白内容和检举的对象和内容，关键陈述事情的时间、地点和事由。

（2）转递单位及时间，应明确转递的具体单位名称，如强制隔离戒毒场所监察室、强制隔离戒毒上级主管单位、某某地检察机关、某某地人大等。时间应明确到年月日。

（3）经办人为坦白检举的戒毒人员向其提出坦白检举的民警或其他人员。

（4）处理结果为该坦白检举行为所得到的处理意见和答复。

（七）《强制隔离戒毒人员变更社区戒毒审批表》

1. 适用范围与主要依据。《戒毒条例》第三十一条第一款规定："强制隔离戒毒人员患严重疾病，不出所治疗可能危及生命的，经强制隔离戒毒场所主管机关批准，并报强制隔离戒毒决定机关备案，强制隔离戒毒场所可以允许其所外就医。所外就医的费用由强制隔离戒毒人员本人承担。"该条第二款规定："所外就医期间，强制隔离戒毒期限连续计算。对于健康状况不再适宜回所执行强制隔离戒毒的，强制隔离戒毒场所应当向强制隔离戒毒决定机关提出变更为社区戒毒的建议，强制隔离戒毒决定机关应当自收到建议之日起7日内，作出是否批准的决定。经批准变更为社区戒毒的，已执行的强制隔离戒毒期限折抵社区戒毒期限。"

《司法行政机关强制隔离戒毒工作规定》第三十八条规定："戒毒人员所外就医期间，强制隔离戒毒期限连续计算。对于健康状况不再适宜回所执行强制隔离戒毒的，强制隔离戒毒所应当向强制隔离戒毒决定机关提出变更为社区戒毒的建议，同时报强制隔离戒毒所所在省、自治区、直辖市司法行政机关戒毒管理部门备案。"

"健康状况不再适宜回所"认定标准：戒毒人员患有严重疾病，办理所外就医后身体健康状况未改善的；戒毒人员身体健康状况有所改善，但需要在社会医疗机构长期治疗或家人长期照顾，回所继续执行强制隔离戒毒可能造成情况恶化的。根据《禁毒法》的规定，社区戒毒的决定权由公安机关行使。因此，强制隔离戒毒所变更社区戒毒的建议，必须经强制隔离戒毒机关批准。同时，强制隔离戒毒所变更社区戒毒的建议报所在省、自治区、直辖市司法行政机关戒毒管理部门备案。强制隔离戒毒决定机关同意变更戒毒措施的，强制隔离戒毒所应当于5日内书面通知戒毒人员亲属或者所在单位、就读学校以及户籍所在地或者居住地公安机关。

2. 文书示例。

强制隔离戒毒人员变更社区戒毒审批表

________强制隔离戒毒所______大队　　　　档案编号：

<table>
<tr><td>姓　名</td><td></td><td>性别</td><td></td><td>出生年月</td><td></td><td>民族</td><td></td></tr>
<tr><td>绰号/别名</td><td></td><td>职业</td><td></td><td>文化程度</td><td></td><td>婚否</td><td></td></tr>
<tr><td>户籍所在地</td><td colspan="3"></td><td>身份证号</td><td colspan="3"></td></tr>
<tr><td>现住址</td><td colspan="3"></td><td>决定机关</td><td colspan="3"></td></tr>
<tr><td>原强制隔离戒毒期限</td><td colspan="3">自　　年　　月　　日起
至　　年　　月　　日止</td><td>入所时间</td><td colspan="3"></td></tr>
<tr><td>强制隔离戒毒期限变更情况</td><td colspan="7"></td></tr>
<tr><td>批准所外就医时间</td><td colspan="7"></td></tr>
<tr><td>戒毒所变更社区戒毒理由及建议</td><td colspan="7">负责人签字（公章）
年　　月　　日</td></tr>
<tr><td>强制隔离戒毒决定机关审批意见</td><td colspan="7">负责人签字（公章）
年　　月　　日</td></tr>
<tr><td>省（区、市）戒毒管理局备案情况</td><td colspan="7"></td></tr>
</table>

3. 制作与应用说明。

（1）戒毒人员个人基本情况包括姓名、性别、民族、出生年月、职业、文化程度、婚否、户籍所在地、现住址、身份证号，决定机关均可在戒毒人员信息表中查询，应与戒毒人员档案一致。

（2）强制隔离戒毒期限变更情况包括是否有提前解除的情况和延长戒毒期限的情况，没有变更的填“无”。

（3）批准所外就医时间为戒毒人员因身体原因经过批准后实际出所就医的时间，精确到年月日，如果没有所外就医则填“无”。

（4）戒毒所变更社区戒毒的理由及建议必须要简明扼要地进行阐述，条理清晰，重点突出，法律依据充分，如果符合《戒毒条例》的规定，所医务部门要根据戒毒人员的具体病情、病史以及指定的县级以上医疗部门的诊断报告，结合相关规定提出变更为社区戒毒的建议，强制隔离戒毒所主要负责人要签字并加盖公章，时间填写到年月日。

（5）强制隔离戒毒决定机关审批意见一栏中，由作出强制隔离戒毒决定的公安机关填写，要做出明确的是否同意变更为社区戒毒的意见，并由公安机关主要负责人签字盖章。

（6）省（区、市）戒毒管理局备案情况一栏，填写已备案等情况。

第三节　重点人员管理文书

一、适用范围与主要依据

（一）适用范围

为落实科学戒毒原则，提高戒毒效率，强制隔离戒毒场所会根据戒毒人员的情况实行分别管理。重点人员管理类文书适用于对部分需要严格管理的戒毒人员的认定、审批和及时解除等执法与管理过程。

实务中，重点人员管理类文书主要有：《重点戒毒人员审批表》《重点戒毒人员排查、包夹转化登记表（簿）》和《重点戒毒人员撤销审批表》等。

（二）主要依据及法理解读

《戒毒条例》第三十条规定：“强制隔离戒毒场所应当根据强制隔离戒毒人员的性别、年龄、患病等情况对强制隔离戒毒人员实行分别管理；对吸食不同种类毒品的，应当有针对性地采取必要的治疗措施；根据戒毒治疗的不同阶段和强制隔离戒毒人员的表现，实行逐步适应社会的分级管理。”

《司法行政机关强制隔离戒毒工作规定》第十六条规定："强制隔离戒毒所应当根据性别、年龄、患病等情况，对戒毒人员实行分别管理；根据戒毒治疗情况，对戒毒人员实行分期管理；根据戒毒人员表现，实行逐步适应社会的分级管理。"第二十八条规定："对有严重扰乱所内秩序、私藏或者吸食、注射毒品、预谋或者实施脱逃、行凶、自杀、自伤、自残等行为以及涉嫌犯罪应当移送司法机关处理的戒毒人员，强制隔离戒毒所应当对其实行单独管理。单独管理应当经强制隔离戒毒所负责人批准。在紧急情况下，可以先行采取单独管理措施，并在二十四小时内补办审批手续。对单独管理的戒毒人员，应当安排人民警察专门管理。一次单独管理的时间不得超过五日。单独管理不得连续使用。"

分级管理是根据戒毒人员各阶段行为表现和戒毒效果评定管理等级，实行动态管理，对不同等级的戒毒人员在管理强度、管理方式、生活标准、活动区域等方面按照对应等级依照规定进行管理。对强制隔离戒毒人员的分级管理可以分为严格管理、普通管理、宽松管理三类。其中，严格管理的对象一般为戒毒人员中的重点人员。严格管理的戒毒人员主要包括：新入所人员，生理脱毒期戒断反应强烈的强制隔离戒毒人员，"三假"身份的强制隔离戒毒人员，对抗矫治、不接受戒治的强制隔离戒毒人员，戒治效果较差的强制隔离戒毒人员，有过脱逃史的强制隔离戒毒人员，违反所规所纪的强制隔离戒毒人员，私藏违禁物品、伺机自伤自残、自杀的强制隔离戒毒人员，家庭发生重大变故、思想波动起伏较大的强制隔离戒毒人员等。

在分级管理中，针对强制隔离戒毒人员中有以上所列举的情况之一者，经大队决定为重点人员，报请管理科及所领导审批，确定为重点人员后，落实排查、包夹制度，进行心理干预，对急性戒断症状者和严重违反所规所纪者采取约束性保护措施或者实行单独管理。对已经转化的重点人员，经大队研究报管理科和强制隔离戒毒所批准同意后才能实行普通管理。

二、相关文书示例

1. 文书示例。

重点戒毒人员审批表

大队： 年 月 日

姓名		曾用名		出生年月	
民族		入所时间		吸食毒品种类	
原籍		现住址			
强制隔离戒毒期限	自 年 月 日起至 年 月 日止				
主要认定依据					
大队意见	年 月 日				
管理科意见	年 月 日				
所领导意见	年 月 日				
备注					

2. 文书示例。

重点戒毒人员排查、包夹转化登记表（簿）

<table>
<tr><td>档案编号</td><td></td><td>所属大队</td><td colspan="3"></td><td rowspan="4">相
片</td></tr>
<tr><td>姓　名</td><td></td><td>出生年月</td><td></td><td>文化程度</td><td></td></tr>
<tr><td>曾用名</td><td></td><td>住　址</td><td colspan="3"></td></tr>
<tr><td>籍　贯</td><td colspan="2">省　　市（县）</td><td colspan="2">吸食毒品种类</td><td></td></tr>
<tr><td>期限</td><td colspan="4">自　年　月　日起至　年　月　日止</td><td>入所时间</td><td></td></tr>
<tr><td>个人简历</td><td colspan="6"></td></tr>
<tr><td>社会关系</td><td colspan="6"></td></tr>
<tr><td>排查原因
及时间</td><td colspan="4"></td><td>审批人</td><td></td></tr>
<tr><td>包教警察</td><td colspan="3"></td><td>包夹人员</td><td colspan="2"></td></tr>
<tr><td>帮教措施</td><td colspan="6"></td></tr>
<tr><td>内容
时间</td><td colspan="6">转　化　情　况</td></tr>
<tr><td></td><td colspan="6"></td></tr>
<tr><td></td><td colspan="6"></td></tr>
<tr><td></td><td colspan="6"></td></tr>
<tr><td></td><td colspan="6"></td></tr>
<tr><td></td><td colspan="6"></td></tr>
<tr><td></td><td colspan="6"></td></tr>
<tr><td></td><td colspan="6"></td></tr>
<tr><td></td><td colspan="6"></td></tr>
<tr><td>撤销时间</td><td></td><td>填表人</td><td colspan="2"></td><td>审批人</td><td></td></tr>
<tr><td>备注</td><td colspan="6"></td></tr>
</table>

3. 文书示例。

重点戒毒人员撤销审批表

<table>
<tr><td>姓名</td><td></td><td>曾用名</td><td colspan="2"></td><td>出生年月</td><td></td></tr>
<tr><td>民族</td><td></td><td>职业</td><td></td><td colspan="2">吸食毒品种类</td><td></td></tr>
<tr><td>原籍</td><td></td><td>住址</td><td colspan="4"></td></tr>
<tr><td>期限</td><td colspan="6">自　　年　　月　　日起至　　年　　月　　日止</td></tr>
<tr><td>撤销依据</td><td colspan="6"></td></tr>
<tr><td>大队意见</td><td colspan="6">年　　月　　日</td></tr>
<tr><td>管理科意见</td><td colspan="6">年　　月　　日</td></tr>
<tr><td>强制隔离戒毒所意见</td><td colspan="6">年　　月　　日</td></tr>
</table>

4. 制作与应用说明。

（1）《重点戒毒人员审批表》《重点戒毒人员排查、包夹转化登记表（簿）》中的个人基本情况要相互一致，与强制隔离戒毒人员档案相一致，如发现新情况有不一致的地方应该载明。

（2）《重点戒毒人员审批表》中的主要认定依据应详细填写，内容要具体、明确，违反所规所纪，私藏违禁物品，伺机自伤自残、自杀的强制隔离戒毒人员应详细写明经过和具体日期，家庭发生重大变故、思想波动较大的强制隔离戒毒人员应写明变故内容、事由。

（3）《重点戒毒人员排查、包夹转化登记表（簿）》中的个人简历，一般从上小学开始，至本次收治为止。每一个时间段起止日期要具体到年月。简历按时间顺序先后填写，并保持经历的连贯性，时间不能中断，有单位的应当填写单位名称和单位所在地的地址，没有职业的或没有固定职业的要概括其谋生的主要手段。

（4）《重点戒毒人员排查、包夹转化登记表（簿）》中包教警察为大队民警，包夹人员不少于2名同宿舍或同学习、劳动的戒毒人员。审批人为强制隔离戒毒场所主要负责人。

（5）《重点戒毒人员排查、包夹转化登记表（簿）》中帮教措施主要是实行包教、落实包夹、控制活动和谈话教育。

（6）《重点戒毒人员排查、包夹转化登记表（簿）》中转化情况主要填写个别谈话、包教包夹、行为控制的具体措施和效果，通过一系列的谈话、包教包夹措施，重点人员在思想上、心理上、行为上、学习劳动上、情绪上的变化。无论有无转变都要如实记录，如有无对立情绪、暴力倾向、逃跑思想、消极言论、人际关系等方面的表现。要具体到年月日。

（7）《重点戒毒人员撤销审批表》中撤销依据一栏填写要具体详细，主要记载经过转化后重点人员的具体表现和行为状态。

（8）以上表格中所涉及的人员签名应由大队长、管理科主要负责同志和强制隔离戒毒场所的主要领导亲笔签名，并盖单位公章。

第四节　生活卫生类文书

一、适用范围与主要依据

生活卫生的日常管理是强制隔离戒毒所戒毒管理工作的重要环节，贯穿强制隔离戒毒工作的始终。生活卫生类管理的规范化，直接影响到戒毒工作的效果。根据司法部《司法行政机关强制隔离戒毒工作规定》第七章的规定，生活卫生的日常管理主要包括食堂伙食管理、被服管理、购买日常用品管理、疾病防控和生活卫生现场管理等。以上的管理工作不仅仅是简单的日常生活的具体性事务，而是涉及戒毒人员在强制隔离戒毒期间生活的各个方面，严格的工作规范和操作流程是工作规范化的切实保证，而生活卫生类的管理文书是这一工作规范化的重要表现。

二、相关执法文书详解

本节涉及的文书主要包括：《强制隔离戒毒人员食堂物品入库单》《强制隔离戒毒人员食堂物品出库单》《强制隔离戒毒人员食堂食品留验登记表》《强制隔离戒毒人员食堂餐具消毒登记表》《强制隔离戒毒人员食堂刀具领用登记表》《强制隔离戒毒人员监督服药情况登记表》《强制隔离戒毒人员配发物品登记表》《强制隔离戒毒人员配发物品回收登记表》《场所生活卫生、生活设施安全检查登记本》。

（一）强制隔离戒毒人员食堂物品入库、出库单据

强制隔离戒毒人员食堂物品入库、出库单据指的是对进入戒毒人员食堂仓库的物资和领出的相关物资进行验收、记录交接的表格类文书。

1. 文书示例。

强制隔离戒毒人员食堂物品入库单

送货单位：××粮油副食公司　　送货人：张×　　2018年×月×日

名称	规格	单位	数量	单价	金额	备注
大米	袋装	公斤	500公斤	2元	1000元	合格证附后
白菜	散装	公斤	600公斤	0.8元	480元	农药残留检验报告附后
猪排	散装	公斤	100公斤	12元	1200元	检验检疫证书附后
调和油	桶装	公斤	100公斤	10元	1000元	合格证附后
……	……	……	……	……	……	……

单位主管：李×　　验收人：宋××

2. 文书示例。

强制隔离戒毒人员食堂物品出库单

2018 年×月×日

名称	规格	单位	数量	单价	金额	备注
大米	袋装	公斤	500 公斤	2 元	1000 元	合格证附后
面粉	散装	公斤	800 公斤	1 元	800 元	检验报告附后
冷冻鸡腿	盒装	公斤	20 公斤	8 元	160 元	检验检疫证书附后
调和油	桶装	公斤	100 公斤	10 元	1000 元	合格证附后
……	……	……	……	……	……	……

单位主管：李×× 发货人：关× 收货人：陈×

3. 制作与应用说明。

（1）送货单位：本次送入该批物资的单位总称，如“××粮油公司”或是“××超市”。

（2）送货人：本次送货单位派出的跟车人员。

（3）日期：为某种物资入库的时间，要具体到年月日。

（4）名称：要填写详细的物资名称，如东北大米、江苏大米（粮油等大宗物资需按招标合同上的要求注明生产商）等。

（5）单位：按照国际标准的计量单位填写，如公斤等。

（6）备注：主要填写在验收过程中的特殊情况，如“发现其中一包有霉变情况，予以退回”等。

（7）验收人一般为后勤大（中）队的民警，单位主管为食堂司务长或负责人。

（8）出库单为每日戒毒人员食堂完成一日炊事任务后，进行对账汇总所需。每次出货都要填写，不能因为嫌麻烦合并填写。

（9）发货人为食堂管理仓库的民警，收货人为食堂炊事人员，其余内容详见《强制隔离戒毒人员食堂物品入库单》，在此不再赘述。

（二）《强制隔离戒毒人员食堂食品留验登记表》

《司法行政机关强制隔离戒毒工作规定》第五十五条规定：“强制隔离戒毒所应当保证戒毒人员的饮食安全。食堂管理人员和炊事人员应当取得卫生行政主管部门颁发的健康证明，每半年进行一次健康检查，健康检查不合格的应当及时予以调整。戒毒人员食堂实行四十八小时食品留样制度。”

《强制隔离戒毒人员食堂食品留验登记表》是对戒毒人员食堂每日的菜品和主食留存、登记、待验，如果出现食物中毒事件，就可以根据留验的食品查出原因，是关系到戒毒人员食品安全的表格类文书。

1. 文书示例。

强制隔离戒毒人员食堂食品留验登记表

日期		食品名称	入柜时间	留验人	出柜时间	取样人	备注
2018 年 3 月 12 日	早餐	大米粥 馒头	3 月 12 日 5 时 10 分	陈×	3 月 14 日 5 时 20 分	刘×	……
	中餐	米饭 酸辣白菜 青椒肉丝 清炒菠菜	3 月 12 日 11 时 10 分	陈×	3 月 14 日 11 时 20 分	刘×	……
	晚餐	馒头 炒土豆丝 饼	3 月 12 日 16 时 20 分	陈×	3 月 14 日 16 时 30 分	刘×	……
……	早餐	……	……	……	……	……	……
	中餐	……	……	……	……	……	……
	晚餐	……	……	……	……	……	……
……	早餐	……	……	……	……	……	……
	中餐	……	……	……	……	……	……
	晚餐	……	……	……	……	……	……

2. 制作与应用说明。

（1）日期：每日制作（或是外购）主食和菜品的时间，要具体到年月日。

（2）食品名称：主食和菜品的名称，如主食有米饭、面条、水饺等，菜品有肉丝炒蛋、红烧排骨、土豆牛肉、酸辣白菜等。

（3）入（出）柜时间：主食和菜品进入（取出）食品留验柜的具体时间点，要详细到几时几分。

（4）留验人：将留验食品存入留验柜的民警。取样人：48 小时后从留验柜取出留验食品的民警。

（5）主食和菜品取样时要随机获取，米饭为蒸箱蒸熟后随机抽取的一份，菜品为大锅中烹制好后随机抽取的一份，如有外购食品则要随机抽取其中一份。

（6）主食和菜品要有一定数量，即不得少于 250 克。

（7）主食、菜品入柜和出柜时间的限定，即主食和菜品从入柜到出柜需保持在 48 小时以上。

（三）《强制隔离戒毒人员食堂餐具消毒登记表》

《强制隔离戒毒人员食堂餐具消毒登记表》是对戒毒人员食堂使用的各类餐具消毒方式和过程等情况进行记载的表格类文书。

1. 文书示例。

强制隔离戒毒人员食堂餐具消毒登记表

日期		消毒时间		餐具数量			责任民警	备注
		开始时间	结束时间	碗	筷	其他餐具		
2010 年 6 月 21 日	早餐	6 时 10 分	6 时 50 分	300 个	300 双	……	陈×	巴式消毒液、紫外线照射
	午餐	12 时 14 分	12 时 50 分	300 个	300 双	……	陈×	巴式消毒液、紫外线照射
	晚餐	18 时 15 分	19 时 14 分	300 个	300 双	……	陈×	巴式消毒液、紫外线照射
……	早餐	……	……	……	……	……	……	……
	午餐	……	……	……	……	……	……	……
	晚餐	……	……	……	……	……	……	……
……	早餐	……	……	……	……	……	……	……
	午餐	……	……	……	……	……	……	……
	晚餐	……	……	……	……	……	……	……

2. 制作与应用说明。

（1）日期：消毒工作的日期，即年月日要清楚。

（2）消毒时间：从开始到结束等具体消毒作业的时间点，要具体到几时几分（24 小时制）填写。

（3）餐具数量：分为常用的碗、筷和其他餐具三大类，数量必须准确，且要带上数量单位。餐具数量不可估计，如“200余个”。

（4）责任民警：本次消毒工作的人员，一般是戒毒人员食堂的执勤民警或所内医院负责卫生防疫的民警。

（5）备注：主要记载消毒的方式，紫外线照射消毒还是巴式消毒液等，以及消毒中遇到的情况。

（6）戒毒人员食堂消毒一般为每日三次，每次消毒的时间在30分钟以上。

（四）《强制隔离戒毒人员食堂刀具领用登记表》

《强制隔离戒毒人员食堂刀具领用登记表》是对戒毒人员在食堂日常炊事工作中各种刀具领用情况进行登记、落实责任人、规范食堂刀具管理的表格类文书。

1. 文书示例。

强制隔离戒毒人员食堂刀具领用登记表

日期	刀具名称	领用时间	数量	领用人	执勤民警	归还时间	数量	归还人	执勤民警	备注
2018年8月1日	菜刀	8时12分	6把	张×	赵×	9时26分	6把	张×	赵×	……
2018年9月3日	斩骨刀	8时12分	5把	刘×	赵×	9时26分	5把	刘×	赵×	……
2018年9月9日	菜刀	15时6分	7把	李×	杨×	17时21分	7把	李×	杨×	……
……	……	……	……	……	……	……	……	……	……	……

2. 制作与应用说明。

（1）日期：为领用和归还刀具的时间。

（2）领用（归还）时间：为具体的领用归还时间点，要具体到时分。

（3）刀具名称：为领用刀具的具体名称，如菜刀、斩骨刀、剔骨刀等。

（4）领用人一般为领用刀具的人员，如戒毒人员食堂从事炊事作业的戒毒人员或分管民警；归还人为使用完毕后归还刀具的人员，如戒毒人员食堂从事炊事作业的戒毒人员或分管民警；执勤民警为当日戒毒人员食堂管理民警。

（5）备注：领用刀具和归还刀具过程中发生特殊情况的记录，如刀具损坏、其他人员借用等。

（6）每次领用刀具或归还刀具都要填写一次。

（7）领用（归还）时间要填写到几时几分。

（8）表格的空白处均应划去或是填写“无”字。

（9）该文书须民警亲自填写，如原执勤民警有事离开食堂要做好交接工作。

（10）刀具的领用人和归还人必须是同一人，如果不是同一人，则必须在备注中加以说明。

（五）《强制隔离戒毒人员监督服药情况登记表》

《司法行政机关强制隔离戒毒工作规定》第三十六条规定：“强制隔离戒毒所应当定期对戒毒人员进行身体检查。对患有疾病的戒毒人员，应当及时治疗。对患有传染病的戒毒人员，应当按照国家有关规定采取必要的隔离治疗措施。”该文书主要作用是对患有疾病需要在治疗期间定期服药的戒毒人员，进行规范管理，防止过度用药或者逃避用药。

1. 文书示例。

强制隔离戒毒人员监督服药情况登记表

日期	姓名	药品名称及服用剂量	服用时间	服用人签名	民警签名	备注
2018 年 5 月 20 日	张×	三九感冒冲剂口服每日 1 包	9 时 10 分	张×	李×	……
2018 年 6 月 7 日	夏×	依伦平片口服每日 1 片	9 时 15 分	赵×	李×	……
……	……	……	……	……	……	……

2. 制作与应用说明。

（1）日期：患病戒毒人员每次服药的时间，即年月日要清晰。

（2）药品名称及服用剂量：按照医嘱填写药品名称、服用剂量和方法，如口服、注射、外敷等，或按照该药品说明书的要求填写，民警不能自作主张填写或留白不填。

（3）服用时间：具体服用的时间点，要具体到几时几分。

（4）服用人签名：服用药物的戒毒人员本人签名确认。

（5）民警签名：监督本次戒毒人员服药的现场执勤民警签字确认。

（六）强制隔离戒毒人员配发、回收物品登记表格

《司法行政机关强制隔离戒毒工作规定》第五十二条、第五十三条规定：“强制隔离戒毒所应当按规定设置戒毒人员生活设施。戒毒人员宿舍应当坚固安全、通风明亮，配备必要的生活用品。戒毒人员的生活环境应当绿化美化。”

“强制隔离戒毒所应当保持戒毒人员生活区整洁，定期组织戒毒人员理发、洗澡、晾晒被褥，保持其个人卫生。强制隔离戒毒所应当统一戒毒人员的着装。”这两种表格是记录每月对新收戒毒人员相关物资的配发情况和对解除强制隔离戒毒人员在入所时配发物资的回收情况的详细说明。

1. 文书示例。

强制隔离戒毒人员配发物品登记表

一大队（盖章） 日期：2018 年 7 月 15 日

档案号	姓名	入所时间	春秋装	夏装	箱包	雨衣	枕头	床垫	棉被	床单	席子	签名	备注
Q92××	赵×	2018 年 11 月 3 日	二套	二套	一个	一套	一个	一条	一条	二条	一条	赵×	……
Q96××	王×	2018 年 11 月 9 日	未配发	未配发	一个	一套	一个	一条	一条	二条	一条	王×	……
Q96××	刘×	2018 年 10 月 11 日	已配发	已配发	已配发	一套	已配发	已配发	已配发	已配发	已配发	刘×	……
……	……	……	……	……	……	……	……	……	……	……	……	……	……
……	……	……	……	……	……	……	……	……	……	……	……	……	……
……	……	……	……	……	……	……	……	……	……	……	……	……	……

大队负责人：陈× 责任民警：张×

2. 文书示例。

强制隔离戒毒人员配发物品回收登记表

档案号	姓名	入所时间	春秋装	夏装	箱包	雨衣	枕头	床垫	棉被	床单

________大队（盖章） 日期： 年 月 日

大队负责人： 责任民警：

3. 制作与应用说明。

（1）日期：为填写该表的时间，要具体到年、月、日。

（2）档案号：为所配发物品戒毒人员的档案号。

（3）其余内容可以根据表格中的要求填写。配发物品栏目下要填写具体数量，如该物品未配发到位，要填写“未配发”并在备注中说明。

（4）签名：为收到配发物品的戒毒人员签名确认。

（5）备注：为在本次配发过程中出现的需要说明的问题，如在规定之外又配发了其余的东西，或是本次配发过程中有几样物品未配发到位。

（七）场所生活卫生、生活设施安全检查登记本（日、周、月）

根据《司法行政强制隔离戒毒所强制隔离戒毒人员行为规范》第六条规定：“保持个人卫生，定期换洗衣物、被褥。按规定统一着装，衣着整齐。”第七条规定：“按时打扫宿舍卫生，洗漱用品及其他生活用品摆放整齐，保持环境整洁。”第八条规定：“听到起床号令立即起床、整理内务。听到就寝号令立即按指定床位就寝，保持安静。”戒毒人员要保持宿舍卫生，内务整洁统一，戒毒民警要每日对戒毒人员宿舍生活卫生情况进行检查，并每周、每月进行汇总，作为行为表现评估的一个环节，也是对戒毒人员生活环境安全的排查，是戒毒人员安全的重要保证。由于此表格较为简单易懂，填表要求不再赘述。

1. 文书示例。

场所生活卫生、生活设施安全月检查情况登记表

<table>
<tr><td>检查时间</td><td>2011 年 1 月 28 日</td><td>检查人员</td><td>章××、叶××、周××、朱××、施××、朱××</td></tr>
<tr><td>检查内容</td><td colspan="3">全所戒毒人员生活区宿舍</td></tr>
<tr><td>检查情况及查出的问题</td><td colspan="3">一大队：
物品柜内物品摆放不整齐，扣 0.5 分；
2 组毛巾架和牙杯数量有缺损，扣 0.5 分；
3 组 5 号铺位床单有污迹，扣 0.5 分；
7 组脸盆架内有杂物，扣 0.5 分；
14 组桌上物品摆放不规范，扣 0.5 分；
活动室内垃圾桶垃圾有溢出情况，扣 1 分。
总计扣分：3.5 分
二大队：
4 组 2 号、5 号、8 号铺位床单不平整，扣 1.5 分；
理发室内卫生未清扫，扣 1 分；</td></tr>
</table>

（续表）

	洗漱间有异味，扣1.5分； 戒毒人员宿舍走廊地面未打扫干净，有水迹，扣1分。 总计扣分：5分 三大队： 2组地面有纸屑，扣0.5分； 5组9号铺位床架松动，有安全隐患，扣2分； 9组脸盆架上物品摆放不整齐，扣0.5分。 洗漱间有积水，扣0.5分。 总计扣分：3.5分 四大队： 未检查
整改情况及处理决定	根据检查情况进行通报； 将扣分情况纳入当月大队考核； 各大队根据检查情况进行整改，有安全隐患的大队需立即整改
备注	由于四大队当日正在进行全大队安全检查，故本次卫生检查待其安检结束后择时进行

2. 文书示例。

大（中）队生活卫生周检查情况登记表

检查时间		检查人员	
检查内容			
检查情况及查出问题			
整改情况及处理决定			
备注			

3. 文书示例。

强制隔离戒毒人员生活卫生日检查情况登记表

检查时间	2012 年 5 月 1 日		
检查人员	李×× (民警)、丁××、楼××、胡××		
检查范围	各小组、阅览室、洗漱间、活动室、保管室		
区域	检查结果	名次	检查情况
一组	10 分	第一名	卫生情况优秀，符合标准要求
二组	6 分	第五名	卫生情况差，墙角有蜘蛛网、床底鞋子乱放、地面湿滑、毛巾未统一晾挂
……	……	……	……
十组	……	……	……
阅览室	10 分	第一名	卫生情况优秀，符合标准要求，物品摆放规范整齐
活动室	8 分	第三名	卫生情况一般，活动器具摆放凌乱、地面有污迹、墙面有污迹
保管室	……	……	……
卫生间	……	……	……
洗漱间	……	……	……
宿舍及话机/理发工具消毒记录	……	……	……
说明	1. 检查采用 10 分制 2. 每项检查不符合要求扣除对应的分数 3. 生活卫生检查情况要填写在检查情况栏内		

中队长：金××　　　　责任民警：李××

【知识拓展】

上海市司法行政机关强制隔离戒毒诊断评估实施细则

第一章　总　　则

第一条　为进一步明确司法行政机关强制隔离戒毒诊断评估工作的流程和内容，细化职能分工，确保戒毒所按照标准化、项目化的要求，规范有序的组织实施诊断评估工作，有效保障戒毒人员合法权益，科学评价戒毒人员戒治效果，依据《中华人民共和国禁毒法》《戒毒条例》《上海市禁毒条例》《上海市强制隔离戒毒诊断评估办法》等法律、法规及规定，结合工作实际，制定本细则。

第二条　本细则所称诊断评估，是指司法行政机关强制隔离戒毒所（以下简称“戒毒所”）对戒毒人员在强制隔离戒毒期间的生理脱毒、身心康复、行为表现、社会环境和适应能力等情况进行综合考核、客观评价。

第三条　诊断评估工作以合法性、科学性为基础，坚持执法效能与执法规范并重，坚持定性与定量相结合，确保诊断评估程序与结果的公开、公正、透明。

第四条　诊断评估分为一年后综合诊断评估、期满前综合诊断评估。

第五条　诊断评估结果，是戒毒所对戒毒人员按期解除强制隔离戒毒、提出提前解除强制隔离戒毒或延长强制隔离戒毒期限意见以及责令社区康复建议的直接依据。

第二章　组织机构和工作职责

第六条　上海市司法行政戒毒管理部门成立诊断评估工作指导委员会，负责指导、监督所辖戒毒所的诊断评估工作。诊断评估工作指导委员会的工作职责包括：

（一）负责诊断评估实施细则相关配套制度的制定、修改和解释；

（二）负责诊断评估实施细则的落实和推行；

（三）负责指导、协调、检查、监督戒毒所的诊断评估工作；

（四）复核有异议的诊断评估结果；

（五）对诊断评估工作中的其他重要事项作出决定。

第七条　戒毒所成立诊断评估办公室，由管理、教育、康复、医疗等多岗位工作人员组成，负责诊断评估的具体工作。诊断评估办公室的工作职责包括：

（一）制定诊断评估工作计划；

（二）设置诊断评估项目组，负责诊断评估具体工作的组织和实施；

（三）指导、协调各职能部门配合开展诊断评估工作；

（四）处理戒毒人员对诊断评估结果的异议；

（五）管理和维护戒毒人员诊断评估系统；

（六）出具诊断评估结果，提出诊断评估结论性意见；

（七）办理诊断评估工作中的其他日常事务。

第三章　诊断评估的内容和标准

第八条　诊断评估的内容包括生理脱毒评估、身心康复评估、行为表现评估、社会环境与适应能力评估（具体评估标准参见附件）。

第九条　生理脱毒评估的内容和标准包括：

（一）毒品检测结果呈阴性；

（二）停止使用控制或缓解戒断症状的药物；

（三）急性戒断症状完全消除；

（四）未出现明显稽延性戒断症状；

（五）未出现因吸毒导致的明显精神症状或者原有精神障碍得到有效控制。

生理脱毒评估通过使用医疗手段，对上述五项内容进行检测，作出评价。诊断评估时，戒毒人员同时达到上述五项标准，生理脱毒评估为“合格”，否则为“不合格”。

第十条　身心康复评估的内容和标准包括：

（一）身体相关机能有所改善；

（二）体能测试有所提高；

（三）戒毒动机明确，信心增强，掌握防止复吸的方法；

（四）未出现严重心理问题或精神症状；

（五）有改善与家庭、社会关系的愿望和行动。

身心康复评估采用学分制，通过身体机能测试、体能训练和测试、心理康复训练、心理测试以及身心康复知识理论考试的方式进行量化评价。五个项目分别下设若干科目，分为必修（测）科目与选修（测）科目，对应不同分值。戒毒人员完成学习、训练的规定要求，通过考核、测试后，获得相应分数。每项科目的具体标准根据戒毒人员性别、年龄、身体状况等方面的差异化情况进行设定。

必修（测）科目设置60学分，选修（测）科目根据戒毒人员对身心康复的实际需求进行设置。一年后综合诊断评估时，学分达到80分且必修（测）科目达到60分为“合格”，否则为“不合格”。期满前综合诊断评估时，必修（测）科目达到60分为“合格”，否则为“不合格”。

第十一条　行为表现评估的内容和标准包括：

（一）服从管理教育，遵守所规所纪；

（二）接受戒毒治疗，参加康复训练；

（三）参加教育矫治活动；

（四）参加康复劳动；

（五）坦白、检举违法犯罪活动。

行为表现考核评估是戒毒所根据遵规守纪、教育学习、康复劳动、康复训练、坦白检举五个方面，对戒毒人员的行为表现情况采取日记载、月考核、逐月累计的方式进行量化考核、综合评估。行为表现考核分数累计达到 2800 分为“合格”，否则为“不合格”。

戒毒人员行为表现每日基础分为 4 分，行为表现达到基本条件的给予基础分，并可根据规定情形予以奖分或扣分，每日累计奖分或扣分不得超过基础分。此外，戒毒人员在半年评比、年终评比中或因戒治表现突出受到表扬、嘉奖、记功的，行为表现考核分数每次分别奖 10、20、30 分；戒毒人员因违反所规队纪受到警告、训诫、责令具结悔过的，行为表现考核分数每次分别扣 20、40、60 分。

戒毒人员在公安机关强制隔离戒毒所或其他监管场所期间的行为表现情况，依据公安机关移交的诊断评估手册中记载的内容进行评分；戒毒人员在强制隔离戒毒期间被依法收监执行刑罚、采取强制性教育措施或者被依法拘留、逮捕，依据羁押场所作出的评价进行评分。

第十二条　社会环境与适应能力评估的内容和标准包括：

（一）与有关部门签订社会帮教协议或者有明确意向；

（二）家庭或所在社区支持配合其戒毒；

（三）有主动接受社会监督和援助的意愿；

（四）掌握一定的就业谋生技能；

（五）有稳定的生活来源或者固定居所。

社会环境与适应能力评估通过查阅戒毒人员签订帮教协议、参加帮教活动、接受社会援助以及与家属、街道和社工沟通等情况，调阅职业技能证书、了解家庭住所和收入情况等方式进行。诊断评估时，戒毒人员同时达到上述三项以上规定标准的，社会环境与适应能力评估为“良好”，否则为“一般”。

第四章　诊断评估的程序

第十三条　戒毒人员入所时，戒毒所应当同时接收公安机关强制隔离戒毒所制作的戒毒人员评估手册，并在手册上记载戒毒人员生理脱毒、身心康复、行为表现、社会环境与适应能力等情况，作为诊断评估依据。

戒毒人员转至其他戒毒所或监管场所的，原戒毒所应当同时移交戒毒人员诊断评估手册及其他诊断评估相关材料；接收戒毒人员的戒毒所或监管场所应当对后续的戒毒情况继续在原诊断评估手册上进行记载。

第十四条　执行强制隔离戒毒 3 个月后，戒毒所应当参照生理脱毒评估标准对戒毒人员生理脱毒情况进行阶段性评价，评价结果应当作为综合诊断评估的重要依据。

戒毒人员入所后，戒毒所应当对其身心康复、行为表现、社会与环境适应能力进行阶段性评价，评价结果应当作为综合诊断评估的重要依据。

第十五条　执行强制隔离戒毒 1 年后或者戒毒人员行为表现考核分数累计达到 2800 分，戒毒所应当对其进行一年后综合诊断评估。

开展一年后综合诊断评估与期满前综合诊断评估的间隔时间不得小于 3 个月（含）。戒毒人员因所外就医、住院治疗、被逮捕、执行刑罚等情形，无法按时参加诊断评估的除外。

第十六条　戒毒人员达到启动一年后综合诊断评估条件的，诊断评估办公室应及时对其开展评估，汇总参加评估人员的生理脱毒、行为表现、身心康复、社会环境与适应能力等方面相关材料，并于材料齐备后 7 日内出具诊断评估结果，提出诊断评估结论性意见。

第十七条　对不予提前解除或不符合提前解除条件的戒毒人员，戒毒所应当在期满前 1 个月内进行期满前综合诊断评估。

对被延长强制隔离戒毒期限的戒毒人员，戒毒所应当在合并执行期满前 1 个月内再次进行期满前综合诊断评估。

第十八条　戒毒人员期满前（含延期）1 个月，诊断评估办公室应及时对其开展评估，汇总参加评估人员生理脱毒、行为表现、身心康复、社会环境与适应能力等方面相关材料，并于材料齐备后 7 日内出具诊断评估结果，提出诊断评估结论性意见。

第十九条　戒毒所应当采取查阅戒毒人员诊断评估材料、与戒毒人员谈话、进行相关测试和社会调查等方式开展诊断评估工作，形成诊断评估结果。

第二十条　戒毒所应当将诊断评估结果向戒毒人员公示 3 日以上。

戒毒人员对诊断评估结果有异议的，可自公示之日起 3 日内向诊断评估办公室提出书面申请，诊断评估办公室应当在 3 日内给予书面答复。对答复仍有异议的，可自收到书面答复之日起 7 日内，向诊断评估工作指导委会提出复核要求，诊断评估工作指导委会应当在 7 日内给予书面答复。

第二十一条　戒毒人员因所外就医、住院治疗、被逮捕或拘留等情形，无法按时参加诊断评估的，戒毒所应当予以补评。

第五章　诊断评估的结果运用

第二十二条　生理脱毒评估、身心康复评估、行为表现评估结果分为“合格”“不合格”两类；社会环境与适应能力评估结果分为“良好”和“一般”两类。

第二十三条　一年后综合诊断评估，对生理脱毒、身心康复、行为表现评估结果均为“合格”且社会环境与适应能力评估结果为“良好”的戒毒人员，戒毒所可以提出提前解除强制隔离戒毒的意见。

第二十四条　对被二次以上强制隔离戒毒的，在执行期满1年6个月后方可提请提前解除。

第二十五条　对具有下列情形之一的戒毒人员，不得提出提前解除强制隔离戒毒的意见：

（一）拒不交代真实身份、姓名、住址的；

（二）脱逃被追回或者企图通过自伤自残、吞食异物等行为逃避戒毒的；

（三）所外就医、探视、请假外出等期间或者回所时毒品检测结果呈阳性或者拒绝接受毒品检测的；

（四）被责令接受社区康复的人员拒绝接受社区康复或者严重违反社区康复协议，因再次吸食、注射毒品被决定强制隔离戒毒的；

（五）其他不宜提前解除强制隔离戒毒的。

第二十六条　戒毒所提出提前解除强制隔离戒毒的意见后，戒毒人员有脱逃、自伤自残或殴打其他戒毒人员等严重违反所规所纪行为的，戒毒所应当撤回提前解除强制隔离戒毒的意见；对强制隔离戒毒决定机关已批准的，应当建议强制隔离戒毒决定机关撤销该决定。

第二十七条　经期满前综合诊断评估，对生理脱毒、身心康复、行为表现评估结果均为“合格”的戒毒人员，戒毒所应当按期解除强制隔离戒毒。

第二十八条　经期满前综合诊断评估，对生理脱毒、身心康复评估结果中有一项以上为“不合格”的戒毒人员，戒毒所可以提出延长强制隔离戒毒期限3至6个月的意见。

对行为表现评估结果为“不合格”的，戒毒所可以根据其行为表现考核分数情况，提出延长强制隔离戒毒期限的意见，延长时间不得超过12个月。

第二十九条　对具有下列情形之一的戒毒人员，戒毒所应当提出延长强制隔离戒毒期限的意见：

（一）外出探视，非因不可抗力逾期未归的；

（二）脱逃的；

（三）私藏、吸食、注射毒品的；

（四）私藏、传递、使用手机等违禁品的；

（五）其他严重违反规定行为应当延长强制隔离戒毒期限的。

戒毒所应当视具体情节以及造成后果的程度，提出延长强制隔离戒毒期限的意见。情节较轻的，提出延长强制隔离戒毒期限3至6个月的意见；情节严重的，提出延长强制隔离戒毒期限6至12个月的意见。

第三十条　依据生理脱毒、身心康复、行为表现评估结果分别作出的延长强制隔离戒毒期限的决定应当合并执行，但累计延长戒毒期限不得超过12个月。

第三十一条　对提前解除强制隔离戒毒、延长强制隔离戒毒期限的，由戒毒所提出意见，报强制隔离戒毒决定机关审批，并提交以下材料：

（一）提前解除强制隔离戒毒或延长强制隔离戒毒期限的意见书；

（二）强制隔离戒毒决定书复印件；

（三）其他需要移送的材料。

第三十二条　戒毒所对解除强制隔离戒毒的人员，可以根据其综合诊断评估情况提出对其责令社区康复的建议。

对社会环境与适应能力评估结果为“一般”的，戒毒所应当提出对其责令社区康复的建议。

第六章　监督检查

第三十三条　各级诊断评估部门及工作人员在诊断评估工作中应当严格遵守相关法律法规、规章制度和工作纪律，不得有超越权限、违反程序、弄虚作假、徇私舞弊以及泄露秘密的行为。

第三十四条　诊断评估工作指导委员会应当定期指导、检查和监督戒毒所开展的诊断评估工作。发现问题的，应当及时告知戒毒所，责令其限期整改。

第三十五条　诊断评估岗位工作人员不履行诊断评估工作职责或违反相关规定的，由人事部门或监察部门按照规定处理，并追究相应责任；情节严重、造成不良影响的，应当同时追究领导责任。涉嫌犯罪的，移送司法机关处理。

第七章　附　　则

第三十六条　本细则所称“以上”含本数，“以下”不含本数。本细则所称“日”均指工作日。

第三十七条　本细则由上海市司法局负责解释。

第三十八条　本细则有效期5年，自2020年2月1日起施行，至2025年1月31日终止。

附件：1. 生理脱毒评估标准

2. 身心康复评估标准

3. 行为表现评估标准

4. 社会环境与适应能力评估标准

附件 1

生理脱毒评估标准

项目	内　容	标　准
生理脱毒	毒品检测情况	检测结果为“阴性”，评价为“达标”；检测结果为“阳性”，评价为“不达标”
	使用控制或缓解戒断症状的药物情况	停止使用或未使用控制或缓解戒断症状的药物，评价为“达标”；使用控制或缓解戒断症状的药物，评价为“不达标”
	急性戒断症状	《急性戒断症状评价表》中各项症状/体征的评定均为“无”或“轻”的，认定为急性戒断症状完全消除，评价为“达标”；否则，认定为急性戒断症状未完全消除，评价为“不达标”
	稽延性戒断症状	《稽延性戒断症状评价表》（即《阿片类药物依赖稽延性戒断症状评定量表》）中各项症状的评定均为“中度”及以下的，认定为未出现明显稽延性戒断症状，评价为“达标”；否则，认定为出现明显稽延性戒断症状，评价为“不达标”
	精神症状	《精神症状评价表》（即《简明精神病量表》）（BPRS）中各项症状的评定均为“中度”及以下的，认定为未出现因吸毒导致的明显精神症状或原有精神障碍得到有效控制，评价为“达标”；否则，认定为疑似出现精神异常或原有精神障碍未得到有效控制。对疑似出现精神异常的需由精神科专业医师或社会专业医疗机构作进一步甄别，鉴定结果为精神正常的，评价为“达标”；鉴定结果为存在精神症状的，评价为“不达标”
	综合评价	诊断评估时，五项均“达标”为“合格”；否则，为“不合格”

备注：生理脱毒评估相关内容和标准依据《阿片类药物依赖诊断治疗指导原则》和《苯丙胺类药物依赖诊断治疗指导原则》以及《简明精神病量表》等制定。

附件 2

身心康复评估标准

<table>
<tr><th rowspan="2">项目</th><th rowspan="2">科目</th><th colspan="2">标准（详见科目评价标准）</th><th rowspan="2">学分</th><th rowspan="2">类型</th></tr>
<tr><th>一年后
综合诊断评估</th><th>期满前
综合诊断评估</th></tr>
<tr><td rowspan="8">身体相关机能测试</td><td>身体机能与素质七项指标综合测试：身高和体重（形态）、握力（力量）、坐位体前屈（柔韧）、俯卧撑（耐力）、选择反应时（灵敏）、闭眼单脚站立（平衡）、肺活量（心肺功能）</td><td colspan="2">“合格”（含）以上</td><td>6</td><td>必修（测）</td></tr>
<tr><td>健心康复操和广播体操</td><td>“较好”</td><td>“较好”或“一般”</td><td>6</td><td>必修（测）</td></tr>
<tr><td>太极康复操</td><td colspan="2">“初段”／“中段”（含）以上</td><td>6/8</td><td>选修（测）</td></tr>
<tr><td>台阶指数测试</td><td colspan="2">“达标”</td><td>6</td><td>选修（测）</td></tr>
<tr><td>仰卧起坐（仰卧背伸）</td><td colspan="2">“达标”</td><td>5</td><td>选修（测）</td></tr>
<tr><td>象限跳（绕杆跑）</td><td colspan="2">“达标”</td><td>4</td><td>选修（测）</td></tr>
<tr><td>左右横跨</td><td colspan="2">“达标”</td><td>4</td><td>选修（测）</td></tr>
<tr><td>立定跳远</td><td colspan="2">“达标”</td><td>5</td><td>选修（测）</td></tr>
</table>

（续表）

项目	科目	标准（详见科目评价标准）		学分	类型
		一年后 综合诊断评估	期满前 综合诊断评估		
体能训练和测试	500 米慢跑	4 分钟内	5 分钟内	6	必修（测）
	9 分钟跑	“达标”		6	选修（测）
	3000 米健康走（男子 1500 米或女子 2 分钟跳绳）	“达标”		6	选修（测）
	25 米往返跑（两点侧滑）	“达标”		4	选修（测）
	30 秒跳绳	“达标”		5	选修（测）
	三点移动（30 秒前后击掌）	“达标”		4	选修（测）
心理测试	拒毒能力测试	“合格”（含）以上		4	必修（测）
	认知神经基础测试	7 分（含）以上	5 分（含）以上	6	必修（测）
	人格特质测试	“未出现明显心理异常倾向”		4	必修（测）
	认知神经康复训练与进阶测试	“较好”		8	选修（测）
心理康复训练	防复吸心理团体训练	至少一期训练且评定为“优”或“良”	至少一期训练且评定为“一般”（含）以上	8	必修（测）
	改善家庭、社会关系心理团体训练	至少二期训练且评定为“优”或“良”		8	选修（测）

（续表）

<table>
<tr><th rowspan="2">项目</th><th rowspan="2">科目</th><th colspan="2">标准（详见科目评价标准）</th><th rowspan="2">学分</th><th rowspan="2">类型</th></tr>
<tr><th>一年后
综合诊断评估</th><th>期满前
综合诊断评估</th></tr>
<tr><td rowspan="2">心理康复训练</td><td>拒毒能力补充训练</td><td colspan="2">防复吸模拟训练评价为“达标”且至少参加一次规定活动</td><td>8</td><td>选修（测）</td></tr>
<tr><td>复吸风险评估</td><td colspan="2">防复吸模拟训练评价为“达标”且复吸风险评价为“低”</td><td>8</td><td>选修（测）</td></tr>
<tr><td rowspan="5">身心康复知识理论考试</td><td>戒毒知识</td><td>70分(含)以上</td><td>60分(含)以上</td><td>5</td><td>必修（测）</td></tr>
<tr><td>法律知识和道德规范</td><td>70分(含)以上</td><td>60分(含)以上</td><td>5</td><td>必修（测）</td></tr>
<tr><td>职业道德与职业生涯</td><td>70分（含）以上</td><td>60分（含）以上</td><td>5</td><td>必修（测）</td></tr>
<tr><td>心理健康知识</td><td>70分（含）以上</td><td>60分（含）以上</td><td>5</td><td>必修（测）</td></tr>
<tr><td>自行开展的其他选修科目</td><td colspan="2">至少参加二课时且考试成绩80分以上</td><td>5</td><td>选修（测）</td></tr>
<tr><td colspan="2">综合评价</td><td colspan="4">一年后综合诊断评估时，获得80学分且必修（测）科目达到60分为“合格”；否则，为“不合格”。
期满前综合诊断评估时，必修（测）科目达到60分为“合格”；否则，为“不合格”</td></tr>
</table>

备注：1. 身体相关机能测试、体能测试相关内容和标准依据《国家普通人群体育锻炼标准》以及司法部戒毒管理局《强制隔离戒毒人员身体康复训练纲要》等制定；

2. 心理测试、心理康复训练以及身心康复知识理论考试相关内容和标准依据司法部《强制隔离戒毒人员心理矫治纲要》制定。

附件 3

行为表现评估标准

<table>
<tr><th>项目</th><th colspan="2">内　容</th><th>标　准</th></tr>
<tr><td rowspan="7">行为表现</td><td>遵规守纪</td><td>能否遵守戒毒所有关管理、警戒、生活卫生等法纪规定，服从民警管理，无违法违规违纪行为</td><td rowspan="6">戒毒人员行为表现每日基础分为 4 分，达到基本条件的给予基础分，并可根据规定情形予以奖分和扣分。此外，戒毒人员每受到表扬、嘉奖、记功一次，行为表现考核分数分别奖 10、20、30 分；每受到警告、训诫、责令具结悔过一次，行为表现考核分数分别扣 20、40、60 分</td></tr>
<tr><td>教育学习</td><td>能否认真参加教育活动，完成布置的作业、讨论、周记等各项任务，遵守学习、考试纪律</td></tr>
<tr><td>康复劳动</td><td>能否树立正确的劳动观念，参加康复劳动，遵守生产操作规程和工艺要求，提升习艺水平</td></tr>
<tr><td>康复训练</td><td>能否认真参加生理、心理等方面的康复训练，按要求完成相应的训练任务</td></tr>
<tr><td>坦白检举</td><td>能否认真学习坦白检举法规政策，如实书写坦白检举材料，主动坦白自己、检举他人违法违纪行为并经查证属实的</td></tr>
<tr><td>特殊情形</td><td>因突出表现获得表扬、嘉奖和记功；因重大违纪受到警告、训诫和责令具结悔过</td></tr>
<tr><td>综合评价</td><td colspan="2">诊断评估时，行为考核累计达到 2800 分为“合格”；否则，为“不合格”</td></tr>
</table>

附件 4

社会环境与适应能力评估标准

项目	内　容	标　准
社会环境与适应能力	签订帮教协议或者有明确意向情况	签订帮教协议、参加过至少 1 次帮教活动或戒毒宣传活动，上述三项条件，符合一项以上的，评价为“达标”；未签订帮教协议且未参加帮教、戒毒宣传活动的，评价为“不达标”
	主动与家庭成员沟通及家属支持配合其戒毒情况	通过戒毒人员探访、亲情电话、与家属信件往来次数认定，月平均沟通次数 1 次以上，或者戒毒人员家属来所配合开展戒毒宣传、亲情教育等活动 1 次以上的，评价为“达标”；否则，评价为“不达标”
	有主动接受社会监督和援助的意愿	戒毒人员参加帮教活动、接受社会援助、与街道和社工通信以及参加其他社会活动累计达到 3 次并熟知社区康复、就医、社保、民政等相关规定、政策和救助途径的，评价为“达标”；否则，评价为“不达标”。若戒毒人员原籍没有政府部门、社工组织或其他社会组织进行监督和援助的，则自愿书写《接受社会监督和援助承诺书》的，评价为“达标”；否则，评价为“不达标”
	掌握一定的就业谋生技能	持有国家认定的职业资格证书、参加所内职业技术培训获得“合格”、参加所内职业推介会成功签约、自愿书写“出所打算”和“就业规划”的，上述四项条件，符合一项以上的，评价为“达标”；否则，评价为“不达标”
	稳定的生活来源或者固定居所情况	有合法户籍和固定居所的、曾经长时间从事有固定收入的正当工作的、参加相关城乡社会保障的、家庭具有稳定收入来源的，上述四项条件，符合一项以上的，评价为“达标”；否则，评价为“不达标”
	综合评价	诊断评估时，三项以上“达标”为“良好”；否则，为“一般”

备注：社会环境与适应能力评估标准根据上海市《禁毒条例》制定。

第四章　所政管理类文书（二）

本书第三章中，把所政管理类文书分为四类，即日常管理类、生活卫生类、奖惩类和探视管理类。本章在第三章基础上，阐述奖惩类和探视管理类文书的制作与应用。其中，把对戒毒人员的奖惩类文书细分为单独管理、警械及保护性约束措施使用、延长强制隔离戒毒及探视管理等不同环节的执法管理文书。

第一节　戒毒人员单独管理相关文书

一、适用范围及主要依据

（一）适用范围

单独管理，是指强制隔离戒毒所对具有一定危险性的戒毒人员采取的一种与他人隔离的管控措施。当戒毒人员正在进行某些严重扰乱戒毒所公共秩序，不及时制止即对自身安全、他人人身安全、公共财产造成重大损害的行为时，强制隔离戒毒所可以采取一种临时的、迅速的、单独管理的惩罚措施。该方式是与集体管理相对应的一种管理模式，能够及时处理一些临时性、突发性事件，可以有效止损，是强制隔离戒毒场所注重所政安全、提升戒治质量的重要抓手和工作内容。

（二）主要依据和注意事项

根据《司法行政机关强制隔离戒毒工作规定》第二十八条之规定，对有严重扰乱所内秩序、私藏或者吸食、注射毒品、预谋或者实施脱逃、行凶、自杀、自伤、自残等行为以及涉嫌犯罪应当移送司法机关处理的戒毒人员，强制隔离戒毒所应当对其实行单独管理。单独管理应当经强制隔离戒毒所负责人批准。

在某些特殊的情况下，来不及事先办理审批手续的，可以先行采取单独管理措施，并在管理措施实施之时起的 24 小时内补办相关手续。每一次的单独管理时间需在 5 日以内，并且不可以连续使用此期限变相延长单独管理时间。对于单独管理已满 5 日但危险尚未解除的戒毒人员，可采取其他确保安全的防范措施。对于单独管理的戒毒人员应该在具备基本生活条件的单独房间内进行管理，并由专门的人民警察进行管理与监督，在进行单独管理期间不能剥夺戒毒人员基本的饮食、睡眠的权利，保持室内卫生，对患有疾病的戒毒人员应当及时予以治疗。

对被单独管理人员必须进行人身和物品检查，严禁将危险物品和违禁品带入单独管理室。执行或结束单独管理应当有 2 名民警在场。对被单独管理人员应当及时审查和教育疏导，对问题已经查清、先行危险消除的，应及时解除单独管理。

二、相关文书

（一）《戒毒人员单独管理审批表》

1. 文书示例。

戒毒人员单独管理审批表

单位：______强制隔离戒毒所____大队　　　　____年____月____日

姓名	李×	性别	男	照片
民族	汉族	籍贯	×省×市	
出生年月	1980 年 3 月	文化程度	小学	
婚姻状况	否	户籍所在地	×省×市	
身份证号	410×××××××××××××××			
强制隔离期限	起：2018 年 8 月 3 日		止：2020 年 8 月 2 日	
单独管理期限	起：2020 年 5 月 10 日		止：2020 年 5 月 15 日	

（续表）

<table>
<tr><td rowspan="2">单独管理申请事由</td><td>□严重扰乱所内秩序
□私藏或者吸食、注射毒品
☑预谋或者实施脱逃、行凶、自杀、自伤、自残等行为
□涉嫌犯罪应当移送司法机关处理
□有其他危险行为</td></tr>
<tr><td>详细说明：
戒毒人员李×在我所收治，2020 年 5 月 10 日上午 9 时许，李×因琐事与室友张×发生争吵，随后用宿舍的拖把头砸向张×头部，所幸未有大碍。随后经过教导员教育与劝诫，李×仍然情绪激动，并扬言一定要进行报复行为。现认为李×人身危险性较高，为避免恶性事故发生，申请对其尽快使用单独管理措施。根据《司法行政机关强制隔离戒毒工作规定》第二十八条规定，建议予以实行单独管理 5 日的处罚措施</td></tr>
<tr><td>大队意见</td><td>情况属实，李×违纪事实清楚，法律法规依据充分，同意实施单独管理。单独管理时间为 2020 年 5 月 10 日至 15 日。
（盖章）
2020 年 5 月 10 日</td></tr>
<tr><td>戒毒所管理部门意见</td><td>情况属实，同意实施单独管理。严格执行申请时间。
（盖章）
2020 年 5 月 10 日</td></tr>
<tr><td>戒毒所负责人审批意见</td><td>情况属实，同意实施单独管理。
（盖章）
2020 年 5 月 10 日</td></tr>
<tr><td>备注</td><td></td></tr>
</table>

2. 制作与应用说明。

（1）《戒毒人员单独管理审批表》属于表格式文书，一般情况下由具体实施单独管理的民警填写。

（2）此表的正常填报程序：先由被单独管理的戒毒人员所在的戒毒所大队

民警填写，报经戒毒所管理部门审核，最后经戒毒所负责人审批。但如遇紧急情况预先执行了单独管理，应在 24 小时内补办审批手续。如果审批未能通过，应及时解除单独管理。

（3）单独管理申请事由要符合法律规定，首先在选项中选取事由的类别，然后在下方陈述具体事实。具体事由要与选项中的事由类别相吻合。陈述单独管理的事由时，应当客观真实、简明扼要、事项具体、内容完整。

（4）对戒毒人员实施单独管理时，应当安排职能部门人民警察直接管理，其他部门人员接触或讯问被单独管理人员的，须经强制隔离戒毒所批准，并严格履行登记手续。

（5）实施单独管理期间要勤于管教，不能一关了之，并且要关注戒毒人员的身体状况与情绪变化，避免出现自伤自残等危险情况。

（6）执行或解除单独管理应有两名以上人民警察在场。执行或解除单独管理时，由经办人民警察在《戒毒人员单独管理情况登记表》上签字，并注明执行和解除时间。

（二）《戒毒人员单独管理情况登记表》

1. 文书示例。

戒毒人员单独管理情况登记表

________强制隔离戒毒______大队　　　　________年____月

档案编号	姓名	年龄	事由	起止时间	审批单位	审批人	批准日期	填报人
CJ01	王××	30	寻衅滋事	起：2018 年 8 月 3 日 止：2018 年 8 月 8 日	×戒毒所×大队	张××	2018 年 3 月 3 日	……
CJ02	李××	36	私藏毒品	起：2018 年 10 月 5 日 止：2018 年 10 月 10 日	×戒毒所×大队	张××	2018 年 10 月 4 日	……
……	……	……	……	……	……	……	……	……
……	……	……	……	……	……	……	……	……
……	……	……	……	……	……	……	……	……

2. 制作与应用说明。

（1）《戒毒人员单独管理情况登记表》属于汇总式表格式文书，用于收集一段时期内所有被单独管理的戒毒人员的情况，填写时不可有遗漏。

（2）《戒毒人员单独管理情况登记表》中只填写单独管理的戒毒人员的基本信息与核心信息，信息采集时注意要清楚准确，简明扼要。特别是“事由”一栏，要写出最能体现申请单独管理紧迫性的关键词语。

第二节　警械及保护性约束措施使用相关文书

一、适用范围及主要依据

（一）适用范围

警械具，是指强制隔离戒毒所民警按照规定装备的警棍、手铐、警绳等警用器械。警械具主要用来防止和制止戒毒人员发生危险行为，确保场所安全。警械具是警察履行职责时依法所使用的专门器械，是保障警察履行职责的一种基本装备。只有人民警察有权利使用这些警械。非警察未经法律、行政法规授权，不得使用任何警械。

保护性约束措施，是指戒毒人员因毒瘾、精神疾病发作可能发生自伤、自残等情形时，为了保护戒毒人员自身安全而采取的一种强制性保护措施。保护性措施采取短时间限制特定对象活动范围的方式，虽违背了本人的意愿，但其宗旨是仁慈的。从某种意义上说，保护性措施并不是对已发生行为的惩罚，而是对可能再次危害自己、危害社会行为的预防。

（二）主要依据及注意事项

《人民警察法》第十四条规定，公安机关的人民警察对严重危害公共安全或者他人人身安全的精神病人，可以采取保护性约束措施。需要送往指定的单位、场所加以监护的，应当报请县级以上人民政府公安机关批准，并及时通知其监护人。

《禁毒法》第四十四条规定，强制隔离戒毒场所应当根据戒毒人员的性别、年龄、患病等情况，对戒毒人员实行分别管理。强制隔离戒毒场所对有严重残疾或者疾病的戒毒人员，应当给予必要的看护和治疗；对患有传染病的戒毒人员，应当依法采取必要的隔离、治疗措施；对可能发生自伤、自残等情形的戒毒人员，可以采取相应的保护性约束措施。强制隔离戒毒场所管理人员不得体罚、虐待或者侮辱戒毒人员。

《司法行政机关强制隔离戒毒工作规定》第三十条规定，遇有戒毒人员脱逃、暴力袭击他人等危险行为，强制隔离戒毒所人民警察可以依法使用警械予以制止。警械使用情况，应当记录在案。第四十条规定，对可能发生自伤、自残等情形的戒毒人员使用保护性约束措施应当经强制隔离戒毒所负责人批准。采取保护性约束措施应当遵守有关医疗规范。对被采取保护性约束措施的戒毒人员，人民警察和医护人员应当密切观察；可能发生自伤、自残等情形消除后，应当及时解除保护性约束措施。

《人民警察使用警械和武器条例》第七条规定，人民警察遇有结伙斗殴、袭击人民警察等行为，经警告无效的，可以使用警棍、催泪弹、高压水枪、特种防暴枪等驱逐性、制服性警械。第八条规定，人民警察依法执行有违法犯罪分子可能脱逃、行凶、自杀、自伤等危险行为的任务时，可以使用手铐、脚镣、警绳等约束性警械。

使用警械具和保护性措施应当以制止违法犯罪为原则，当违法犯罪行为得到控制时，应当立即停止使用。警械具和保护性措施的使用以采用可制止违法犯罪行为的最低危险性为限，不得故意造成人身伤害。对老、弱、病、残、孕戒毒人员原则上禁止使用上述措施（特殊情况除外）。使用警械具和保护性措施必须履行严格的审批手续，防止滥用造成不良后果。如遇紧急情况可先行使用，但应在24小时内补填《警械使用审批表》或者《使用保护性约束措施审批表》。警械具和保护性措施的使用情况应认真做好详细记录，列明警械具和保护性措施使用原因、种类、起止期限、批准单位或领导等内容。停止使用警械具的时候，执行民警同样应在《警械使用审批表》或者《使用保护性约束措施审批表》上注明时间并签字。

二、相关文书

（一）《警械使用审批表》

1. 文书示例。

警械使用审批表

单位：__××__强制隔离戒毒所__××__大队　　2017年8月26日

姓名	李×	性别	男	照片
民族	汉族	籍贯	河南南阳	
出生年月	1982年3月	文化程度	初中	
婚姻状况	否	户籍所在地	河南信阳	
身份证号	410××××××××××××××			
强制隔离期限	起：2017年8月3日		止：2019年8月2日	

（续表）

<table>
<tr><td>申请警械类别</td><td colspan="2">手铐</td></tr>
<tr><td>警械使用时间</td><td colspan="2">自 2017 年 8 月 28 日 10:00 起至 2017 年 8 月 28 日 15:00 止</td></tr>
<tr><td rowspan="2">申请事由</td><td colspan="2">□戒毒人员脱逃
□暴力袭击他人
☑确保押送安全
□自杀、自伤、自残等倾向
□其他必要事由</td></tr>
<tr><td colspan="2">详细说明：
戒毒人员李×于 2016 年 8 月 3 日被我所收治，在收治体检过程中发现其血液 HIV 呈阳性，为此将其血液样本送往××市疾病防控中心进行确诊检查。8 月 25 日，××市疾病防控中心将检测报告以及确诊报告送达我所，根据河南省关于艾滋病病毒携带戒毒人员统一在××市强制隔离戒毒所收治戒毒矫治的工作纪要，我所拟将戒毒人员李×于 8 月 28 日送往该所执行强制隔离戒毒。为确保押送途中的安全，根据《司法行政机关强制隔离戒毒工作规定》第三十条的规定，建议给予戒毒人员李×使用警械具，具体种类为手铐。
当否，请批示！
（签名）
2017 年 8 月 26 日</td></tr>
<tr><td>大队意见</td><td colspan="2">情况属实，五大队上报事宜事实清楚，法律法规依据充分。为确保押送途中的安全，同意使用手铐。使用时间为自 2017 年 8 月 28 日 10 时起至 15 时止。
（盖章）
2017 年 8 月 26 日</td></tr>
<tr><td>戒毒所
管理部门
意见</td><td colspan="2">情况属实，同意使用。
（盖章）
2017 年 8 月 26 日</td></tr>
<tr><td>戒毒所负责人
审批意见</td><td colspan="2">情况属实，同意使用。
（签字）
2017 年 8 月 26 日</td></tr>
<tr><td>备注</td><td colspan="2">无</td></tr>
</table>

2. 制作与应用说明。

（1）申请使用警械的申请人要具体且明确，一般情况下要具体到中队，但不需要具体到民警。

（2）表头上写明的制作表格单位，应具体到强制隔离戒毒所大队或中队。如“××强制隔离戒毒所××大队”。

（3）申请时间要写明起止日期以及具体时间，不可仅写明某日的上午、下午或晚上。

（4）申请警用器械要写明具体种类，不可过于笼统。

（5）申请事由要事实清楚，法律依据准确充分。首先要在选项中选取事由的类别，然后在下方陈述具体事实。具体事由要与选项中的事由类别相吻合。陈述使用警械的事由时，应当客观真实、简明扼要、事项具体、内容完整。

（6）各级部门在签字前应先行了解实际情况，同时调查法律法规的适用是否准确，确保做到“以事实为依据，以法律为准绳”。

（7）各级部门在签署意见后应加盖公章或签字，否则不产生法律效果。

（二）《使用保护性约束措施审批表》

1. 文书示例。

使用保护性约束措施审批表

单位：__××__强制隔离戒毒所__××__大队　　　　2018 年 9 月 2 日

姓名	田×	性别	男	照片
民族	回族	籍贯	河南开封	
出生年月	1980 年 3 月	文化程度	小学	
婚姻状况	否	户籍所在地	河南郑州	
身份证号	410×××××××××××××××			
强制隔离期限	起：2018 年 8 月 3 日		止：2020 年 8 月 2 日	
申请使用保护性约束措施种类	☑约束带□约束衣□约束床（椅）□其他			
使用时间	自 2018 年 9 月 2 日 10:00 起到 2018 年 9 月 3 日 10:00 止			

（续表）

<table>
<tr><td rowspan="2">使用保护性约束措施申请事由</td><td>☑因毒瘾发作可能发生自伤、自残
□因毒瘾发作实施伤害他人
□出现急性戒断症状实施伤害他人
□出现精神障碍实施伤害他人
□戒毒人员脱逃
□其他必要事由</td></tr>
<tr><td>详细说明：
2018 年 9 月 2 日 9:35，戒毒人员田×在宿舍休息期间突然毒瘾发作，遂躁动不安，用头部猛烈撞击宿舍内的床腿以及墙壁，并试图对其他舍友的人身安全造成一定的威胁。所幸民警及时将其控制，并未造成严重后果。
鉴于该戒毒人员毒瘾仍然发作并伴有自伤自残、伤害他人的行为倾向，根据《××省司法行政系统强制隔离戒毒管理工作执法指南》请求给予戒毒人员田×使用约束带的保护性措施，使用期限为自 2018 年 9 月 2 日 10:00 起到 2018 年 9 月 3 日 10:00 止。
（签名）
2018 年 9 月 2 日</td></tr>
<tr><td>大队意见</td><td>经调查×大队戒毒人员田×毒瘾发作一事事实情况属实，同意对其采取约束性措施，注意及时排查该戒毒人员的安全隐患。使用期限 1 天，自 2018 年 9 月 2 日 10:00 起到 9 月 3 日 10:00 止。
（盖章）
2018 年 9 月 2 日</td></tr>
<tr><td>戒毒所医疗机构审核意见</td><td>经过相关身体检查发现，戒毒人员田×确实处于毒瘾发作时期，×大队对田×采取约束性措施依据充分，事实清楚，确有必要。建议给予戒毒人员田×采取约束性措施 24 小时，后续是否解除约束性措施依据田×当时身体状况另行决定。
（盖章）
2018 年 9 月 2 日</td></tr>
</table>

（续表）

戒毒所管理部门审核意见	据查，×大队戒毒人员田×毒瘾发作一事，事实清楚，情况属实，大队依法充分准确，建议对其采取约束性措施，使用期限1天，自2018年9月2日10:00起到2018年9月3日10:00止。 （盖章） 2018年9月2日
戒毒所负责人审批意见	同意对戒毒人员田×采取约束性措施，使用期限1天，自2018年9月2日10:00起到2018年9月3日10:00止。大队民警要做好医疗与心理辅导工作。 （盖章） 2018年9月2日
备注	无

2. 制作与应用说明。

（1）《使用保护性约束措施审批表》属于表格式文书。填写单位要具体到某强制隔离戒毒所某大队（中队）。

（2）申请使用保护性约束措施必须标明具体的措施，在“约束带”“约束衣”“约束床（椅）”和“其他”这四种类别中选择。注意约束性保护措施只能选取其中一项，不可以多项同时使用。如果选择了“其他”选项，则需要在详细说明中补充具体使用了何种保护性约束措施。

（3）各级部门在签字前必须进行实施情况的调查，同时审核是否符合法律规定。戒毒所医疗机构进行审核要先做身体检查，确保约束性保护措施的必要性。

（4）使用时间为保护性约束措施采取的时间和结束的时间，要详细写某年某月某日某时，不可笼统地写上午、下午或晚上。

（5）禁止过度使用保护性约束措施，不得体罚、虐待或者侮辱戒毒人员。使用保护性约束措施应当防止给戒毒人员造成伤害。保护性约束措施应当间隔使用，执行需要2名以上管理民警在场。

（6）紧急情况下，可先电话请示所分管领导，获得允许后采取措施，并在24小时内补办审批手续。

（7）在具体执行过程中要根据戒毒人员的悔改表现或急性戒断症状的病情

发展情况，对执行的保护性约束措施的时间进行相应调整，具体执行时间可比原审批的时间缩短，但不允许超期情况发生。

（三）《使用保护性约束措施情况登记表》

1. 文书示例。

使用保护性约束措施情况登记表

××强制隔离戒毒所一大队　　　　　　　　　　　　　　　　　2018 年 12 月 1 日

<table>
<tr><th>档案编号</th><th>姓名</th><th>年龄</th><th>事由</th><th>起止时间</th><th>约束措施种类</th><th>审批人</th><th>批准日期</th><th>使用情况</th><th>填报人员</th></tr>
<tr><td rowspan="2">YS01</td><td rowspan="2">王×山</td><td rowspan="2">30</td><td rowspan="2">毒瘾发作</td><td>起：2018 年 8 月 3 日</td><td rowspan="2">约束带</td><td rowspan="2">张×</td><td rowspan="2">2018 年 3 月 3 日</td><td rowspan="2">无异常</td><td rowspan="2">……</td></tr>
<tr><td>止：2018 年 8 月 8 日</td></tr>
<tr><td rowspan="2">YS02</td><td rowspan="2">李×刚</td><td rowspan="2">36</td><td rowspan="2">毒瘾发作</td><td>起：2018 年 10 月 5 日</td><td rowspan="2">约束衣</td><td rowspan="2">张×</td><td rowspan="2">2018 年 10 月 4 日</td><td rowspan="2">无异常</td><td rowspan="2">……</td></tr>
<tr><td>止：2018 年 10 月 10 日</td></tr>
<tr><td>……</td><td>……</td><td>……</td><td>……</td><td>……</td><td>……</td><td>……</td><td>……</td><td>……</td><td>……</td></tr>
<tr><td>……</td><td>……</td><td>……</td><td>……</td><td>……</td><td>……</td><td>……</td><td>……</td><td>……</td><td>……</td></tr>
<tr><td>……</td><td>……</td><td>……</td><td>……</td><td>……</td><td>……</td><td>……</td><td>……</td><td>……</td><td>……</td></tr>
<tr><td colspan="3">异常情况说明</td><td colspan="7">……</td></tr>
</table>

2. 制作与应用说明。

（1）《使用保护性约束措施情况登记表》属于表格式文书，一般情况下填写人为实施保护性约束措施的民警。

（2）填写约束措施的种类和使用情况时要言简意赅，填写关键字即可。

（3）使用情况一栏要在约束性保护措施完全解除之后填写，不可提前填写。使用情况要完全符合实际情况，如有异常情况需要标明，并在表格最后的异常情况说明中详细补充。

（4）批准日期是指使用保护性约束措施审批确定的时间。

第三节 延长强制隔离戒毒相关文书

一、适用范围及主要依据

（一）适用范围

延长强制隔离戒毒是指强制隔离戒毒场所对强制隔离戒毒人员在强制隔离期满两年即将结束，进行诊断评估时，因隔离戒毒期内戒毒效果差、日常行为表现差等原因，而作出变更强制隔离戒毒期限的管理措施。《延长强制隔离戒毒意见书》是强制隔离戒毒场所根据上述管理措施作出申请给予延长强制隔离戒毒期限的执法类文书，是强制隔离戒毒机关对戒毒人员在强制隔离戒毒期内行为表现的管理认定。

公安机关在收到强制隔离戒毒所的《延长强制隔离戒毒意见书》后，对执行期满两年的戒毒人员，根据申请的理由，结合法律依据，给予是否同意延长强制隔离戒毒的意见，制作《延长强制隔离戒毒期限审批表》，拟定关于延长强制隔离戒毒的期限。《延长强制隔离戒毒期限审批表》是变更强制隔离戒毒期限的依据，是强制隔离戒毒决定机关依法作出强制隔离戒毒期限决定的执法凭证。

（二）主要依据

《禁毒法》第四十七条第一款、第三款规定，强制隔离戒毒的期限为二年。强制隔离戒毒期满前，经诊断评估，对于需要延长戒毒期限的戒毒人员，由强制隔离戒毒场所提出延长戒毒期限的意见，报强制隔离戒毒的决定机关批准。强制隔离戒毒的期限最长可以延长一年。

《戒毒条例》第三十三条规定，对强制隔离戒毒场所依照《禁毒法》第四十七条第二款、第三款规定提出的延长戒毒期限的意见，强制隔离戒毒决定机关应当自收到意见之日起 7 日内，作出是否批准的决定。对延长强制隔离戒毒期限的，批准机关应当出具延长强制隔离戒毒期限决定书，送达被决定人，并在送达后 24 小时以内通知被决定人的家属、所在单位以及其户籍所在地或者现居住地公安派出所。

《司法行政机关强制隔离戒毒工作规定》第五十八条第二款规定，经诊断评估，对符合规定条件的戒毒人员，强制隔离戒毒所可以提出提前解除强制隔离戒毒的意见或者延长强制隔离戒毒期限的意见，并按规定程序报强制隔离戒毒决定机关批准。强制隔离戒毒所收到强制隔离戒毒决定机关出具的提前解除强制隔离戒毒决定书或者延长强制隔离戒毒期限决定书的，应当及时送达戒毒人员。

二、相关文书

（一）《延长强制隔离戒毒意见书》

1. 文书示例。

延长强制隔离戒毒意见书

××所（公）司戒毒意见字〔180140〕号

<table>
<tr><td>姓名</td><td>关×</td><td>性别</td><td>男</td><td rowspan="5">照片</td></tr>
<tr><td>民族</td><td>汉族</td><td>籍贯</td><td>××××</td></tr>
<tr><td>出生年月</td><td>1980 年 3 月</td><td>文化程度</td><td>小学</td></tr>
<tr><td>婚姻状况</td><td>否</td><td>户籍所在地</td><td>××××</td></tr>
<tr><td>身份证号</td><td colspan="3">410×××××××××××××××</td></tr>
<tr><td>原强制隔离期限</td><td colspan="3">起：2018 年 8 月 3 日</td><td>止：2020 年 8 月 2 日</td></tr>
<tr><td>原强制隔离戒毒决定书的文书编号</td><td colspan="4">×公强戒决字〔2018〕16 号</td></tr>
<tr><td>建议延长期限</td><td colspan="3">起：2020 年 8 月 3 日</td><td>止：2021 年 2 月 2 日</td></tr>
<tr><td>建议延长强制隔离戒毒期限的理由</td><td colspan="4">经诊断评估，认定该强制隔离戒毒人员在所期间戒毒效果差，行为表现不好，根据《中华人民共和国禁毒法》第四十七条之规定，《×××市司法行政机关强制隔离戒毒诊断评估实施细则》第十二条之规定，建议对关某延长强制隔离戒毒期限。</td></tr>
<tr><td>强制隔离戒毒所意见</td><td colspan="4">根据《中华人民共和国禁毒法》第四十七条之规定，同意对关×延长强制隔离戒毒期限陆个月，延长强制隔离戒毒期限至 2021 年 2 月 2 日。
（盖章）
2020 年 7 月 2 日</td></tr>
<tr><td>戒毒所负责人审批意见</td><td colspan="4">情况属实，同意延长强制隔离戒毒期限至 2021 年 2 月 2 日。
（盖章）
2020 年 7 月 2 日</td></tr>
<tr><td>备注</td><td colspan="4"></td></tr>
</table>

注：本表一式两份，一份由强制隔离戒毒所存档，一份由强制隔离戒毒决定机关留存。

2. 制作与应用说明。

（1）《延长强制隔离戒毒意见书》属于表格式文书。填写人为申请对强制隔离戒毒人员延长隔离时间的民警。发文字号“××所（公）司戒毒意见字〔180140〕号”中，“××所”为机关代字，指××强制隔离戒毒所，如“邯郸市强制隔离戒毒所”；“〔180140〕”中括号内的数字为发文顺序号，其中18代表年份，0140代表次序。

（2）强制隔离戒毒所认为戒毒人员需要延长强制隔离戒毒期限的，需要在原强制隔离戒毒期限到期之日前至少20天出具延长强制隔离戒毒意见书。

（3）陈述建议延长强制隔离戒毒期限的理由时要注意抓住重点、简明扼要，依照诊断评估结果，延长事由及时间限制阐明事实并要符合法律规定。

（4）各级部门在签字前应就相关情况进行调查核实，同时调查法律法规的适用是否准确，并就如何做好后续工作填写意见。

（5）在陈述申请强制隔离戒毒期限延长时间时，延长的期限不能使用阿拉伯数字，要使用汉字数字的大写，如延长期限为“六”个月，应填写为“陆”个月。

（6）该文书一式两份，一份由强制隔离戒毒所存档，一份由强制隔离戒毒决定机关留存。

（二）《延长强制隔离戒毒期限审批表》

1. 文书示例。

延长强制隔离戒毒期限审批表

单位：××省××市强制隔离戒毒所 × 大队　　　　编号：18032

姓名	关×	性别	男	照片
民族	汉族	籍贯	××××	
出生年月	1980年3月	文化程度	小学	
婚姻状况	否	户籍所在地	××××	
身份证号	410×××××××××××××××			
强制隔离期限	起：2018年8月3日		止：2020年8月2日	
原强制隔离戒毒决定书的文书编号	×公强戒决字〔2018〕16号			
建议延长期限	起：2020年8月3日		止：2021年2月2日	

（续表）

<table>
<tr><td colspan="2">建议延长
强制隔离戒毒
期限的理由</td><td>经诊断评估，认定该强制隔离戒毒人员关×在所期间戒毒效果差，行为表现不好，根据《中华人民共和国禁毒法》第四十七条之规定，《××省司法行政机关强制隔离戒毒诊断评估实施细则》第十二条之规定，建议对关×延长强制隔离戒毒期限。</td></tr>
<tr><td colspan="2">强制隔离
戒毒所大队意见</td><td>根据《中华人民共和国禁毒法》第四十七条之规定，《××市司法行政机关强制隔离戒毒诊断评估实施细则》第十二条之规定，同意对关×延长强制隔离戒毒期限陆个月，延长强制隔离戒毒期限至 2021 年 2 月 2 日。</td></tr>
<tr><td colspan="2">戒毒所医疗机构
审核意见</td><td>根据身心康复评估结果，建议关×延长强制隔离戒毒期限 180 天。
（盖章）
2020 年 8 月 2 日</td></tr>
<tr><td colspan="2">管理部门
审核意见</td><td>根据戒毒人员关×的综合诊断评估结果，应对关×延长强制隔离戒毒期限陆个月，延长强制隔离戒毒期限至 2021 年 2 月 2 日。
签名：古××
2020 年 8 月 3 日</td></tr>
<tr><td colspan="2">强制隔
离戒毒
所意见</td><td>根据《中华人民共和国禁毒法》第四十七条之规定，《××省司法行政机关强制隔离戒毒诊断评估实施细则》第十二条之规定，同意对关×延长强制隔离戒毒期限陆个月，延长强制隔离戒毒期限至 2021 年 2 月 2 日。继续按照《司法行政强制隔离戒毒所强制隔离戒毒人员行为规范》等法律法规对戒毒人员进行教育管理。
公章
2020 年 8 月 3 日</td></tr>
<tr><td rowspan="2">原决定公安机关审批意见</td><td>审核部门意见</td><td>戒毒人员关×综合诊断评估未达到解除强制隔离戒毒标准，同意对其进行延长强制隔离戒毒期限。
公章
2020 年 8 月 3 日</td></tr>
<tr><td>局领导意见</td><td>同意。
签名：梁××
2020 年 8 月 3 日</td></tr>
<tr><td colspan="2">备注</td><td></td></tr>
</table>

注：本表一式两份，一份由强制隔离戒毒所存档，一份由强制隔离戒毒决定机关留存。

2. 制作与应用说明。

（1）此表格的制作单位要具体到某省某市强制隔离戒毒所某大队。文书编号的前两位代表年份，后三位代表次序。

（2）强制隔离诊断评估的主要内容包括生理脱毒评估、身心康复评估、行为表现评估、社会环境与社会适应能力评估四个方面。生理脱毒评估、身心康复评估、行为表现评估的评估结果分为“合格”“不合格”两类；社会环境与社会适应能力评估的评估结果分为“良好”“一般”两类。诊断评估结果是戒毒人员在强制隔离戒毒期间各项戒毒指标的集中体现，是戒毒人员是否达到解除强制隔离期限的重要依据。强制隔离戒毒所在填写建议延长强制隔离戒毒期限的理由时要重点围绕戒毒人员强制隔离戒毒诊断评估的结果，有重点、有条理地进行表述。

（3）强制隔离戒毒所大队主要从戒毒人员的日常表现、奖惩考核方面复核上述诊断评估结果，并结合法律依据，拟定关于延长强制隔离戒毒期限的意见；戒毒所医疗机构审核意见主要从身体指标方面复核上述诊断评估结果。复核无误后需要签字盖章确认。

（4）该文书一式两份，一份由强制隔离戒毒所存档，一份由强制隔离戒毒决定机关留存。

（三）《延长强制隔离戒毒决定书》

1. 文书示例。

××市（县）公安局

延长强制隔离戒毒决定书

×公强戒延字〔2020〕第 001 号

被强制隔离戒毒人：关×　性别：男　出生日期：1980 年 3 月 18 日

身份证件种类及号码：身份证××××××××××××××××××

户籍所在地：××省××市××县

现住地：××市××街××号××室

工作单位：无业

强制隔离戒毒决定书文号：×公（2018）强戒决字第 215 号

强制隔离戒毒期限：贰年（自 2018 年 8 月 3 日起至 2020 年 8 月 2 日止）

经诊断评估，被强制隔离戒毒人员关×戒毒效果差，根据《中华人民共和国禁毒法》第四十七条第二款之规定，我局决定对其延长强制隔离戒毒期限 陆 个月。

强制隔离戒毒所名称：××强制隔离戒毒所

地址：××市××区××镇××路××号

被强制隔离戒毒人（签名）：关×（按捺指纹）

2020 年 7 月 1 日

注：本表一式五份，被强制隔离戒毒人员、强制隔离戒毒所、被强制隔离戒毒人员所在单位、户籍所在地派出所各一份，一份附卷。

2. 制作与应用说明。

（1）《延长强制隔离戒毒决定书》属于填写式文书，制作人按照统一设计格式填写适当内容。

（2）该文书的制作机关为公安机关，而非强制隔离戒毒所。强制隔离戒毒所是强制隔离戒毒管理的执行机关，而非决定机关。此表中首部“×公强戒延字〔2020〕第001号”由制作机关代字、文书简称、发文年度及发文顺序号四部分构成。

（3）公安机关决定对戒毒人员延长的强制隔离戒毒期限应以中文大写数字填写。被强制隔离戒毒人员应手写签名，并按捺指纹。

（4）该文书一式五份，被强制隔离戒毒人员、强制隔离戒毒所、被强制隔离戒毒人员所在单位、户籍所在地派出所各一份，一份附卷。

（四）《延长强制隔离戒毒通知书》

1. 文书示例。

延长强制隔离戒毒通知书（一联）

×司强戒延通字〔2020〕第156号

××市（地、盟）××县（县）××（镇）××（村）关×，男，身份证号码××××××××××××××××××，现年40岁，因吸毒被××省××市公安局决定强制隔离戒毒贰年（自2018年8月3日起至2020年8月2日止），于2018年8月3日起在我所强制隔离戒毒。

根据××市/县公安局对关×的延长强制隔离戒毒决定，延长强制隔离戒毒期限陆个月，将于2021年2月2日解除强制隔离戒毒。

特此通知。

强制隔离戒毒所公章

2020年7月1日

注：本联是存根联，由强制隔离戒毒所留存。

延长强制隔离戒毒通知书（二联）

×司强戒延通字〔2020〕第156号

××省（区、市）××市（地、盟）××县（县）××镇派出所：

××市（地、盟）××县（县）××（镇）××（村）关×，男，身份证号码××××××××××××××××××，现年40岁，因吸毒被××省××市公安局决定强制隔离戒毒贰年（自2018年8月3日起至2020年8月2日止），于2018年8月3日起在我所强制隔离戒毒。根据××市/县公安局对关×的延长强制隔离戒毒决定，在所期间，延长强制隔离戒毒期限陆个月，将于2021年2月2日解除强制隔离戒毒。

特此通知。

强制隔离戒毒所公章
2020年7月1日

注：本联由强制隔离戒毒人员户籍所在地或现居住地派出所留存。

延长强制隔离戒毒通知书（三联）

×司强戒延通字〔2020〕第156号

关×家属/关×所在单位______：

××市（地、盟）××县（县）××（镇）××（村）关×，男，身份证号码××××××××××××××××××，现年40岁，因吸毒被××省××市公安局决定强制隔离戒毒贰年（自2018年8月3日起至2020年8月2日止），于2018年8月3日起在我所强制隔离戒毒。根据××市/县公安局对关×的延长强制隔离戒毒决定，在所期间，延长强制隔离戒毒期限陆个月，将于2021年2月2日解除强制隔离戒毒。

特此通知。

强制隔离戒毒所公章
2020年7月1日

注：本联由强制隔离戒毒人员家属或所在单位留存。

2. 制作与应用说明。

（1）《延长强制隔离戒毒通知书》属于填写式文书，其按照统一设计格式，用空白形式留出选择项目填写相应内容。

（2）该文书的制作机关为戒毒人员所在的强制隔离戒毒机构。首部“×司强戒延通字〔2020〕第156号”由制作机关代字、文书简称、发文年度及发文顺序号四部分构成。

（3）该文书一式三联，强制隔离戒毒所、强制隔离戒毒人员户籍所在地或现居住地派出所、被强制隔离戒毒人员家属或所在单位各一联。

第四节 探视管理相关文书

戒毒人员的探视探访权利充分体现了我国现阶段强制隔离戒毒工作“以人为本、科学戒毒”的工作理念。吸毒人员虽然是违法行为人，但不可忽视的是，他们同时又是病人和受害者，需要全社会的共同关注和帮扶。外出探视的规定体现了国家的立法初衷，是切实关爱戒毒人员及其家庭、亲属的直接体现，也是戒毒治疗过程中一种强有力的激励手段。这项制度有利于戒毒人员与亲人的感情交流和亲情修复，有利于戒毒人员重返家庭和社会，为落实治本安全观、大力探索强制隔离戒毒工作新举措起到了积极的推动作用。

一、适用范围和主要依据

（一）适用范围

探访，是指戒毒人员亲属等符合条件的人员，可以对戒毒人员进行探视和慰问。外出探视是指当戒毒人员的家庭发生重大变故或者戒毒人员在一定时间内表现良好时，可以向司法行政机关申请外出探望亲人。

外出探视可分为奖励性探视和因事性探视。其中，奖励性探视需要具备的条件是：（1）在强制隔离戒毒所内执行一年以上，表现较好的；（2）与家庭关系较好，有配偶、直系亲属探视且帮教措施能够落实、签订保证书的。因事探视需要具备的条件是：（1）戒毒人员因配偶、直系亲属病危、死亡或家庭有其他重大变故的；（2）具备县级以上医疗单位的诊断证明或病危通知书、死亡证明，戒毒人员户籍所在地或现居住地公安机关和原单位或就读学校、街道（社区、乡镇）出具的证明材料，证明材料中应当说明探视者和被探视者的关系和探视理由；（3）其他证明材料。戒毒人员有下列情况的，不予探视：（1）处于急性脱毒期的；（2）正在单独管理或接受保护性约束措施的；（3）经大队合议表现鉴定为差或有危险倾向的；（4）其他不宜探视的。

设置奖励型探视的条款，其目的是针对在强制隔离戒毒所接受较长时间戒毒治疗后，对戒毒效果较好的戒毒人员适当考虑让其回家探视，这既是一种精神奖励，也鼓励其早日戒除毒瘾，有利于戒毒人员在强制隔离戒毒期限届满后顺利回归家庭、融入社会，巩固戒毒成效。

（二）主要依据

《禁毒法》第四十六条第一款规定，戒毒人员的亲属和所在单位或者就读学校的工作人员，可以按照有关规定探访戒毒人员。戒毒人员经强制隔离戒毒场所批准，可以外出探视配偶、直系亲属。

《司法行政机关强制隔离戒毒工作规定》第二十二条第一款、第二十四条第一款规定，戒毒人员的亲属和所在单位或者就读学校的工作人员，可以按照强制隔离戒毒所探访规定探访戒毒人员。戒毒人员因配偶、直系亲属病危、死亡或者家庭有其他重大变故，可以申请外出探视。申请外出探视须有医疗单位、戒毒人员户籍所在地或者现居住地公安派出所、原单位或者街道（乡、镇）的证明材料。

二、相关文书

（一）《戒毒场所探访证》

1. 文书示例。

戒毒场所探访证

编号 2019023

××省戒毒场所

探

访

证

××省司法厅戒毒局印刷

<table>
<tr><td>探访人照片</td><td>姓名 曲×× 性别 女 年龄 34
身份证号 ××××××××××××××××××
家庭住址 河南省郑州市二七区××街道××号
与戒毒人员关系 夫妻
戒毒人员姓名 胡× 队别 三大队</td></tr>
</table>

探访须知

1. 本探访证仅供探访人本人使用，不得转借他人。
2. 探访时间为每月 15 日上午 9：00 到下午 4：00。
3. 探访时不得使用外语、哑语、暗语或隐语。
4. 所送物品须经警察检查。
5. 探访时服从警察的安排。
6. 办理探访证需出具证明本人与被探访人关系的证明。
7. 本探访证有效期至 2020 年 12 月 31 日。

×× 强制隔离戒毒所

2. 制作与应用说明。

（1）《戒毒场所探访证》为填写式文书，一般由管理部门的相关人民警察填写制作，制作完毕后要进行过塑处理，以防修改重要信息。

（2）对于初次办理探访证的家属，管理民警在制作《戒毒场所探访证》时要认真核对探访人的身份信息以及与被探访人的关系证明，将信息录入系统，并保留复印件存档。对于探访证到期续期的家属，管理民警在核实完身份信息后应为其更换新的探访证，并在系统中更新信息。

（3）符合探访条件的或准予探访的人员，已办理探访证的应在信息系统中予以登记。属初次探访的，在核实完身份信息后，如符合探访条件，则予以办理探访证，并进行登记。

（4）办理民警应当认真审核戒毒人员与前来探访人员之间的关系。要求探访人员提供探访证明，即居民身份证、探访证（首次探访需提供关系证明）、护照、军（警）官证等足以证明本人身份与被探访人关系的证件。

（二）《戒毒人员探访登记表》

1. 文书示例。

戒毒人员探访登记表

××强制隔离戒毒所四大队　　　　　　　　　　　　　　　　　　　　2018 年 12 月

探访时间	探访人员姓名	被探访人员姓名	性别	单位或住址	证件名称证件号码	联系电话	与被探访人员关系	探访人所送物品及检查情况	戒毒人员签字	探访人签字	经办人签字
2018 年 12 月 1 日 10 时	陈×	陈×	男	××市××区××街××号	身份证××××××××××××××××××	135××××××××	父子	现金检查正常	陈×	陈×	张×
……	……	……	……	……	……	……	……	……	……	……	……
……	……	……	……	……	……	……	……	……	……	……	……
……	……	……	……	……	……	……	……	……	……	……	……

2. 制作与应用说明。

（1）《戒毒人员探访登记表》为表格式文书，一般由直接管理的人民警察填写制作。

（2）管理民警对来访者的身份证件、关系证明逐一核实，登记信息。注意本表中的性别、单位或住址、证件名称、证件号码以及联系电话均为探访人员信息。

（3）戒毒人员签字、探访人签字、经办人签字必须手写，打印无效。

（4）探访人员要求存入现金的，应告知其可向戒毒人员本人询问银行账号，并在国内各地相关银行办理存款业务或告知交探访款的地点及经办部门。探视人员除给戒毒人员存日常零用钱外，其他物品一律禁止带入。

（5）此登记表每月按照台账要求整理，汇总后备查。

（三）《强制隔离戒毒人员外出探亲审批表》

1. 文书示例。

强制隔离戒毒人员外出探亲审批表

单位：××省××强制隔离戒毒所三大队　　2019年7月

<table>
<tr><td>姓　名</td><td>章××</td><td>性别</td><td>男</td><td>年龄</td><td>30</td><td>民族</td><td>汉</td></tr>
<tr><td>身份证号码</td><td colspan="3">××××××××××××××××××</td><td>原单位</td><td colspan="3">××电子厂</td></tr>
<tr><td>户籍所在地</td><td colspan="3">××省××县××街×号</td><td>外出探亲
地　址</td><td colspan="3">××省××县××街×号</td></tr>
<tr><td>探亲联系人</td><td colspan="3">章××姐姐</td><td>探亲联系人
电话</td><td colspan="3">×××××××××××</td></tr>
<tr><td>决定强制
隔离戒毒期限</td><td colspan="3">自2017年12月14日起
至2019年12月13日止</td><td>批准探视
时间</td><td colspan="3">自2019年7月19日8:00起
至2019年7月20日20:00止</td></tr>
<tr><td rowspan="2">申请理由</td><td colspan="7">☑配偶、直系亲属病危、死亡
☐家庭有其他重大变故
☐戒治效果较好，符合探亲条件
☐其他</td></tr>
<tr><td colspan="7">具体理由：戒毒人员的父亲病危入院，其直系亲属提交书面申请及证明材料。</td></tr>
<tr><td>证明材料
名　称</td><td colspan="7">证明材料1：________________
证明材料2：________________
证明材料3：________________
（证明材料原件或复印件附后）</td></tr>
<tr><td>大队意见</td><td colspan="7">戒毒人员章××的父亲病危入院，其直系亲属已提交书面申请及证明材料，根据《司法行政机关强制隔离戒毒工作规定》等法律法规，建议同意章××回乡探视。拟自2019年7月19日8:00起至2019年7月20日20:00止。

负责人签字：吴××
2019年7月18日</td></tr>
</table>

（续表）

戒毒所 管理部门 审核意见	戒毒人员章××的父亲病危入院，其直系亲属已提交书面申请及证明材料，根据《司法行政机关强制隔离戒毒工作规定》等法律法规，其外出探视符合法律规定，故建议章××回乡探视。 负责人签字：严× 2019年7月18日
戒毒所 负责人 审批意见	根据《司法行政机关强制隔离戒毒工作规定》等法律法规，其外出探视符合法律规定，故建议章××回乡探视2天。自2019年7月19日8:00起至2019年7月20日20:00止。探视途中应注意排除戒毒人员安全隐患。 负责人签字：邢× 2019年7月18日
备注	

2. 制作与应用说明。

（1）《强制隔离戒毒人员外出探亲审批表》为表格式文书，一般由直接管理的人民警察填写制作。

（2）戒毒人员外出探视的对象，《禁毒法》有明确的限定，即仅限于配偶和直系亲属。直系亲属的范围包括：父母、子女、祖父母、外祖父母、孙子女、外孙子女。

（3）表头上写明的制作表格单位，应具体到强制隔离戒毒所大队或中队。如“××强制隔离戒毒所三大队”。

（4）探亲地址要填写详尽，在城市的要填写到街道门牌号码或小区单元楼号，在乡村的要填写到村组一级。

（5）强制隔离人员外出探亲必须填写可以联系的家属一人，写明与隔离戒毒人员的关系，并填写有效的联系电话。

（6）申请理由应完全依照事实情况，表述清楚准确，适用法律恰当，根据需要拟定探视具体时间。

（7）各级管理部门审核过程中应注重事实依据，对证明材料的真实性着重审核，提出审核以及后续工作意见，最后签字或盖章。

(四)《强制隔离戒毒人员外出探视登记表》

1. 文书示例。

强制隔离戒毒人员外出探视登记表

××强制隔离戒毒所一大队　　　　2017 年 6 月 15 日

戒毒人员姓名	探视事由	户籍所在地	探视地址	批准探视起止时间	批准人	实际探视起止时间	尿检结果	戒毒人员签字	备注
白×花	母亲病危	×市×区×街道××号	×市×区×街道××号	起：2018 年 8 月 8 日 9 时 止：2018 年 8 月 13 日 9 时	张×	起：2018 年 8 月 8 日 9 时 止：2018 年 8 月 10 日 17 时	正常	白×花	……
……	……	……	……	……	……	……	……	……	……
……	……	……	……	……	……	……	……	……	……
……	……	……	……	……	……	……	……	……	……

2. 制作与应用说明。

(1)《强制隔离戒毒人员外出探视登记表》属于汇总式表格式文书，用于收集一段时期内所有外出探视强制隔离戒毒人员的情况，填写时不可有遗漏。

(2) 外出探视事由应符合《司法行政机关强制隔离戒毒工作规定》中的规定，并结合具体情况，简明扼要概括出探视的具体事由。

(3) 探亲地址要填写详尽，在城市的要填写到街道门牌号码或小区单元楼号，在乡村的要填写到村组一级。

(4) 探视起止日期、离所时间以及返回时间的填写要具体到某年某月某日某时，不可只写上午、下午、晚上。

(5) 对外出探视的戒毒人员应在电脑系统上统一登记备注，完备信息，标注实际外出与返回时间。

（五）《强制隔离戒毒人员外出探视证明书》

1. 文书示例。

强制隔离戒毒人员外出探视证明书（一联）

×戒外探证字〔2018〕第 116 号

> 兹证明 白×花 ，□男/☑女，身份证号码 ×××××××××××××××××× ，出生年月为 1979 年 10 月，因 吸食毒品 被 ××市公安局 决定强制隔离戒毒 贰 年（自 2018 年 12 月 7 日起至 2019 年 12 月 6 日止），于 2019 年 4 月 5 日起在我所强制隔离戒毒。在执行强制隔离戒毒期间，因 母亲病逝 ，经批准，准予外出探视。探视地址： ××省××市××街道××小区××房间 。探视时间自 2018 年 10 月 1 日 9 时起至 2018 年 10 月 10 日 15 时止。
>
> 强制隔离戒毒所____大队（盖章）
>
> 2018 年 9 月 30 日

注：本联由强制隔离戒毒人员留存。

强制隔离戒毒人员外出探视证明书（二联）

×戒外探证字〔2018〕第 116 号

> 兹证明 白×花 ，□男/☑女，身份证号码 ×××××××××××××××××× ，出生年月为 1979 年 10 月，因 吸食毒品 被 ××市公安局 决定强制隔离戒毒 贰 年（自 2018 年 12 月 7 日起至 2019 年 12 月 6 日止），于 2019 年 4 月 5 日起在我所强制隔离戒毒。在执行强制隔离戒毒期间，因 母亲病逝 ，经批准，准予外出探视。探视地址： ××省××市××街道××小区××房间 。探视时间自 2018 年 10 月 1 日 9 时起至 2018 年 10 月 10 日 15 时止。
>
> 强制隔离戒毒所____大队（盖章）
>
> 2018 年 9 月 30 日

注：本联由强制隔离戒毒所留存。

2. 制作与应用说明。

（1）《强制隔离戒毒人员外出探视证明书》属于填写式文书，由外出探视的强制隔离戒毒人员的直接管理民警按照统一设计的格式填写，在空白处填写相关信息。

（2）探视的起止时间必须具体到某年某月某日某时，而不能笼统地写上午、下午、晚上。

（3）发文字号“×戒外探证字〔2018〕第116号”由四个部分构成，分别是机关代字，如“×戒”，指的是×强制隔离戒毒所；“外探证字”指的是文书类型，即指强制隔离戒毒人员外出证明书；中括号内的数字指的是年份；“第116号”指的是发文顺序号。发文字号中的数字要统一使用阿拉伯数字。

（4）地址要填写详尽，在城市的要填写到街道门牌号码或小区单元楼号，在乡村的要填写到村组一级。

（5）尾部落款处必须加盖公章。

【知识拓展】

远程探视

传统的探视给异地戒毒人员家属带来了很大的不便，从更人性化的角度出发，需要通过技术变革实现了更为便捷的远程探视应用，以减少家属多次往返奔波，提高探视效率。远程帮教探视系统以其先进的技术、科学的管理方式和服务于民的设计理念开创了现代监所帮教探视/会见工作的新模式。这种创新的探视系统可成为传统探视/会见的有益补充，对加强政府行政机关的便民服务水平、创新社会化管理模式、深化监所教育改造工作都具有重要意义。远程探视以可视化帮教、探视、会见为核心，将探视流程与视频会议相结合，采用高效的视音频编解码处理技术，为戒毒在教人员家庭、社会帮教组织提供“一站式”的帮教探视服务，从而实现政府行政系统教育改造工作社会化、社会服务工作前端化。

实际案例：沈阳某通信技术有限公司依托先进的科学技术自主研发了一套“3QC监禁场所视频会见系统”，从人性化角度出发，通过技术变革实现了更为便捷的远程探视服务，让服刑在教人员感受到信息社会快速发展的同时，增加了与家人“面对面”沟通的机会，减少了家属往返奔波次数，节约了资金，提高了司法工作效率，从根本上有效地解决了“探视难”的问题。

戒毒人员家属通过在手机终端安装远程视频探视App，提交申请获批后，就能在预定的时间实现与服刑人员远程视频通话。3QC监狱视频探视系统通过身份证认证、语音识别、面部识别等技术，确保会见人员身份的真实性。会见中，系统一旦监测到未许可人员出现在视频中，便会发出预警提示，供狱警处理。如警察长时间未处置，系统将自动切断会见视频，确保监管安全。这套系统还有个“聪明”的大脑，可以自动识别会见双方谈话中的不当话语或敏感信息，并给出预警提示。在紧急情况下，系统会切断会见视频。

某戒毒所自开通了3QC监狱远程视频探视系统后，切实解决了戒毒人员和家属“见面难”的问题，甚至通过手机预约，足不出户也能“探监”。2020年3月某日下午，透过屏幕，戒毒人员张某见到了远在家乡4年未见的奶奶，眼泪直流。84岁的奶奶一直想去戒毒所探监，但因年纪大、路途遥远，未能成行。近日，家属得知戒毒所已开通了监狱视频探视系统，便向戒毒所递交了视频会见申请。双方协商后，预约了会见的时间。据戒毒所负责人介绍，像张家祖孙一样，许多家属的居住地和戒毒人员的关押地不在一个城市。有的家属住在偏远山区，辗转去戒毒所一趟，不仅耗时长，经济上也是不小的负担；还有一些家属体弱多病、行动困难。有的戒毒人员，许久没有家属来看望，难以安心改造。

该所干警普遍认为：每一名戒毒人员背后都有一个家庭。远程探视，可以激发他们的改造热情，有效提高教育改造质量，达到把罪犯改造成守法公民的目的。

【实战实训】

阅读下列案例材料，谈谈应当依法采取的措施，并模拟制作相应的法律文书。

案例：戒毒人员杜××在××强制隔离戒毒所收治戒毒。刚入所时，杜××首先对被强制戒毒很不服气，认为自己吸毒，花自己的钱，又没偷没抢，没坑害别人，为什么要被强制隔离戒毒两年，一直对办案单位、办案人员有仇视心理。其次，情绪低落，萎靡不振，有很大的思想包袱，对今后的生活心灰意冷，认为自己刚出监狱，刚刚结婚，又进戒毒所，对名誉不好，担心新婚妻子和他离婚。并且杜××刚从监狱出来不久，有一定心理问题，看待问题比较偏激、固执。在日常改造生活中，杜××不服管教，我行我素，斤斤计较，经常与同戒人员因日常琐碎小事发生争吵甚至打架等违纪行为，在一定程度上影响了大队正常的管教秩序。2019年3月29日下午6时，杜××与同戒人员王××因插队问题发生争吵，由此怀恨在心，在第二日午睡过程中，杜××突然拿起自制的硬纸板，抽向王××，王××躲闪未被伤害。杜××随后被控制，管理民警对杜××进行了教育。但杜××在思想上仍然对现行的管教模式熟视无睹，漠不关心，总以为监管场所，以“狠”为荣，以“狠”为尊。经过训诫和劝导，杜××仍不能放弃行凶念头，故根据《司法行政机关强制隔离戒毒工作规定》第二十八条规定，对杜××实行单独管理5日。

第五章　教育矫治类文书

第一节　概　　述

一、教育矫治的基本概念

“教育”一词源于孟子的“得天下英才而教育之”①。拉丁语中的“educare”，英文为“educate”，是西方“教育”一词的来源，意思是“引出”，一方面寓意教育是培养人的活动，是传承社会文化，传递经验、知识和技能的途径；另一方面寓意人通过受教育实现社会地位的变迁，社会根据受教育程度选拔人才。教育伴随着人类社会的产生而产生，随着社会的发展而发展，与人类社会共始终。教育的目的是提高受教育者对自身、自然和社会的认识。教育的根本是以人的一种相对成熟或理性的思维来认知、对待事物，并形成一种相对完善或理性的自我意识思维。同时，教育是一种思维的传授，而人因为其自身的意识形态，又有着独立的思维路径，所以，教育当以最客观、最公正的思维和意识教化人。如此，人的思维和意识才能正确认识事物，减少偏差，尊重规律，趋于理性。总之，教育是一种提高人的综合素质的社会实践活动。

矫治，原意是把生理缺陷通过医治矫正过来，后来引申为对不良思想和行为习惯的矫正。“矫治”中的“矫”重在改变，即扭转原来错误的思想观念和意识，包括改善思想观念，树立正确的人生观、价值观和世界观，正确认识毒品危害，改善不良行为习惯和心理误区，修复心理和个性缺陷等。“治”重在戒治，即通过戒毒医疗、康复训练等手段戒除毒瘾，恢复健康。

戒毒人员的教育矫治是戒毒场所通过综合运用各种教育矫治方法和手段，帮助戒毒人员认清毒品危害，树立法治观念，提升道德情操和文化素养，改善不良

---

① “教育”一词最早见于《孟子·尽心上》：“君子有三乐，而王天下不与存焉。父母俱存，兄弟无故，一乐也。仰不愧于天，俯不怍于人，二乐也。得天下英才而教育之，三乐也。”

心理和行为习惯，掌握就业谋生技能，增强社会适应能力，最终戒除毒瘾，成功回归和融入社会。

二、教育矫治工作基本原则

1. 坚持以人为本的原则。立足戒毒人员的戒毒需要，科学安排教育内容，选择有针对性的教育方法，给予戒毒人员人文关怀和必要的社会救助，营造尊重、信任、互助的人文矫治氛围，充分调动戒毒人员自觉、主动参与教育矫治的主体意识。

2. 坚持因人施教的原则。根据戒毒人员的认知规律、生理、心理和行为特点，确定个性化的教育矫治方案，帮助个体戒除毒瘾，实现不同程度的改变和成长。

3. 坚持综合矫治的原则。遵循教育矫治工作的客观规律，充分运用管理、生产劳动等手段的教育矫治功能，使场所各类教育活动形成合力，提高综合矫治能力。

4. 坚持面向社会的原则。充分利用社会资源优势，全面提升戒毒所教育矫治工作水平，做好解除强制隔离戒毒人员的后续帮扶工作。

5. 坚持科学创新的原则。根据戒毒工作发展的需要，研究教育矫治工作中的新问题，探索新方法，不断实现教育矫治工作的理论创新、机制创新和方法创新。

三、教育矫治文书的应用和作用

戒毒工作的最终目标是帮助吸毒人员戒断毒瘾，降低复吸率，减少违法和犯罪，使其成为自食其力的守法公民。为此，在强制隔离戒毒期内，对戒毒人员综合运用医疗康复、日常管理、教育矫治、习艺劳动等手段，经过系统的、长期的和科学的方法加以引导、转化和矫正，在这一过程中，教育矫治工作则可以起到潜移默化、重塑自我、提升素养的重要作用。通过教育矫治可以帮助戒毒人员增强法律意识和对毒品的认知水平，改变不良的心理，增强自觉抵制毒品和回归适应社会的能力，为此，教育矫治工作贯穿于戒毒人员强制隔离戒毒期的始终。在这一过程中戒毒人员要系统地接受强制隔离戒毒场所组织开展的一系列教育活动，如法律道德教育、禁毒知识教育、文化素质教育、康复训练、职业技能教育、心理健康教育、个别教育、社会帮教以及各种辅助教育。这些教育内容和教育方式，要以相应的文书形式推动和支撑、体现和记载，在此过程中形成教育矫治文书。

四、教育矫治文书分类

教育矫治文书为依法顺利开展戒毒人员教育矫治工作服务。根据工作内容，教育矫治文书可以分为法律常识教育文书、思想道德教育文书、戒毒知识教育文书、心理健康教育文书、文化素质教育文书、戒毒康复训练文书、习艺（劳动）教育和职业技能训练文书、回归社会性教育（出所教育）文书等。

为了集中说明问题，本章文书主要指教育类文书，“教育矫治”中“治”的体现，即戒毒医疗、康复训练等环节的文书，放在本书第六章医疗康复类文书中阐述。

因此，根据工作内容，兼顾工作环节的不同，本章把教育矫治文书分为四大类：常规教育文书、社会帮教相关文书、习艺矫治与管理相关文书和心理矫治相关文书。其中常规教育文书又可以细分为入所教育相关文书、课堂教育相关文书和个别教育相关文书。本章以上述六类细分的文书为分节。

第二节　入所教育相关文书

一、适用范围与主要依据

入所教育是戒毒人员在公安强制隔离戒毒场所完成生理脱毒后，交接到司法行政强制隔离戒毒场所后进行的教育矫治，是巩固前期生理脱毒效果，持续开展康复治疗与训练、培养良好心理与行为习惯，直至彻底戒除毒瘾，恢复正常生活的重要环节。入所教育时间不少于 1 个月。

入所教育文书适用于入所教育工作，是指对新收治戒毒人员进行入所教育，帮助他们尽快熟悉场所环境，知悉戒毒所各方面规章制度和戒毒基本程序，以便适应戒毒所生活，顺利开展戒毒工作所适用的执法与管理文书。

根据《禁毒法》《戒毒条例》，特别是司法部《强制隔离戒毒人员教育矫治纲要》和《强制隔离戒毒教育工作规定（试行）》，对强制隔离戒毒人员要进行入所教育、出所教育、法律常识教育、思想道德教育、戒毒知识教育、心理健康教育、文化素质教育、戒毒康复训练、劳动教育和职业技能训练、社会适应性教育（出所教育）等。教育矫治的方法方式有课堂化教育、个案化教育、心理矫治、社会化教育等。

为了规范戒毒人员的行为，教育引导戒毒人员养成良好行为习惯，促进戒毒人员顺利回归社会，司法部专门制定了《司法行政强制隔离戒毒所强制隔离戒毒人员行为规范》。该规范第二条规定：“戒毒人员行为规范是戒毒人员在所期间生活、学习、医疗康复、生产劳动时应当遵守的行为标准，是对戒毒人员进行诊断评估的重要依据。”第三条规定，戒毒人员应当遵守法律法规和戒毒人员行为规范，服从强制隔离戒毒所工作人员的管理教育。

二、相关文书

入所教育环节文书在实务中的具体形式主要包括《强制隔离戒毒人员所规所纪教育记录表》《强制隔离戒毒人员毒品法律法规教育记录表》《强制隔离戒毒人员卫生知识教育记录表》和《强制隔离戒毒人员行为养成教育记录表》等。

（一）所规所纪教育文书

所规所纪教育是通过学习《强制隔离戒毒人员守则》，学习强制隔离戒毒所所规所纪，帮助戒毒人员尽快适应强制隔离戒毒场所环境，了解强制隔离戒毒工作的性质、目的、内容、法律效力以及在所期间的权利义务，明确矫治目标和方向。

1. 文书示例。

强制隔离戒毒人员所规所纪教育记录表

（2018 年第 3 期）

<table>
<tr><td>姓名</td><td>李××</td><td>出生时间</td><td>1978. 10</td><td>籍贯</td><td>××省××市</td></tr>
<tr><td>婚姻状况</td><td>已婚</td><td>罪错性质</td><td>复吸毒</td><td>绰号</td><td>无</td></tr>
<tr><td>决定机关</td><td colspan="5">××省××市××县公安局</td></tr>
<tr><td>戒毒期限</td><td colspan="5">2015 年 10 月 20 日至 2017 年 10 月 19 日</td></tr>
<tr><td>入所时间</td><td colspan="5">2016 年 1 月 19 日</td></tr>
<tr><td>教育内容</td><td>一日行为规范</td><td colspan="3">强制隔离戒毒人员守则</td><td>队列训练</td></tr>
<tr><td>教育课时</td><td>2</td><td colspan="3">2</td><td>8</td></tr>
<tr><td>教育要求</td><td>整理内务、点评讲评、早操、出工收工、学习、看病、活动、就寝等方面的要求</td><td colspan="3">生活纪律、学习教育、劳动纪律、权利义务、亲属会见、通信等方面的要求</td><td>齐步、正步、跑步三种步伐达到规范要求</td></tr>
</table>

（续表）

教育目标	了解作为戒毒人员每天生活、学习、劳动等作息时间要求，懂规矩、知礼节	明确纪律要求，增强身份意识，明晰权利义务	培养集体意识、纪律观念，增强体质，提高身体免疫力
考核情况	好	好	一般

2. 制作与应用说明。

（1）《强制隔离戒毒人员所规所纪教育记录表》由负责入所教育的警察填写和制作。

（2）入所教育一般一个月举办一期，也可根据新收戒人员数量情况，集中举办，但需保证对新收戒人员及时进行入所教育。

（3）对戒毒人员姓名、出生时间、籍贯、入所时间、决定强制戒毒公安机关等基本信息要如实填写，以便入所教育警察和管教警察熟悉和掌握。

（4）教育时间根据入所教育的总体时间要求（1个月），由入所教育警察根据戒毒人员教育学习效果科学合理安排。

（5）教育要求和教育目标根据教育内容和所要达到的目的和效果进行填写，要求要明确，目标要切实、可行。

（6）考核情况是在所规所纪教育结束后，根据戒毒人员学习掌握所规所纪情况、现实表现，必要时可通过考试、测试、考核（如队列）等方式综合评定其等次。

（7）入所教育是戒毒人员入所后的第一课，《强制隔离戒毒人员所规所纪教育记录表》是记录戒毒人员在入所教育期间的教育学习内容、目标要求、现实表现和考核情况的证据，是对戒毒人员奖惩和诊断评估的重要依据。

（二）毒品法律法规教育文书

戒毒法律法规教育是通过组织戒毒人员学习《禁毒法》《戒毒条例》以及《司法行政机关强制隔离戒毒工作规定》等法律法规，使戒毒人员认识到吸毒的社会危害性和行为的违法性，从而帮助戒毒人员增强抵制毒品的法律意识，树立戒毒的信心。

1. 文书示例。

强制隔离戒毒人员毒品法律法规教育记录表

（2018 年第 3 期）

姓名	李××	出生时间	1978. 10	籍贯	××省××市
婚姻状况	已婚	罪错性质	复吸毒	绰号	无
决定机关	××省××市××县公安局				
戒毒期限	2015 年 10 月 20 日至 2017 年 10 月 19 日				
入所时间	2016 年 1 月 19 日				
教育内容	《禁毒法》	《戒毒条例》	《司法行政机关强制隔离戒毒规定》		
教育课时	2	2	2		
教育要求	条文讲解，理论阐述，案例剖析，课堂讨论	条文讲解，理论阐述，课堂讨论	条文讲解，理论阐述，课堂讨论		
教育目标	掌握毒品的基本知识，对毒品的危害性和违法性有清晰的认知，以及国家对毒品违法犯罪的打击和惩处	戒毒的种类以及强制隔离戒毒的法律依据	强制隔离戒毒的管理、教育、医疗康复以及收戒、解除程序		
考核情况	好	好	一般		

2. 制作与应用说明。

（1）《强制隔离戒毒人员毒品法律法规教育记录表》由负责入所教育的警察填写和制作。

（2）对戒毒人员姓名、出生时间、籍贯、入所时间、决定强制隔离戒毒公安机关等基本信息要如实填写，以便入所教育警察和管教警察熟悉和掌握。

（3）教育时间根据入所教育的总体时间要求（1 个月），由入所教育警察根据戒毒人员教育学习效果科学合理安排。

（4）教育内容除毒品法律法规外，可根据实际情况适当增加当前国际、国内毒品形势以及毒品社会危害性教育等。

（5）教育要求和教育目标根据教育内容和所要达到的目的和效果进行填写，要求要明确，目标要切实、可行。

（6）考核情况是在毒品法律法规教育结束后，根据戒毒人员学习掌握情况，可通过考试或测试等方式综合评定其等次，考核情况作为对戒毒人员奖惩和诊断评估的重要依据。

(三) 卫生知识教育文书

组织戒毒人员学习肝炎、艾滋病、性病等传染病预防知识，学习所内集体生活所需要的卫生常识，学习内务卫生、个人卫生、环境卫生知识和要求，帮助戒毒人员养成良好的卫生习惯。

1. 文书示例。

强制隔离戒毒人员卫生知识教育记录表

(2018 年第 3 期)

姓名	李××	出生时间	1978. 10	籍贯	××省××市
婚姻状况	已婚	罪错性质	复吸毒	绰号	无
决定机关	××省××市××县公安局				
戒毒期限	自 2015 年 10 月 20 日起至 2017 年 10 月 19 日止				
入所时间	2016 年 1 月 19 日				
教育内容	传染病知识	内务卫生	个人卫生	环境卫生	
教育课时	4	2	2	2	
教育要求	肝炎、艾滋病、性病等传染性疾病基本知识、传播途径和预防	被褥叠放、物品摆放、寝室卫生清洁和保持	定期理发、剪指甲、洗澡，衣服及时换洗、晾晒	学习、生活、习艺三大现场环境卫生的清扫和保持	
教育目标	了解传染病传染途径，自觉做好个人防护	内务整洁、统一，值日按要求打扫卫生，桌面、地面无灰尘、杂物	每周至少洗热水澡一次。室内、个人无异味，衣物干净、整洁，养成个人卫生习惯	公共区域无垃圾、杂物、异味，卫生间按时消毒、清洁	
考核情况	一般	好	好	好	

2. 制作与应用说明。

(1)《强制隔离戒毒人员卫生知识教育记录表》由负责入所教育的警察填写和制作。

(2) 对戒毒人员姓名、出生时间、籍贯、入所时间、决定强制戒毒公安机关等基本信息要如实填写，以便入所教育警察和管教警察熟悉和掌握。

(3) 教育时间根据入所教育的总体时间要求 (1 个月)，由入所教育警察根据戒毒人员教育学习效果科学合理安排。

(4) 教育要求和教育目标根据教育内容和所要达到的目的和效果进行填写，要求要明确，目标要切实、可行。

(5) 考核情况是在卫生知识教育结束后，根据戒毒人员学习掌握情况，可通过其表现或测试等方式综合评定其等次，考核情况作为对戒毒人员奖惩和诊断评估的重要依据。

(四) 行为养成教育文书

组织队列训练，开展内务卫生和所内文明礼仪习惯养成教育，增强戒毒人员纪律观念、集体观念，培养戒毒人员自觉遵守文明礼仪的意识和习惯。

1. 文书示例。

强制隔离戒毒人员行为养成教育记录表

(2018 年第 3 期)

姓名	李××	出生时间	1978. 10	籍贯	××省××市
婚姻状况	已婚	罪错性质	复吸毒	绰号	无
决定机关	××省××市××县公安局				
戒毒期限	2015 年 10 月 20 日至 2017 年 10 月 19 日				
入所时间	2016 年 1 月 19 日				
教育内容	生活、学习、习艺三大现场规范要求		所纪队规、行为养成训练、礼仪礼貌教育、环境内务卫生		
教育课时	2		2		
教育要求	规范队列纪律和队列动作，严禁浪费粮食、消极怠工，制止违规、违纪行为		矫正过瘾行为，养成良好的生活习惯，重构健康生活方式		
教育目标	从现在做起，从小事做起，从自己做起，不断改正不良行为习惯，重新建立文明、健康、积极向上的生活方式		培养积极向上、健康文明、遵规守纪的良好精神风貌		
考核情况	好		好		

2. 制作与应用说明。

(1)《强制隔离戒毒人员行为养成教育记录表》由负责入所教育的警察填写和制作。

(2) 对戒毒人员姓名、出生时间、籍贯、入所时间、决定强制戒毒公安机关等基本信息要如实填写，以便入所教育警察和管教警察熟悉和掌握。

(3) 教育时间根据入所教育的总体时间要求（1个月），由入所教育警察根据戒毒人员教育学习效果科学合理安排。

(4) 教育要求和教育目标根据教育内容和所要达到的目的和效果进行填写，要求要明确，目标要切实、可行。

(5) 考核情况是在行为养成教育结束后，根据戒毒人员学习掌握情况，可通过其表现或测试等方式综合评定其等次，考核情况将作为对戒毒人员奖惩和诊断评估的重要依据。

第三节　课堂教育相关文书

一、适用范围与主要依据

课堂教育是强制隔离戒毒场所开展教育的主要形式，教学内容以司法部统编教材为主，以警察为主导，以戒毒人员为主体，以讲授的形式传播有关知识。提倡启发式、互动式教学，采用案例讲解、课堂讨论等方式，充分调动戒毒人员参与热情。利用现代化教学媒体，通过网络、数字化点播等手段，直观、形象地展示教学内容，提高教学效果。课堂教育文书适用于戒毒所开展课堂教育管理各个环节与过程，是保障课堂教学秩序和效果的手段、支撑和载体。

课堂教育文书的主要依据是《禁毒法》《戒毒条例》，特别是司法部《强制隔离戒毒人员教育矫治纲要》和《强制隔离戒毒教育工作规定（试行）》的相关规定。其中，司法部《强制隔离戒毒人员教育矫治纲要》明确要求，要发挥课堂教学功效，以司法部统编教材为主，完善教材体系。各地要结合自身实际情况自编辅助教材，进一步丰富和深化基础课程内容，体现当地特色。要规范课堂教学。要开设法律常识、思想道德、心理健康、文化素质、戒毒常识5门课程。课堂教学原则上实行小班教学，每班不超过50人。要改善教学方法，提倡启发式、互动式教学，采用案例讲解、课堂讨论等方式，充分调动戒毒人员参与热情。利用现代化教学媒体，通过网络、数字化点播等手段，直观、形象地展示教学内容，提高教学效果。

二、相关文书

课堂教育文书在实务中的具体形式主要包括《强制隔离戒毒人员课堂化教育点名册》《强制隔离戒毒人员课堂化教育课程表》《专职教师花名册》《外聘教师花名册》《外聘教师聘书》《调课审批表》《教研活动记录》等。

（一）《强制隔离戒毒人员课堂化教育点名册》

根据强制隔离戒毒人员年龄、文化程度等情况，将强制隔离戒毒人员分成不同的班，实行小班教学，固定时间、固定地点进行教育教学。

1. 文书示例。

强制隔离戒毒人员课堂化教育点名册

班级：五班　　　　上课地点：第二教室

序号	姓名	年龄	文化程度	考勤情况									
				1	2	3	4	5	6	7	8	9	10
1	王××	33	初中										
2	张××	37	初中										
3	赵××	38	初中										
4	丁××	43	高中										
……	……	……	……										
50	廖××	43	大专										

2. 制作与应用说明。

（1）分班时，将强制隔离戒毒人员年龄、文化程度相同或相近的安排在同一班，便于教学管理。

（2）每班规模以 50 人以内为宜。

（3）每个班级上课地点相对固定，便于对强制隔离戒毒人员的管理。

（4）每次上课要由值班警察集体带入教室，并在现场维持课堂教学秩序，处理突发事件。

（二）《强制隔离戒毒人员课堂化教育课程表》

1. 文书示例。

强制隔离戒毒人员课堂化教育课程表

班级：五班　　　　上课地点：第二教室

周 节	周一	周二	周三	周四	周五
第一节	法律常识	……	……	……	……
第二节	……	思想道德	……	……	……
第三节	……	……	……	……	……

（续表）

周 节	周一	周二	周三	周四	周五
第四节	……	……	心理健康	……	……
第五节	……	……	……	文化素质	……
第六节	……	……	……	……	戒毒知识

2. 制作与应用说明。

（1）为便于在强制隔离戒毒期内合理安排课堂化教育课程，组织戒毒人员将司法部《强制隔离戒毒人员教育矫治纲要》规定的五门课程，即法律常识（30课时）、思想道德（30课时）、心理健康（30课时）、文化素质（20课时）、戒毒常识（30课时）5门课程（共140课时）全部学习完毕，要对课程进行科学合理的编排，以保证教学进度和教学效果。

（2）编排课程时注意每个班级上课时间、地点及课程不要冲突或交叉。

（3）课程安排要确保每门课程课时及总课时能够完成。

（三）教师花名册

1.《专职教师花名册》。

（1）文书示例。

专职教师花名册

单位：××省第×强制隔离戒毒所　　　　时间：2019年10月×日

序号	姓名	性别	出生时间	文化程度	职务（职称）	专业	讲授课程
1	张××	男	1972.07	大学	教研室主任	法学	法律常识
2	李××	男	1976.08	硕士	教研室主任	心理学	心理学
3	王××	男	1974.09	大学	教研室副主任	刑事侦查	戒毒知识
4	赵××	男	1980.05	大学	专职教师	医学	卫生知识
5	梁××	男	1975.01	大学	专职教师	汉语言文学	文化素质
6	秦××	男	1977.06	大专	专职教师	体育	队列训练
……	……	……	……	……	……	……	……

填报人：陈××　　　　审核人：张××

（2）制作与应用说明。

①强制隔离戒毒场所教师是承担强制隔离戒毒人员教育矫治任务的专业人员，他们具备一定的法律、教育、心理和戒毒理论，有一定的教学经验。对教师

按照专职、外聘以及不同的专业分别登记造册。

②此表由教育科负责填报，以便全面、准确掌握单位专职教师的年龄结构、文化程度结构等基本情况。

③文化程度以最高学历为准，要与政工部门结合，保证真实、准确，并要求提供学历（学位）证书复印件和学历（学位）认证报告复印件。

④此表原则上每年度编报一次，以便及时掌握动态变化。

⑤填报完成后，由填报人签名，主管领导审核，加盖单位印章，教育科留存。

2.《外聘教师花名册》。

（1）文书示例。

外聘教师花名册

单位：××省第×强制隔离戒毒所　　　　时间：2019年10月×日

序号	姓名	性别	出生时间	学历	工作单位	职务（职称）	专业
1	方××	男	1968.07	博士研究生	××大学法学院	教授、博导	法学
2	黄××	女	1972.08	硕士研究生	××大学心理研究所	教授、硕导	心理学
3	钱××	男	1974.09	博士研究生	××省高级人民法院	刑事审判庭副庭长	法学
4	宋××	女	1980.05	本科	××市人民检察院	检察员	法学
5	袁××	男	1975.01	硕士研究生	××律师事务所	主任	法学
6	邢××	男	1977.06	本科	××市公安局缉毒支队	副支队长	刑事侦查
7	姚××	女	1969.10	硕士研究生	××省人民医院	主任医师	病理学
……	……	……	……	……	……	……	……

填报人：陈××　　　　审核人：张××

（2）制作与应用说明。

①为充分利用社会资源教育矫治强制隔离戒毒人员，以弥补强制隔离戒毒场所师资力量的不足，强制隔离戒毒所可聘请社会知名人士担任兼职教师，兼职教师必须具备较强的政治素质、良好的道德品行且具有一定的专业理论知识或实务经验，如大学教授、律师、法官、检察官或刑事侦查人员。

②外聘教师姓名、工作单位、职称等基本信息要真实、准确，必要时要求提供有关证书原件或复印件进行核实。

③此名册每年编报一次，以便及时掌握动态变化。

④此表填报人签名后，报主管领导审核，加盖单位印章，强制隔离戒毒所教育科留存。

⑤强制隔离戒毒所依据此表，给外聘教师制作、颁发聘书。

3.《外聘教师聘书》。

（1）文书示例。

外聘教师聘书

聘　书

兹聘任 谭×× 同志为我单位兼职教师，聘期一年。

××省第××强制隔离戒毒所
2019 年 10 月×日

（2）制作与应用说明。

①《外聘教师聘书》是外聘教师来所从事教育矫治工作的书面依据，也是强制隔离戒毒所与外聘教师形成聘任关系的书面文件，同时，《外聘教师聘书》增强了外聘教师的职业荣誉感，提高了外聘教师为强制隔离戒毒所服务的积极性。

②外聘教师时要组织成立专门考察组对外聘教师的政治素质和业务能力进行考察，确保外聘教师符合强制隔离戒毒场所教学工作要求。

③外聘教师专业领域和实践实务要尽量满足强制隔离戒毒所教育矫治工作需要。

④聘书聘期原则上为一年，到期后，经考察并经双方同意可续聘，重新颁发《外聘教师聘书》。

⑤《外聘教师聘书》由受聘教师保管，强制隔离戒毒所做好登记。

（四）《调课审批表》

1. 文书示例。

调课审批表

调课单位	×大队×中队
调课时间	2019 年 11 月 10 日上午第 3、4 节
调课班级及人数	五班、六班共 100 人

（续表）

拟定补课时间	2019 年 11 月×日下午第 5、6 节
大队意见	情况属实。为保证社会帮教活动与正常的教学活动不受影响，同意将 2019 年 11 月×日上午第 3、4 节课程调整到 2019 年 11 月×日下午第 5、6 节。 ××省第×强制隔离戒毒所第×大队（盖章） 签名：黄×× 2019 年 11 月×日
教育科意见	情况属实。同意将 2019 年 11 月×日上午第 3、4 节课程调整到 2019 年 11 月×日下午第 5、6 节。 ××省第×强制隔离戒毒所教育科（盖章） 签名：尚×× 2019 年 11 月×日
所领导意见	同意调课。请教育科认真做好调课检查落实工作。 签名：钱×× 2019 年 11 月×日

2. 制作与应用说明。

（1）强制隔离戒毒所因工作或其他原因导致课程表所安排的课程不能进行时，应当由课程表上的班级所在的中队提出书面申请，填写《调课审批表》，送教育科审核后，报所领导批准，事后应当及时安排补课。

（2）为保证戒毒人员教育矫治课时，对调课要严格审批，非因必须事由，不得挪用、挤占授课时间。

（3）调课原因要符合规定，理由要充分。

（4）调课及补课时间必须认真填写，实事求是，教育科要检查落实补课情况。

（5）《调课审批表》由需要调课的中队提出申请，大队、教育科、所领导逐级审批，加盖审批部门印章，负责人签字，以备留存、检查。

(五)《教研活动记录》

1. 文书示例。

教研活动记录

时间	2019年2月×日		
地点	教育科会议室		
活动主题	如何提高戒毒人员课堂化教育的成效		
参加人员	全体专职教师		
主持人	黄××	记录人	陈××
活动内容	一、转变角色，先学后教 在文化素质教育和法律常识教育中，改变以往的“填鸭式”和“满堂灌”的教学模式，让戒毒人员多学、多练。以戒毒人员为主体，以教师为主导，以练为主线，整个过程戒毒人员在不停地“学”，教师在不停地“导”，充满知识和能力的训练、有形和无形的训练、抽象和具体的训练。戒毒人员成为课堂真正的主人，老师只是“导演”，提高学生学习积极性。 二、以案说法，互动教学 通过大量真实案例和戒毒人员自身的经历，现身说法、以案学法，让戒毒人员参与讨论和剖析，增强对法律的理解和运用，对照法律法规，查找自己行为的违法性和社会危害性，促使自我反省、自我矫治。 三、储备知识，拓展内涵 课堂上，如果教师对教材的理解缺乏深度广度，那么教学就会肤浅，戒毒人员学习就无法深入。可见，作为课程直接实施者的教师，一定要不断学习和探索，不断拓展自己的知识内涵。教师的知识储备增加了，课堂就能深入浅出，戒毒人员的学习兴趣和积极性就能提高。 四、更新理念，不断探索 理念是灵魂。教学理念是指导教学行为的思想观念和精神追求。对于教师来说，具有明确的、先进的教学理念，应该是基本的素质要求。		

2. 制作与应用说明。

(1) 教研活动是教师在教学活动中相互交流教学经验、探讨教学问题、提高教学效果的研究性活动。

(2) 围绕本次教研活动主题每位教师进行发言。

(3) 教研活动一般由教育科组织，教育科科长主持。已成立教研组且教师人数较多的强制隔离戒毒所，也可以教研室为单位召开，教研室主任主持。

(4) 对每位教师发言进行归纳总结，形成教研成果报告，报教育科及上级部门。

第四节　个别教育相关文书

一、适用范围与主要依据

个别教育是强制隔离戒毒场所警察对戒毒人员开展工作的一种常规且行之有效的手段。特别是当前，收治人员成分日益复杂，在身体患病、“多进宫”、难矫治等类型人员比例大幅增加的情况下，做好对强制隔离戒毒人员的个别谈话教育工作，对维护场所安全稳定，提升民警综合素质都将起到积极的推动作用。

司法部《强制隔离戒毒人员教育矫治纲要》明确要求，强制隔离戒毒所大（中）队民警对每名戒毒人员每两个月要至少安排一次个别谈话。对新入所和变更大（中）队的，因违法违纪受到处分的，外出探视前后或者家庭发生变故的，长时间无人探访或者家人不与其联系的，情绪和行为明显异常的，变更执行方式、所外就医、延长或临近解除强制隔离戒毒的，应当及时进行个别谈话。

二、相关文书

个别教育文书在实务中的具体形式主要是《戒毒人员个别谈话记录本》。

1. 文书示例。

戒毒人员个别谈话记录本

封面：

> **内部资料　注意保存**
>
> **戒毒人员个别谈话记录本**
>
> 单　　位：××省第×强制隔离戒毒所×大队×中队
>
> 警察姓名：方××
>
> 年　　度：2019 年度
>
> ××省司法厅戒毒局编制

戒毒人员基本情况表

扉页①：

姓名	向××	出生年月	1979年12月
入所时间	2018年11月23日	文化程度	高中
婚姻状况	离异	籍贯	××省××市
家庭住址	××省××市××区××街道办事处		
家庭成员	父亲：向×强，××省××市××公司职工 母亲：林××，××省××市××公司职工 妻子：何××，××省××市××公司职工 儿子：向×新，××市一中学生 女儿：向×云，××市一中学生 哥哥：向×林，××市务工 妹妹：向×华，××市务工		

内页：

谈话时间	2019年11月×日	谈话对象	向××
谈话地点	中队办公室		
谈话主要内容	一、警察通过问答式向戒毒人员询问了解近期生活、学习、习艺等方面的基本情况，并询问有无向民警察反映的问题和困难，如思想、家庭或身体等方面的问题 二、戒毒人员可通过自述向警察反映自己在思想、生活、家庭及身体等方面的困难和问题，寻求警察帮助解决 三、警察根据戒毒人员提出的问题和困难，采取有针对性的教育和思想工作，化解矛盾和问题，帮助戒毒人员解决思想、生活等方面的困难和顾虑，消除安全隐患 四、通过一系列的谈话和思想工作，了解戒毒人员在思想认识上发生的转变，有无明显的变化		

2. 制作与应用说明。

（1）《戒毒人员个别谈话记录本》一般由各省司法厅戒毒局统一印制，发到各强制隔离戒毒所，由承担管理、教育任务的警察在与戒毒人员谈话时使用。封面由使用该《戒毒人员个别谈话记录本》的警察负责填写。年度是该文书使用

① 扉页，一般指书册翻开后的第一页。

年度，原则上一年度换发一本，用完随时领取，最后交由教育科集中保管。

(2) 扉页制作要求：戒毒人员的基本情况是每名警察对所包教的所有戒毒人员姓名、出生年月、籍贯、家庭住址以及家庭成员熟悉和掌握的基本信息，是开展有针对性个案化教育的基础，此栏信息要与《戒毒人员入所登记表》中记载的完全一致。

(3) 内页的制作与应用说明。

①按照司法部戒毒局要求，对每名戒毒人员每两个月谈话一次。

②对新入所和变更大（中）队的，因违法违纪受到处分的，外出探视前后或者家庭发生变故的，长时间无人探访或者家人不与其联系的，情绪和行为明显异常的，变更执行方式、所外就医、延长或临近解除强制隔离戒毒的，应当及时进行个别谈话。

③个别谈话记录可采取问答式和追记式。谈话时态度要坦诚，注意倾听，切不可居高临下、讯问式谈话。

④警察在与戒毒人员个别谈话前要进行认真准备，了解和掌握戒毒人员的基本情况、日常表现、违法犯罪史、家庭情况等基本信息，以便及时应对和解决谈话中可能出现的问题。

⑤警察在谈话后，要及时进行总结，通过个别谈话收集到的信息，制定切实可行、有针对性的个案化教育矫治方案。

第五节　社会帮教相关文书

一、适用范围与主要依据

强制隔离戒毒所为更好地依靠社会力量，对戒毒人员进行教育矫治活动，或为戒毒人员回归社会后提供有关安置帮教，依据有关法律规定，与党政部门、群众团体、企事业单位、基层组织、学校和社会各界，通过签订帮教协议，邀请来所开展帮教等形式，配合做好戒毒人员的教育工作。社会帮教按照帮教的内容可分为来所帮教、回归社会帮教、社区矫正帮教以及亲情帮教等。

司法部《强制隔离戒毒人员教育矫治纲要》要求实现教育矫治工作的社会化，发挥社会资源在教育矫治工作中的重要作用，探索教研合作、购买服务、资源共享等多种合作途径，充分发挥社会资源优势，促进强制隔离戒毒工作与社会进一步融合。《纲要》同时明确，要搭建社会帮教平台。建立一支稳定的社会帮教志愿者队伍，定期来所开展帮教。建立一个与党、政、军、工、青、妇、团等社会各界共建的帮教基地，定期开展交流活动；每年至少组织一次民警或者戒毒人员到社会上开展戒毒公益宣传活动。《纲要》还要求，要开展后续帮扶。要落实司法部《关于加强戒毒康复人员就业扶持和救助服务工作的意见》，协助做好解除强制隔离戒毒人员关怀救助工作；鼓励在街道、社区建立后续照管站和戒毒工作指导站，帮助完成社区戒毒和社区康复工作；建立戒治质量考察机制，通过跟踪回访、第三方评估等方式，考察场所戒治质量。

二、相关文书

社会帮教相关文书在实务中的具体形式主要有：《社会帮教协议书》《社会帮教活动方案》《亲情帮教协议书》《安置帮教协议书》《社区康复（矫正）帮教协议书》等。

（一）《社会帮教协议书》

《社会帮教协议书》是戒毒所与社会帮教单位签订的关于来所开展帮教活动、约定双方权利义务关系的契约式文书。协议以自愿、协商为原则，文书以条款形式表述。

1. 文书示例。

社会帮教协议书

甲方：××省老干部文工团

乙方：××省第×强制隔离戒毒所

禁毒是全社会共同的责任，为积极动员和利用社会力量参与禁毒、戒毒工作，帮助戒毒场所教育矫治戒毒人员，使戒毒人员早日戒除毒瘾、恢复健康、回归社会，经甲、乙双方平等协商，现就甲方到乙方开展社会帮教活动自愿达成如下协议。

一、甲方是社会文艺性团体，利用自己的乐队、演员、舞台场景等文艺资源，每年为乙方提供两场大型文艺演出活动。

二、甲方为义务性演出，不收取任何报酬及费用。

三、乙方为甲方演出活动提供场地，包括演职人员化妆、更衣等场所。

四、甲乙双方在演出前应就演出节目进行充分沟通协商，以保证节目积极、健康，有助于戒毒人员思想改造转化。

五、甲方在演出活动期间，应遵守乙方有关戒毒场所安全警戒等规定，不得与戒毒人员私自接触、传递物品、信件。

六、甲方应乙方邀请，或就乙方重大节日或活动的文艺演出或晚会提供技术、人员支持和指导。

七、甲方在乙方演出期间，乙方应提供保证演出的必要条件及保证演职人员人身及财产安全。

八、本协议有效期两年，自双方签字（盖章）之日生效。

九、本协议一式两份，具有同等效力。

甲方：（盖章）
××省老干部文工团
代表签名：向××
2019年1月×日

乙方：（盖章）
××省第×强制隔离戒毒所
代表签名：徐××
2019年1月×日

2. 制作与应用说明。

（1）《社会帮教协议书》签订前，双方应就协议条款进行沟通协商，达成一致后，由一方拟定，双方代表签字并加盖单位印章。

（2）因帮教活动出于社会力量的自愿、义务服务，非法律强制，不宜约定违约责任或法律责任条款。

（3）协议一式两份，双方各执一份。

（二）《社会帮教活动方案》

社会帮教活动因涉及社会人士来所开展慰问、演出、参观等大型活动，要保证活动顺利开展，达到预期的社会帮教效果，同时也要展示戒毒场所文明执法、科学戒治的良好社会形象，因此，在活动开展前，要做好充分准备工作，制定详细、科学的活动方案，以备执行。

1. 文书示例。

社会帮教活动方案

按照我所与××省老干部文工团年初所签订的《社会帮教协议书》约定，中秋节、国庆节期间，××省老干部文工团将到我所开展社会帮教活动，为确保此次活动顺利进行，稳定戒毒人员中秋节期间思亲念家情绪，保持戒毒场所“双节”期间安全稳定，特制订此方案。

一、帮教单位及主要活动

××省老干部文工团来所慰问演出。

二、时间及地点

2019年10月×日下午，所教育基地礼堂。

三、参加人员

全体警察、戒毒人员。

四、分工及职责

本次活动由主管副所长宋××同志总体负责统筹、协调，教育科负责牵头，其他科室、大队各司其职，做好配合。具体分工如下：

（一）教育科

1. 负责与帮教单位联络、协调，商定到所人数、时间、路线及交通方式；

2. 协商确定节目单，报双方领导审定；

3. 演出现场布置，氛围营造；

4. 活动的宣传报道、所内微信公众号的发布。

（二）办公室

1. 负责做好接待及车辆安排工作；

2. 联系新闻媒体，做好舆论宣传工作。

（三）警戒管理科

1. 做好来所人员安全检查及手机等物品保管工作；

2. 做好安全警戒防控工作，确保来所人员安全及维护演出现场秩序；

3. 制定演出现场突发事件预案及处置。

（四）财务科

负责后勤保障及服务工作。

（五）各大队

1. 做好戒毒人员宣传教育工作；

2. 清点本队戒毒人员，负责入场、出场及演出期间现场秩序；

3. 配合其他科室做好安全警戒及应急处置工作。

五、工作要求

1. 高度重视，周密部署。此次帮教活动是××省老干部文工团来我所首场演出，对“双节”期间促进戒毒人员思想转化、稳定戒毒人员思想、维护场所稳定具有重要意义，也是我所向社会展示良好形象的机会，各科室要高度重视，周密部署，确保活动取得预期效果。

2. 各司其职，密切配合。各科室、大队按照分工，各司其职，既有分工，又有配合，加强沟通与协调，确保活动顺利进行。

3. 加强教育，确保安全。教育科和各大队要加强对戒毒人员的管理教育，节日前要对重点人员和难教育矫治人员进行一次排查、分析、研判，确保“双节”期间及帮教活动开展期间场所的安全稳定。

4. 注重宣传，营造氛围。活动结束后，办公室要做好总结工作，总结经验，查找不足。利用简报、微信公众号等形式，宣传报道此次活动取得的社会效果，积极与新闻媒体沟通，宣传戒毒所和戒毒工作，取得全社会对禁毒、戒毒工作的理解和支持。

××省第×强制隔离戒毒所

2019 年 10 月×日

2. 制作与应用说明。

(1)《社会帮教活动方案》是工作方案，也属于公文的一种，其格式同时要符合公文写作的要求。

(2) 方案要考虑细致、周全，对工作的安排要兼顾到各个环节，既要有全局的谋划，又要有细节的考虑，既要注重明确分工，又要强调部门间的密切配合。

(3) 坚持“一活动一方案”原则，方案由活动的组织者制订，参与单位集体讨论，报主管领导审核批准后实施。

(三)《亲情帮教协议书》

亲情帮教是戒毒场所利用戒毒人员亲属来所探视、会见的机会，对戒毒人员开展帮教的活动。亲情帮教的目的，是利用戒毒人员对亲属的信任和感情，通过谈话、写信、亲情电话等方式，教育和感化戒毒人员配合戒毒场所的管理教育矫治工作，争取早日戒除毒瘾，回归社会。

1. 文书示例。

亲情帮教协议书

甲方（帮教方)：赵××，女，系戒毒人员林××之妻，住××省××市××县××乡××村。电话：×××××××××××

乙方（受帮教方)：林××，××省第×强制隔离戒毒所×大队×中队戒毒人员

丙方：××省第×强制隔离戒毒所×大队。电话：×××××××××××

为充分利用亲情力量教育感化戒毒人员，配合戒毒场所对戒毒人员进行管理教育，帮助戒毒人员早日戒除毒瘾，回归社会，甲方自愿承担亲情帮教工作，达成如下协议。

一、甲方利用会见、写信、亲情电话等方式宣传毒品的危害，教育乙方要积极配合丙方管理、教育，使乙方认识到自己的行为给社会、家庭、亲人、自己造成的危害，强化法律道德观念，增强戒毒信心，早日戒除毒瘾，回归社会。

二、甲方不得向乙方传递违禁物品和负面信息，避免造成乙方思想波动和负面情绪，影响丙方场所安全稳定。

三、乙方应服从丙方管理和教育，积极配合丙方的教育矫治及康复医疗活动。

四、丙方应及时向甲方通报乙方在戒毒期间的表现，共同制订有针对性的帮教计划或方案。

五、本协议有效期至丙方解除戒毒之日止。

六、本协议一式两份，甲、丙双方各执一份，具有同等效力。

甲方（签名）：　　　　　　　　　　丙方：（盖章、签名）

赵××　　　　　　　　　　××省第×强制隔离戒毒所×大队

2019 年 10 月×日　　　　　　　　　2019 年 10 月×日

2. 制作与应用说明。

（1）《亲情帮教协议书》由戒毒人员家属与戒毒人员所在大队签订，要求戒毒人员亲属配合大队做好戒毒人员思想转化工作。

（2）一般情况下戒毒人员在戒毒期间只签订一次《亲情帮教协议书》，如果戒毒人员亲属发生变动或不再愿意承担帮教工作，可另行与其他亲属签订。

（四）《安置帮教协议书》

安置帮教协议是戒毒人员解除强制隔离戒毒后，为落实国家安置帮教政策，巩固强制隔离戒毒成果，使解除强制隔离戒毒人员出所后，就业有门路、生活有着落，不致再重新违法犯罪，由社区（村委会）等单位与解除强制隔离戒毒人员签订的协议。

1. 文书示例。

安置帮教协议书

帮教单位：××省××市××县××办事处××社区

帮教人：彭××，男，48 岁，中共党员，××省××市××县××办事处××社区网格长。电话：×××××××××××

帮教对象：陆××，男，38 岁，20××年×月×日解除强制隔离戒毒，社区报到时间：20××年×月×日。住××省××市××县××办事处××社区。电话：×××××××××××

帮教期限：三年，自 20××年×月×日至 20××年×月×日。

为维护解除强制隔离戒毒人员合法权益，落实安置帮教政策，帮助其顺利融入社会，做遵纪守法、自食其力的公民，不再违法犯罪，维护家庭与社会和谐稳定，根据中央及司法部有关规定，现就安置帮教事宜达成如下协议：

一、帮教单位和帮教人积极落实国家帮教政策，认真解答帮教对象有关法律法规和政策的咨询。

二、帮教人应教育帮教对象家庭、亲友、邻居和周围人群积极接纳、主动关心帮教对象，对帮教对象做到不歧视、不埋怨。

三、帮教人应积极帮助帮教对象解决在就业、生活、思想等方面的困难和问题，协调落实有关就业、医保、教育等相关政策，做到安其身、暖其心。

四、帮教对象应积极接受帮教人帮教，听取合理建议，依法、合情、合理地反映诉求。外出期间与家人和帮教人通过电话、网络等保持联系，不参加涉赌、涉毒、涉黑等违法犯罪活动，不扰乱社会治安，不再违法犯罪。

五、本协议一式四份，帮教单位、帮教对象、××司法所、××省第×强制隔离戒毒所各一份。

帮教单位（盖章、签名）：　　受帮教人（签名）：
××省××市××县××办事处××社区　　陆××
2019年10月×日　　2019年10月×日

2. 制作与应用说明。

（1）安置帮教是政策性较强的工作，是预防和减少违法犯罪、降低重新违法率的重要举措，因此协议内容要规范、职责要明确。

（2）安置帮教是强制隔离戒毒所教育矫治工作的社会延伸，是巩固强制隔离戒毒成果的重要举措，强制隔离戒毒所对解除强制隔离戒毒人员回归社会后进行跟踪回访，通过《安置帮教协议书》落实情况了解解除强制隔离戒毒人员社会现实表现，掌握强制隔离戒毒工作的成效，以便改进工作，提高戒断率。

（五）《社区康复（矫正）帮教协议书》

社区康复（矫正）帮教是指戒毒人员解除强制隔离戒毒后，回到居住地社区，继续接受社区康复（矫正）管理教育，以巩固戒毒成果。帮助解除强制隔离戒毒人员早日回归社会。

1. 文书示例。

社区康复（矫正）帮教协议书

甲方（帮教人）：××省××市××县公安局××派出所

乙方（受帮教人）：梁××，男，29岁，身份证号：67××××××××××××××××。住××省××市××县××街道办事处。电话：×××××××××××

丙方（担保人）：梁×强，男，58岁，身份证号：67××××××××××××××××。系梁××之父亲。住××省××市××县××街道办事处。电话：×××××××××××

秦××，男，34岁，身份证号：67××××××××××××××××。系梁××之姐夫。住××省××市××县××街道办事处。电话：×××××××××××

丁方：××省第×强制隔离戒毒所。

根据《中华人民共和国禁毒法》以及有关法律法规规定，梁××解除强制隔离戒毒后进入社区戒毒康复。甲、丙为共同做好乙方为期三年的社区戒毒康复期的监管帮教工作，确保乙方不发生复吸和其他违法行为，巩固在丁方强制隔离戒毒期间的成效，订立此协议。

一、甲方的职责

1. 帮助乙方制订戒毒康复计划并监督实施。

2. 为乙方在就业、医疗、社保等方面提供政策指导和帮助。

3. 定期约见乙方，了解有关戒毒康复情况，并定期对乙方进行检测。

4. 对乙方短期离开居住地及变更戒毒康复地进行审批。

5. 对乙方违反协议行为进行警告，对严重违反协议或吸食、注射毒品的行为按照有关程序进行报告或处罚。

二、乙方的义务

1. 遵纪守法，遵守社会公德，遵守《社区康复帮教协议》和社区戒毒康复(矫正) 人员守则，积极改造思想，远离毒品。

2. 自觉服从甲方和丙方的监管和告诫。

3. 积极配合公安机关的尿检和丁方的回访调查。

三、丙方的职责

1. 积极主动协助甲方做好乙方的戒毒康复工作。

2. 保证乙方严格遵守法律法规，切实履行《社区康复帮教协议》和社区戒毒康复（矫正）人员守则。

3. 监督乙方日常行为并对其进行教育，发现其有违反规定的行为，即时向甲方报告。

4. 丙方如不履行义务，造成乙方脱离监管，逃避社区戒毒康复管理的，取消其担保人资格，并依法追究其法律责任。

四、本协议一式五份，各方协议人各执一份，具有同等效力。

五、本协议自协议各方签字后生效。期限三年，自20××年×月×日至20××年×月×日止。

甲方（盖章、签名）：××省××市××县公安局××派出所

2019年10月×日

乙方（签名）：梁××

2019年10月×日

丙方（签名）：梁×强　秦××

2019年10月×日

丁方（签名、盖章）：××省第×强制隔离戒毒所

2019年10月×日

2. 制作与应用说明。

（1）此文书是强制隔离戒毒人员解除强制隔离戒毒或提前解除强制隔离戒毒后，按照国家法律和相关政策要求，对解除强制隔离戒毒人员后续监管、帮教的文书，也是强制隔离戒毒所跟踪、了解所内戒毒成效的重要途径。

（2）本协议由解除戒毒所居住地社区、亲属、强制隔离戒毒所与解除戒毒人员签订。

（3）担保人可以是解除强制隔离戒毒人员近亲属、单位或部门负责人，且与本案无牵连。

（4）担保人享有政治权利，人身自由未受到限制或剥夺，在当地有固定住所。

（5）协议期三年，协议期内，强制隔离戒毒所要定期对解除强制隔离戒毒人员进行回访，及时了解和掌握社区康复情况。

第六节　习艺矫治与管理相关文书

一、适用范围与主要依据

习艺矫治作为教育矫治戒毒人员的一项重要手段，也是为其取得谋生就业技能、提供职业技能训练的一个重要平台，更是戒毒人员走向新生的推动力。在强制隔离戒毒工作实践中，戒毒人员通过习艺技能和生产实践技能的掌握，在改变客观世界的同时也矫正自身的主观世界，矫正好逸恶劳、不劳而获、损人利己的恶习，转变思想观念、养成劳动的习惯、树立正确的劳动态度、学会生产技能、增强社会适应能力，为顺利回归社会，成为自食其力的守法公民打下基础。戒毒人员习艺劳动具有行政强制性和教育矫治性，习艺矫治类文书在一定程度上也具有行政强制性。

《禁毒法》第四十三条第二款规定：“根据戒毒的需要，强制隔离戒毒场所可以组织戒毒人员参加必要的生产劳动，对戒毒人员进行职业技能培训。组织戒毒人员参加生产劳动的，应当支付劳动报酬。”

《戒毒条例》第二十九条规定，强制隔离戒毒场所应当配备设施设备及必要的管理人员，依法开展职业技能培训。

习艺矫治类文书按照习艺内容和流程可分为习艺项目管理、安全生产管理、劳动权益保障等文书。

二、相关文书

习艺矫治相关文书在实务中的具体形式主要有：《引进习艺生产项目审批表》《安全生产教育记录》《安全生产检查记录》《安全生产会议记录》《劳动工具收发登记表》《劳动报酬发放表》《劳保用品发放表》等。

（一）习艺项目管理文书

强制隔离戒毒所引进的习艺生产项目需要考察、论证、评估，符合强制隔离戒毒所场地要求、戒毒人员技能培训需要，有利于戒毒人员习艺矫治，注重社会效益，同时兼顾经济效益。经综合考察评估，认为符合条件的，报省戒毒管理局审批后与项目方谈判、签订项目合作合同，组织实施。

1. 文书示例。

引进习艺生产项目审批表

项目名称	编织袋缝纫制作
申请单位	××省第×强制隔离戒毒所
引进项目基本情况	1. 该项目企业具有合法资质，公司营业执照、税务登记证等证照齐全 2. 习艺生产项目内容：50 公斤装、100 公斤装、200 公斤装、500 公斤装、1000 公斤装五种规格编织袋，包括面料的裁剪、缝纫、成品的打包 3. 生产所需设备：工业缝纫机，剪刀、缝口线、轧面布等辅料。上述设备及辅料均由生产项目方供应。缝纫机由厂方负责安装、调试到位 4. 生产所需场地：生产操作车间 1000 平方米，仓储间 200 平方米 5. 需投入人员：前期投入戒毒人员缝纫工 100 名、杂工 200 名。根据生产规模情况再作调整 6. 环境评价：该项目生产过程中不会产生废水、废气、噪声等污染，产生的边角废料由厂方集中回收。不会对人体产生任何危害及职业病问题 7. 投入成本及效益预测：生产用电由我所支付，场地由我所提供，其他设备、设施、原材料、辅料均由厂方提供。我方仅承担来料加工，每生产一条编织袋厂方支付加工费 2 元。暂按投入 100 台缝纫机计算，每台每天生产 50 条，每台收入 100 元，扣除直接成本电费每台约 10 元，每台机器预计利润约 90 元

（续表）

引进单位意见	该项目经过大队、生产习艺科联合考察：项目方具有合法经营手续，生产过程中没有环境污染，生产工艺相对简单、易学、适用，生产规模及技术要求符合我所实际，具有一定的经济效益。适合戒毒人员习艺技能，有利于戒毒人员回归社会谋生就业。 经综合论证评估，拟同意引进该项目。 妥否，请批示！ ××省第×强制隔离戒毒所（盖章） 2019年10月×日
审批单位意见	经过省局综合评估，××省第×强制隔离戒毒所拟引进生产项目，符合科学发展、安全发展要求，有利于戒毒人员的矫治和习艺，有利于维护戒毒人员的合法权益，有利于戒毒人员身心健康，有利于场所安全稳定，同意引进。 ××省戒毒管理局（盖章） 2019年10月×日
备注	1. ××公司企业营业执照、税务登记证 2. ××企业样品图片

2. 制作与应用说明。

（1）强制隔离戒毒场所实行引进生产项目准入制度，凡引进项目须报主管部门审批。

（2）引进项目必须严格考察环保，对是否会污染环境，是否会危害戒毒人员和人民警察身体健康等方面进行严格审查。

（3）考察生产项目是否需要取得行政许可，未取得行政许可的，不得组织生产。

（4）考察生产项目是否侵犯他人注册商标、专利等知识产权。

（5）强制戒毒场所不得引进食品、药品、保健品的生产加工。

（6）强制隔离戒毒场所不得组织戒毒人员从事煤矿、非煤矿山、有毒、有害、易燃、易爆以及其他不符合环保要求的项目。

（7）严格管理涉及国家主权、领土完整和知识产权的地图、旗帜、商标、印刷品、音像制品等习艺生产项目，必要时依照有关法律法规报相关部门审批。

（二）安全生产管理文书

生产安全是场所安全的重要内容，在确保安全的前提下组织习艺生产。强制隔离戒毒场所要开展安全生产教育、安全生产排查（检查），加强对生产过程、生产环节的安全管理，对不符合安全生产规定的责令整改，防患于未然。

1.《安全生产教育记录》。

（1）文书示例。

安全生产教育记录

<table>
<tr><td>授课时间</td><td colspan="2">2019年11月×日</td><td>授课地点</td><td colspan="2">教学楼第一教室</td></tr>
<tr><td>授课人及职务</td><td colspan="5">冯××：××省安全生产监督管理局副局长、总工程师</td></tr>
<tr><td>到课人数</td><td colspan="2">戒毒人员</td><td>280人</td><td>警察</td><td>120人</td></tr>
<tr><td>安全生产
教育内容</td><td colspan="5">一、教育主题：安全生产制度落实及事故预防
二、教学目的：通过学习安全生产管理制度和事故预防方法，提高戒毒人员和警察安全生产意识，严格操作规程，加强习艺现场的安全管理，确保戒毒人员和警察的人身安全，预防和减少事故发生，充分发挥习艺的矫治功能
三、要求：从事习艺生产的戒毒人员和现场管理警察，学习和掌握安全生产制度，掌握生产设备操作规程和生产工艺流程，不违章作业、不违章指挥、不违反劳动纪律，及时妥善处理劳动现场发生的各种特殊问题
四、学习重点：安全生产规章制度、机器设备操作规程、生产工具的管理、劳动纪律和劳动保护
五、疑难问题解答：机器故障的排除与维修，机器设备的日常保养与维护</td></tr>
<tr><td colspan="3">负责人（签字）：李××
2019年11月×日</td><td colspan="3">记录人（签字）：张××
2019年11月×日</td></tr>
</table>

（2）制作与应用说明。

①安全生产教育课既可是本所警察教师讲授，也可邀请社会专业人士到所讲授，既可讲理论，也可结合实践讲理论，比如讲授灭火器的使用、火灾的扑救与火灾逃生等。

②安全生产教育原则上一年开展一次，全员参与，做好记录。

2.《安全生产检查记录》。

（1）文书示例。

安全生产检查记录

<table>
<tr><td colspan="2">受检单位</td><td>×大队</td><td>检查时间</td><td>2019年12月×日</td></tr>
<tr><td colspan="2">检查人员</td><td colspan="3">赵××　方××　林××　李××</td></tr>
<tr><td>序号</td><td>检查项目</td><td>检查内容</td><td>检查情况</td><td>处理结果</td></tr>
<tr><td rowspan="5">1</td><td rowspan="5">安全管理</td><td>安全管理网络</td><td>达到规范要求</td><td></td></tr>
<tr><td>突发事件</td><td>有预案有落实</td><td></td></tr>
<tr><td>安全生产检查记录</td><td>达到规范要求</td><td></td></tr>
<tr><td>安全生产教育记录</td><td>达到规范要求</td><td></td></tr>
<tr><td>警示标志</td><td>配电箱标识有破损</td><td>立即更新</td></tr>
<tr><td rowspan="6">2</td><td rowspan="6">生产现场管理</td><td>定置管理及卫生情况</td><td>地面杂物较多</td><td>立即清除</td></tr>
<tr><td>仓储管理</td><td>辅料没有分类堆放</td><td>立即整改</td></tr>
<tr><td>工具管理及收发登记情况</td><td>个别工具收发记录不全</td><td>立即整改</td></tr>
<tr><td>消防设施管理</td><td>达到规范要求</td><td></td></tr>
<tr><td>安全通道、安全门、通道标志</td><td>达到规范要求</td><td></td></tr>
<tr><td>有无易燃易爆物品</td><td>无</td><td></td></tr>
<tr><td rowspan="6">3</td><td rowspan="6">用电安全管理</td><td>电线布置是否规范，有无乱拉乱接现象</td><td>达到规范要求</td><td></td></tr>
<tr><td>电源插座、开关使用情况</td><td>达到规范要求</td><td></td></tr>
<tr><td>电线有无老化破损</td><td>达到规范要求</td><td></td></tr>
<tr><td>配电箱运行情况</td><td>达到规范要求</td><td></td></tr>
<tr><td>用电工具使用是否规范</td><td>达到规范要求</td><td></td></tr>
<tr><td>各类电器是否完好</td><td>达到规范要求</td><td></td></tr>
<tr><td rowspan="7">4</td><td rowspan="7">锅炉房及食堂管理</td><td>锅炉房日常检查情况</td><td>无此检查项目</td><td></td></tr>
<tr><td>锅炉运行情况</td><td>无此检查项目</td><td></td></tr>
<tr><td>锅炉房日常清洁及年检情况</td><td>无此检查项目</td><td></td></tr>
<tr><td>食堂刀具管理情况</td><td>达到规范要求</td><td></td></tr>
<tr><td>食品留样情况</td><td>达到规范要求</td><td></td></tr>
<tr><td>仓储保管情况</td><td>有米面与蔬菜混储现象</td><td>立即整改</td></tr>
<tr><td>生熟食分离情况</td><td>达到规范要求</td><td></td></tr>
</table>

（续表）

序号	检查项目	检查内容	检查情况	处理结果
5	车辆管理	车辆运行情况	达到规范要求	
		车辆灭火器配备及检查情况	达到规范要求	
		车库有无易燃易爆物品	无	

受检单位负责人（签名）：袁×× 记录（签名）：黄××

（2）制作与应用说明。

①安全生产检查是戒毒场所为确保场所安全稳定的一项重要工作，原则上每月开展一次，如遇重大节日或情况随时开展。

②对检查中发现的问题能立即整改的立即整改，不能立即整改的限期整改，整改后再进行检查验收，并做好记录。

③安全生产检查由生产科负责牵头，相关职能部门及大队配合，对发现的问题及时通报。

④此表填写后存档备查。

3.《安全生产会议记录》。

（1）文书示例。

安全生产会议记录

会议时间	2019 年 9 月×日			
会议地点	行政办公楼第二会议室			
参加会议人员				
所领导	贺××	生产科	科长石××、副科长刘××、内勤代××	
大队领导	一大队大队长陈××、二大队大队长白××、三大队大队长李××、四大队大队长赵××			
主持	石××	记录	代××	
会议主要内容				
一、学习传达××省戒毒局《关于做好中秋节国庆节期间安全生产工作的紧急通知》 二、学习相关安全生产法律法规 三、各大队汇报前一阶段在安全生产过程中遇到的困难和问题，以及需要协调解决的问题 四、生产科通报在日常检查中发现的安全生产问题 五、对当前安全生产形势进行研判 六、安排部署“双节”前开展一次安全生产大检查、大排查，消除安全隐患，确保“双节”期间场所安全稳定				

（续表）

安全生产会议签到表	
所领导	贺××
职能科室	石××、代××
大队	陈×× 白×× 李×× 赵××

（2）制作与应用说明。

①安全生产会议每季度召开一次，特殊情况可随时召开。

②会议由负责习艺劳动的生产科召集，由生产科内勤负责会议记录。

③参加会议人员要签到，以备留存。

4.《劳动工具收发登记表》。

（1）文书示例。

劳动工具收发登记表

单位：×大队×中队　　车间：缝纫车间　　时间：2019 年 3 月

工具名称	领用人	领用时间	数量	收回时间	值班警察	备注
大剪刀	张××	3 月 9 日 8:30	1	3 月 9 日 12:00	冯××	……
小剪刀	赵××	3 月 9 日 8:30	1	3 月 9 日 12:00	高××	……
铁锤	李××	3 月 9 日 8:30	1	3 月 9 日 12:00	马××	……
钳子	宋××	3 月 9 日 8:30	1	3 月 9 日 12:00	白××	……
……	……	……	……	……	……	……

（2）制作与应用说明。

①戒毒人员劳动工具实行严格的收发登记制度，尤其是剪刀、菜刀等金属类工具，专人保管，使用时要进行固定，防止意外发生。

②领用人一般是戒毒人员，时间要填写具体到几点几分。由负责发放的值班警察签名。

5.《劳动报酬发放表》。

（1）文书示例。

劳动报酬发放表

单位：×大队×中队　　　　时间：2019 年×月

姓名	金额（元）	签名	备注
丁××	480		
赵××	567		
李××	476		
方××	432		
秦××	652		
孔××	456		
……	……		
合计	45768		

制表：梁××　　　　审核：宋××

（2）制作与应用说明。

①劳动报酬是戒毒人员所内生产劳动应得物资奖励，是对戒毒人员从事生产劳动的激励措施，也是维护戒毒人员合法权益的具体体现。有助于培养戒毒人员劳动意识、劳动光荣的观念，帮助戒毒人员改掉好逸恶劳的恶习、回归社会成为自食其力的守法公民。

②劳动报酬每月造表发放一次，平时由中队做好劳动任务和工作的统计，坚持公开、透明的原则，每月进行公示，起到奖勤罚懒、调动戒毒人员习艺劳动积极性的目的和效果。

③劳动报酬由戒毒人员本人签字确认后，由所财务科统一打到戒毒人员所内消费卡上，可用于所内消费，解除强制隔离戒毒时，余额以现金形式结转给戒毒人员。

6.《劳保用品发放表》。

（1）文书示例。

劳保用品发放表

单位：×大队×中队　　　　时间：2020 年第二季度

姓名	劳保用品名称				签名
	手套（双）	口罩（个）	洗衣粉（袋）	肥皂（块）	
丁××	3	3	1	3	
赵××	3	3	1	3	
李××	3	3	1	3	

（续表）

姓名	劳保用品名称				签名
	手套（双）	口罩（个）	洗衣粉（袋）	肥皂（块）	
方××	3	3	1	3	
秦××	3	3	1	3	
孔××	3	3	1	3	
……	……	……	……	……	
合计	300	300	100	300	

制表：梁××　　　　审核：宋××

（2）制作与应用说明。

①劳保用品是戒毒人员劳动过程中必要的防护措施，也是维护戒毒人员合法权益的体现。

②劳保用品的种类根据劳动内容的需要发放，一般一季度发放一次，日常消耗性用品如手套、口罩等也可一月发放一次，对有遗失、破损等可随时发放。

③发放时需戒毒人员本人签名，发放表留存备查。

第七节　心理矫治相关文书

一、适用范围与主要依据

戒毒人员的心理矫治是强制隔离戒毒场所在对戒毒人员实施教育矫治过程中，运用心理学的原理和方法，通过对戒毒人员开展心理测验、心理评估，掌握戒毒人员个体心理结构特征，进行心理健康教育、心理咨询和心理治疗，帮助戒毒人员消除不良心理及其他心理障碍、心理疾病，促使其心理结构向良性方向转化。同普通人相比，心理问题在戒毒人员这类特殊群体中表现得更为普遍和严重。戒毒人员之所以吸毒违法，其中重要诱因就是心理问题。不仅如此，戒毒人员由于长期生活在高压封闭环境之中，活动空间小，心理压力大。对戒毒人员心理矫治的目标，就是消除其偏差人格，纠正其不正确的意识和行为，促使其心理恢复健康，并在此基础上戒断毒瘾。

司法部《强制隔离戒毒人员教育矫治纲要》要求对强制隔离戒毒人员广泛进行心理测评。由专职心理咨询师对戒毒人员的情绪状态、环境适应情况、人格特质等作出入所评估，逐人建立心理档案，筛查有心理问题人员。定期举办心理咨询服务。以当面咨询或者书信、电话、网络等多种形式，为戒毒人员提供心理咨询服务，帮助其解决心理问题。及时进行心理危机干预，对心理状态严重异常、遭受家庭、婚姻等重大突发事件心理严重失衡的，长期处于抑郁焦虑和自我封闭状态的，有逃跑、行凶、自伤自残等危险倾向的戒毒人员及时实施心理危机干预。

戒毒人员心理矫治包括心理评估、心理咨询、心理辅导、心理救助等内容，不同内容需要相应的文书。

二、相关文书

实务中，心理矫治相关文书的具体形式主要有：《心理咨询师花名册》《心理测试登记表》《戒毒人员心理咨询档案》《个体心理咨询登记表》《团体心理辅导登记表》等。

（一）《心理咨询师花名册》

1. 文书示例。

××省第×强制隔离戒毒所心理咨询师花名册

单位：（盖章）　　　　时间：2019年1月×日

序号	姓名	性别	年龄	学历	职称	取得时间
1	张××	男	35	本科	国家三级心理咨询师	2009. 10
2	李××	男	42	本科	国家三级心理咨询师	2008. 10
3	秦××	女	38	硕士	国家二级心理咨询师	2011. 10
4	方××	男	39	本科	国家三级心理咨询师	2009. 10
5	林××	男	42	硕士	国家二级心理咨询师	2011. 10
……	……	……	……	……	……	……

填表人：王××　　　　审核人：贺××

2. 制作与应用说明。

（1）此表每年填报一次，根据动态情况进行调整。

（2）此表由教育科填报、审核，加盖强制隔离戒毒所印章，心理咨询师职业资格证书复印件交教育科保管。

（3）心理咨询师需持证上岗，禁止无证人员从事心理咨询工作。

（二）《心理测试登记表》

1. 文书示例。

××省第×强制隔离所心理测试登记表

单位：（盖章）　　　　　　　　　　　　　　　　　　　　时间：2019 年 8 月×日

序号	姓名	年龄	婚否	入所时间	罪错	测试时间	测试结果	备注
1	许××	36	已婚	2019. 7. 5	二次吸毒	2019. 8. 2	基本正常	……
2	徐××	39	离异	2019. 7. 6	二次吸毒	2019. 8. 3	抑郁	……
3	钱××	28	未婚	2019. 7. 6	吸毒	2019. 8. 4	有人际关系敏感、恐怖等症状	说谎指数较高
4	陈××	42	离异	2019. 7. 7	二次吸毒	2019. 8. 8	焦虑	……
5	方××	45	已婚	2019. 7. 9	三次吸毒	2019. 8. 9	基本正常	……
……	……	……	……	……	……	……	……	……

填表人：冯××　　　　　　　　　　　　　　　　　　　　　　审核人：陈××

2. 制作与应用说明。

（1）心理测试一般在戒毒人员入所后一个月内进行，一月一报。

（2）心理测试中如遇戒毒人员有特殊情况，需要提醒管教警察予以关注。

（3）此表由负责测试的心理咨询师负责填写，心理教研室主任审核。

（三）《戒毒人员心理咨询档案》

1. 文书示例。

戒毒人员心理咨询档案

封面：

专业资料　注意保密

戒毒人员心理咨询档案

单位：××省第×强制隔离戒毒所

大队：二大队二中队

姓名：尚××（2-02038）

××省戒毒管理局制

扉页：

<table>
<tr><td colspan="6">个人基本情况表</td></tr>
<tr><td rowspan="2">姓名</td><td rowspan="2">尚××</td><td>性别</td><td>男</td><td>出生年月</td><td>1980. 10. 8</td></tr>
<tr><td>民族</td><td>汉</td><td>入所时间</td><td>2018. 8. 8</td></tr>
<tr><td>期限</td><td colspan="2">2018. 8. 8～2020. 8. 7</td><td colspan="2">婚姻状况</td><td>离异</td></tr>
<tr><td colspan="2">文化程度</td><td>高中</td><td colspan="2">罪错性质</td><td>二次吸毒</td></tr>
<tr><td colspan="2">精神状态</td><td colspan="2">良好</td><td>兴趣爱好</td><td>弹吉他、打篮球</td></tr>
<tr><td>家庭住址</td><td colspan="5">××省××县××街道办事处××社区</td></tr>
<tr><td>个人成长经历</td><td colspan="5">小学至高中一直在县城就读，成绩尚好，担任班干部，是学校篮球队队员和文艺队队员。1998 年高考失利，打击颇大，从此萎靡不振，自暴自弃。与社会闲散人员厮混，在歌厅染上毒瘾。2003 年 12 月因吸毒被戒毒劳动教养二年。
2002 年结婚，有一女儿，2004 年离异。女儿随爷爷奶奶生活。父母在县城做生意，家庭经济条件较好。兄妹三人，哥、姐均成家</td></tr>
<tr><td colspan="3">既往病史及家庭病史</td><td colspan="3">本人胃病，父亲患肝炎多年</td></tr>
<tr><td colspan="2">现主要问题、发生时间及起因</td><td colspan="4">刚入所时，情绪急躁，易冲动，经常因琐事与同室人员发生争执，嫌他人说话声音太大，随地吐痰，动了他的毛巾、牙膏等物品，几次骂人</td></tr>
<tr><td colspan="2">现实表现</td><td colspan="4">表现较差，不服管教，抗拒劳动，时常与他人争吵，甚至顶撞警察</td></tr>
<tr><td colspan="2">入所时所用心理测试项目名称</td><td colspan="2">16PF 人格量表、SCL-90 症状量表</td><td>测试时间</td><td>2018. 8. 20</td></tr>
<tr><td colspan="2">测试结果</td><td colspan="4">详见测试量表（另附页省略）</td></tr>
<tr><td colspan="2">现所用测试项目名称</td><td colspan="2">16PF 人格量表、SCL-90 症状量表、房树人量表</td><td>测试时间</td><td>2019. 2. 20</td></tr>
<tr><td colspan="2">测试结果</td><td colspan="4">详见测试量表（另附页，省略）</td></tr>
<tr><td colspan="2">诊断意见</td><td colspan="4">人际关系敏感，存在较强的强迫症状，焦虑、抑郁、偏执症状；敌对程度较强，在精神性方面存在中度症状。
心理咨询师：冯××</td></tr>
<tr><td colspan="2">咨询方案</td><td colspan="4">1. 内省疗法
2. 行为疗法
心理咨询师：冯××</td></tr>
</table>

内页

咨询记录	
内容	1. 说明心理咨询的原则，特别强调保密性原则；2. 咨询过程中该戒毒人员表现得相当“惊讶”，同时讲话内容的逻辑性不强；3. 据该戒毒人员自述，其父亲自小对其溺爱，因学习成绩优异，且担任班干部，老师和同学们对其特别关爱；4. 因高中时与同班一女生恋爱，高考成绩失常、落榜，女孩考上一所重点大学后，两人分手
印象	1. 文化素养较好，谈吐自如，思路、逻辑清晰；2. 性格自负，有强烈的优越感；3. 对高中阶段的那段情感挫折念念不忘，反复提及；4. 对自己吸毒被强制戒毒后，妻子离开自己不能理解，有报复心理
问题	通过几次与该戒毒人员交流，其思想有较大的转变，但仍沉湎于过去，自暴自弃、报复的思想仍然存在，将其他戒毒人员作为发泄对象，发生争执与口角
处理意见	建议戒毒人员保持积极、乐观心态，多接触正面事物，掌握健康、向上的社会知识和信息，同时减少和避免与其他戒毒人员冲突。鼓励戒毒人员在实践中运用内省法，减少暴躁、冲动情绪，发挥自己的兴趣和爱好，通过弹吉他、打篮球等方式排遣负面情绪
备注	管教警察密切关注该戒毒人员思想及行为变化，积极引导，组织集体活动，鼓励其积极参与，排遣与发泄不良情绪

2. 制作与应用说明。

（1）戒毒人员心理咨询档案是一人一档，真实记录戒毒人员在强制隔离戒毒期间心理测试、心理咨询以及心理矫治的心路历程。

（2）心理咨询师在每次咨询后要及时记录，比较每次戒毒人员的心理变化，如有特殊情况（如自闭、抑郁或有自残、自杀脱逃倾向），及时向大队领导反馈。

（3）对重点人员、难改造人员、家庭发生重大变故人员及其他情绪反常人员要及时关注、疏导。

（四）《个体心理咨询登记表》

1. 文书示例。

个体心理咨询登记表

单位：××省第×强制隔离戒毒所　　　　时间：2019 年 6 月×日

咨询时间	姓名	年龄	罪错性质	求助原因	咨询效果	咨询师
2018. 6. ×	张××	38	复吸毒	不适应教育矫治环境	效果较好	冯××
2018. 6. ×	李××	42	复吸毒	与同室人员相处不融洽	效果较好	白××

（续表）

咨询时间	姓名	年龄	罪错性质	求助原因	咨询效果	咨询师
2018. 6. ×	宋××	30	复吸毒	不能正确对待警察的批评	无效果（阻抗）	白××
2018. 6. ×	钱××	45	复吸毒	总觉得有人在害自己	无效果（中断）	梁××
2018. 6. ×	徐××	40	复吸毒	总觉得自己有病	效果一般	梁××
……	……	……	……	……	……	……

填表人：冯×× 审核人：梁××

2. 制作与应用说明。

（1）此表一月一报，以便全面掌握当月戒毒人员求助心理咨询的情况。

（2）咨询效果分为好、较好、一般、较差、无效果。

（3）咨询过程中遇到较为特殊或具有典型意义的案例可进行简略陈述。

（五）《团体心理辅导登记表》

1. 文书示例。

团体心理辅导登记表

单位：××省第×强制隔离戒毒所 时间：2018 年 12 月×日

时间	参加人数	主题	咨询效果	咨询师
2018. 5. ×	78	情绪的自我调节	效果较好	白××
2018. 9. ×	87	学会良好的人际沟通	效果一般	白××
……	……	……	……	……

填表人：赵×× 审核人：钱××

2. 制作与应用说明。

（1）此表一月一报，以便全面掌握当月戒毒人员求助心理咨询的情况。

（2）咨询效果分为好、较好、一般、较差、无效果。

（3）咨询过程中遇到较为特殊或具有典型意义的案例可进行简略陈述。

【知识拓展】

共　情

共情是心理辅导的术语，也叫同感，是指能从对方角度看问题，能设身处地思考问题。共情可分为初级共情和高级共情。初级共情是指个体从思想上理解他人的思想和行为；高级共情是指个体不仅可以从他人的立场考虑问题，而且能站在对方立场上来感受这件事带来的情绪体验，并在交往中自觉地把这种体验用语言或非语言的方式传递给对方。

人际沟通的关键性问题是能否用“共情”来认识和处理问题。交往中的共情会帮助我们进一步理解别人。人们通过共情把自己和对方融合在一起。但对别人有共情并不是一件容易的事，它要求一个人对自己很敏感，能够清晰地从自己的经历中找到与别人相似的经历，并能将诸种经历与具体的情绪反应联系起来，从而体验到别人的情绪状态，在对方说话和做事时，很有分寸地向对方表示自己的理解和同情。

（资料来源：樊富珉、何瑾主编：《团体心理辅导》，华东师范大学出版社2010年版，第89页。）

【实战实训】

背景资料：戒毒人员王××，男，生于1982年8月10日，高中文化，二次吸毒被强制隔离戒毒二年，2017年8月8日入所。入所后沉默寡言，不善与人交流，情绪低落，学习、习艺积极性不高。经心理测试及个别谈话了解，王××曾经有情感挫折经历，根据戒毒人员行为、心理、情感及成长经历等背景，请制订个别矫治方案。

参考方案：

戒毒人员王××个别矫治方案

基本情况：王××，男，生于1982年8月，高中文化，离异，有一儿子，上初中，随爷爷奶奶生活。

主要罪错：2009年2月因吸毒被劳教二年，2017年因复吸被强制隔离戒毒二年。2017年×月×日入所。

成长经历：父亲经商，母亲无业。兄妹三人，哥哥警校毕业后考入某公安局工作，姐姐与姐夫开办兽药厂，家庭经济条件较宽裕。高中毕业后帮父亲打理生意，手上经常有周转资金。王××性格开朗，为人豪爽，出手大方，讲义气、重感情，为朋友两肋插刀。经常请同学、朋友吃饭、喝酒、唱歌、洗浴。在生意交往中认识一湖南朋友，请他帮忙推销“产品”，并送给他几包品尝，从此染上毒瘾。先是将手上掌握的资金全部花完，父亲不再让他经手货款，他便向哥哥、姐姐借、要。后来，他哥哥、姐姐知道他在吸毒，也都不再给他。他便将家中电视、电脑甚至父母的金银首饰偷去卖掉换钱购买毒品。多次在父母面前下跪，发誓、承诺不再吸毒，但之后又屡次复吸。父母因此与他断绝关系，将他赶出家门，妻子与他离婚。2009 年 2 月他在一歌厅吸毒时被人举报抓获，被劳教二年。回来后，他向父母发誓“痛改前非、重新做人”。父母给他投资开了一个门店，经营日用百货，他也能坚持操守，用心经营。可到 2016 年年底，他之前的毒友又找上门，勾起他潜伏的欲望，自此复吸。2017 年 5 月被强制隔离戒毒二年。

初期谈话及观察情况：内心很后悔，没有听父母的话，导致妻子离开，家庭破散。对朋友没有戒心，太感情用事。对戒除毒瘾缺乏信心，认为自己这样的人太好面子，经不住朋友劝说和诱惑，迟早还要进来。反复提到妻子、儿子，认为他哥哥、姐姐太没亲情，对自己不管不问。

量表测量情况：心理健康状况一般，缺乏应对高危情境的办法，没有戒毒信心和目标，家庭支持不完善，情绪不稳定，戒毒效能较差，复吸可能性大。

初步诊断：王××对毒品很容易出现生理反应，缺乏基本的应对方法；戒毒动机差，缺乏戒毒信心。

主要目标及教育矫治措施：

1. 设计针对性的锻炼项目，帮助其恢复身体机能，激发其戒毒信心。
2. 运用动机晤谈法激发其戒毒动机，强化其戒毒信心。
3. 帮助其查找复吸因素，教授其应对高危情境的方法和信心。

第六章　医疗康复类文书

根据《禁毒法》《戒毒条例》《司法行政机关强制隔离戒毒工作规定》等法律法规和规章的要求，强制隔离戒毒场所应当根据戒毒人员吸食、注射毒品的种类及成瘾程度和戒断症状等，对戒毒人员进行有针对性的生理、心理治疗和身体康复训练。对公安机关强制隔离戒毒所移送的戒毒人员，应当做好戒毒治疗的衔接工作。对戒毒人员进行戒毒治疗，应当采用科学、规范的诊疗技术和方法，使用符合国家规定的有关药物、医疗器械。强制隔离戒毒所应当定期对戒毒人员进行身体检查，对患有疾病的戒毒人员，应当及时治疗，对患有传染病的戒毒人员，应当按照国家有关规定采取必要的隔离治疗措施。以上工作的规范有序开展均需相关文书作为支撑和工具。

对戒毒人员的医疗康复管理工作包括多种形式和方法，医疗康复类文书也相应包括了戒毒人员生理脱毒评估、戒毒人员身心康复评估、所外就医审批、戒毒人员死亡通知、戒毒人员病危通知等不同环节的执法管理文书。本章把医疗康复类文书细分为三类，即诊断评估相关文书、所外就医相关文书和死亡处理相关文书。

第一节　诊断评估相关文书

自《禁毒法》以及公安部、司法部、国家卫生和计划生育委员会颁布的《强制隔离戒毒诊断评估办法》实施以来，各地司法、公安、卫生部门也相继联合制定了强制隔离戒毒诊断评估实施细则，强制隔离戒毒所按相关规定均开展了涵盖各戒治流程、综合性较强的诊断评估工作。

一、适用范围及主要依据

（一）适用范围

诊断评估内容包括生理脱毒评估、身心康复评估、行为表现评估、社会环境与适应能力评估。戒毒人员经执行一年后诊断评估，其生理脱毒、身心康复、社会环境与适应能力评估达到“合格”行为表现，强制隔离戒毒所按照计分考核奖分情况，分别提出按期或提前解除强制隔离戒毒的意见。戒毒人员要经过期满前诊断评估，其生理脱毒、身心康复、社会环境与适应能力评估结果中有一项

“不合格”的，戒毒所就应当结合计分考核情况提出延长强制隔离戒毒期限的意见。对有刑事违法记录、执行两次以上强制隔离戒毒、具有偏执型人格障碍及反社会人格等现实危害性的戒毒人员，应当从严控制提前解除强制隔离戒毒。

（二）主要依据

《强制隔离戒毒诊断评估办法》第六条规定，诊断评估内容包括生理脱毒评估、身心康复评估、行为表现评估、社会环境与适应能力评估。生理脱毒评估、身心康复评估、行为表现评估结果分为“合格”“不合格”两类；社会环境与适应能力评估结果分为“良好”和“一般”两类。

各省、自治区和直辖市结合当地戒毒工作实际，制定了一些具体的规范性文件。例如，《海南省司法行政系统强制隔离戒毒诊断评估工作实施细则》第三十三条规定，强制隔离戒毒所通过急性生理脱毒治疗、稽延性戒断症状治疗、替代治疗和非替代治疗、躯体疾病诊治和行为矫治等措施对戒毒人员实施生理脱毒。

二、相关文书

（一）《戒毒人员生理脱毒评议表》

1. 文书示例。

戒毒人员生理脱毒评议表

（第 2 次）

姓名	胡×	身份证号	××××××××××××××××××	入所日期	2017 年 6 月 12 日
评估内容				结果	医师签名
毒品检测结果呈阴性				☑脱毒 □未脱毒	刘××
停止使用控制或缓解戒断症状药物				☑脱毒 □未脱毒	
急性戒断症状完全消除				☑脱毒 □未脱毒	
未出现明显稽延性戒断症状				☑脱毒 □未脱毒	
未出现因吸毒导致的明显精神症状或者原有精神障碍得到有效控制				☑脱毒 □未脱毒	

（续表）

评议结果	☑合格　　□不合格 负责人签名：韩××　　　（所在医疗部门） 2017 年 8 月 12 日
备注	

2. 制作与应用说明。

（1）《戒毒人员生理脱毒评议表》属于表格式文书。管理民警根据评议时间填写次数，如是第一次进行评议，则在标题下一行填写“第 1 次”，依此类推。戒毒人员填写信息应准确，内容应完整。

（2）一般来说，生理脱毒情况分为“脱毒”和“未脱毒”两种。生理脱毒情况鉴定为“脱毒”的，需要同时符合五项指标，戒毒人员根据这五项指标开展生理脱毒的评议工作。

（3）《戒毒人员生理脱毒评议表》制作的一般流程是，在生理脱毒期间完成生理、心理、毒瘾等基本信息的采集，形成该戒毒人员当前毒瘾程度的基本数据，根据生理脱毒的五项基本内容进行评议，如满足条件，就是“脱毒”，如不满足条件即是“未脱毒”。如果戒毒人员的五项内容皆为“脱毒”，则最终的评议结果为“合格”，如有其中任意一项为“未脱毒”，则最终的评议结果为“不合格”。经过生理脱毒期的评议，如戒毒人员的评议结果为“未脱毒”，则重新进入生理脱毒期执行脱毒治疗工作。

（4）数据收集、填写与录入务必真实、准确，全程由民警亲自完成，不得由戒毒人员班组长代为收集、填写。

（5）医师签名栏由医生本人签字后加盖医疗中心公章。

(二)《戒毒人员身心康复评议表》

1. 文书示例。

戒毒人员身心康复评议表

(第 1 次)

<table>
<tr><td>姓名</td><td>常×</td><td>身份证号</td><td>××××××××××××××××××</td><td>入所日期</td><td>2018 年 4 月 2 日</td></tr>
<tr><td colspan="4">评估内容</td><td>结果</td><td>医师签名</td></tr>
<tr><td colspan="4">身体机能有所改善</td><td>☑达标
□未达标</td><td rowspan="5">刘××</td></tr>
<tr><td colspan="4">体能测试有所提高</td><td>☑达标
□未达标</td></tr>
<tr><td colspan="4">戒毒动机明确，信心增强，掌握防止复吸的方法</td><td>☑达标
□未达标</td></tr>
<tr><td colspan="4">未出现严重心理问题或者精神症状</td><td>☑达标
□未达标</td></tr>
<tr><td colspan="4">有改善与家庭、社会关系的愿望和行动</td><td>☑达标
□未达标</td></tr>
<tr><td>评议结果</td><td colspan="5">☑合格 □不合格
负责人签名：韩×× （所在医疗部门）
2018 年 12 月 30 日</td></tr>
<tr><td>备注</td><td colspan="5"></td></tr>
</table>

2. 制作与应用说明。

(1)《戒毒人员身心康复评议表》属于表格式文书。管理民警根据评议时间填写次数，如是第 1 次进行评议，则在标题下一行填写“第 1 次”。在完成生理脱毒后进入身心康复期。

(2) 身心康复评估标准有五项，分别是：身体机能有所改善；体能测试有所提高；戒毒动机明确，信心增强，掌握防止复吸的方法；未出现严重心理问题或者精神症状；有改善与家庭、社会关系的愿望和行动。

(3)《戒毒人员身心康复评议表》制作的一般流程是，在身体康复期间完成各项体能康复训练、心理测试等基本信息的采集，根据身心康复的五项基本内容进行评议，如满足条件，就是“达标”，如不满足条件就是“不达标”。如果戒毒人员的五项内容皆为“达标”，则最终的评议结果为“合格”，如有其中任意一项为“未达标”，则最终的评议结果为“不合格”。经过身心康复期的评议，如戒毒人员结果为“未达标”，将需要继续在身心康复期进行戒毒治疗。

（4）数据收集、填写与录入务必真实、准确，全程由民警亲自完成，不得由戒毒人员班组长代为收集、填写。

（5）医师签名栏由医生本人签字后加盖医疗中心公章。

（三）《戒毒人员行为表现评议表》

1. 文书示例。

戒毒人员行为表现评议表

（第 3 次）

姓名	戈×	身份证号	××××××××××××××××××	入所日期	2017 年 4 月 24 日
评估内容		加分小计		扣分小计	
遵章守纪		100 分		0 分	
戒治康复（生活卫生）		100 分		0 分	
教育学习		100 分		0 分	
康复劳动		100 分		0 分	
坦白检举		100 分		0 分	
上述五项综合得分		累积加分 500 分，累计扣分 0 分，综合得分 500 分			
评议结果	☑合格　　☐不合格 负责人签名：郑××　2018 年 1 月 10 日				

2. 制作与应用说明。

（1）《戒毒人员行为表现评议表》属于表格式文书。管理民警根据评议时间填写次数，如是第 1 次进行评议，则在标题下一行填写“第 1 次”，以此类推。

（2）《戒毒人员行为表现评议表》制作的一般流程是，强制隔离戒毒所在教育适应期和康复指导期间对戒毒人员五项基本行为表现量化分解后，逐项以加、扣分形式进行动态考核，达到规定分数的为“合格”，否则为“不合格”。

（3）严格按照各地强制隔离戒毒人员诊断评估实施细则来确定行为表现评

价标准，对于奖惩分的变动情况进行及时登记。

（4）数据收集、填写与录入务必真实、准确，全程由民警亲自完成，不得由戒毒人员班组长代为收集、填写。

（5）负责人签署意见后应加盖公章。

（四）《戒毒人员综合诊断评估表》

1. 文书示例。

戒毒人员综合诊断评估表

____××强制隔离戒毒所__二__大队　　2020 年 1 月 21 日

<table>
<tr><td>姓名</td><td>李×</td><td>身份证号码</td><td colspan="2">××××××××××××××××××</td></tr>
<tr><td>户籍地住址</td><td>××省××市××区××号</td><td>入所时间</td><td colspan="2">2018 年 6 月 16 日</td></tr>
<tr><td>强制隔离戒毒期限</td><td colspan="4">自 2018 年 3 月 17 日起至 2020 年 3 月 16 日止</td></tr>
<tr><td>评估
时间</td><td colspan="4">□满一年后诊断评估　☑二年期满前诊断评估
□延长期限届满前诊断评估　□再延长期限届满前诊断评估</td></tr>
<tr><td rowspan="4">评估
内容</td><td colspan="2">生理脱毒情况
评议结果</td><td colspan="2">☑合格
□不合格</td></tr>
<tr><td colspan="2">身心康复情况
评议结果</td><td colspan="2">☑合格
□不合格</td></tr>
<tr><td colspan="2">行为表现情况
评议结果</td><td colspan="2">☑合格
□不合格</td></tr>
<tr><td colspan="2">社会环境与适应能力
评议结果</td><td colspan="2">☑合格
□不合格</td></tr>
<tr><td rowspan="2">一年期满前
诊断评估意见</td><td colspan="4">该戒毒人员已经完成各期戒毒流程，各期戒毒均评议为“合格”或“良好”。行为表现考核总积分 1200 分，无受处罚记录，根据《××省司法行政系统强制隔离戒毒诊断评估工作实施细则》第二十八条之规定，该戒毒人员本次评估结果为“符合一年期满综合评估诊断标准”建议按规定继续执行强制隔离戒毒。

大队负责人签名：陈××
2019 年 7 月 21 日</td></tr>
<tr><td colspan="4">根据戒毒人员综合诊断评估结果，同意继续执行强制隔离戒毒。

戒毒所负责人签名：梁××
2019 年 7 月 21 日</td></tr>
</table>

（续表）

<table>
<tr><td rowspan="2">二年期满前
诊断评估意见</td><td>该戒毒人员已经完成各期戒毒流程，各期戒毒均评议为“合格”或“良好”。行为表现考核总积分 1500 分，无受处罚记录，根据《××省司法行政系统强制隔离戒毒诊断评估工作实施细则》第二十八条之规定，该戒毒人员本次评估结果为“达到戒毒康复良好的标准”建议按期解除强制隔离戒毒。
大队负责人签名：陈××
2020 年 1 月 21 日</td></tr>
<tr><td>根据戒毒人员综合诊断评估结果，同意按期解除强制隔离戒毒。
戒毒所负责人签名：梁××
2020 年 1 月 21 日</td></tr>
<tr><td rowspan="2">延长期限届满前
诊断评估意见</td><td>大队负责人签名：
2020 年 1 月 21 日</td></tr>
<tr><td>戒毒所负责人签名：
2020 年 1 月 21 日</td></tr>
<tr><td rowspan="2">再延长期限届满前
诊断评估意见</td><td>大队负责人签名：
2020 年 1 月 21 日</td></tr>
<tr><td>戒毒所负责人签名：
2020 年 1 月 21 日</td></tr>
<tr><td>备注</td><td>戒毒人员签字确认
李×</td></tr>
</table>

2. 制作与应用说明。

（1）《戒毒人员综合诊断评估表》属于表格式文书。采取四选一的方式，根据诊断评估时间在相应的方框内打勾或涂黑，不可多选或不选。信息填写与勾画务必真实、准确，全程由民警亲自完成，不得由戒毒人员班组长代为填写。

（2）戒毒所应按照规定的时间节点对戒毒人员开展综合诊断评估，在两年期满前的综合评估中，对达到要求的戒毒人员应当按期解除强制隔离戒毒，对不符合规定的可以提出延长强制隔离戒毒期限 3 至 6 个月的意见，但延长时间不得超过 12 个月。

（3）备注栏由戒毒人员签字确认。戒毒所负责人签署姓名后应加盖单位公章。

(五)《戒毒人员社会环境与适应能力评议表》

1. 文书示例。

戒毒人员社会环境与适应能力评议表

(第3次)

姓名	贾×	身份证号	××××××××××××××××××	入所日期	2017年12月8日
评估内容				结果	民警签名
签订帮教协议、戒毒康复协议或者有明确意向				☑具备 □不具备	李警官
家属或者所在社区支持配合其戒毒				☑具备 □不具备	李警官
有主动接受社会监督和援助的意愿				☑具备 □不具备	李警官
掌握一定的就业谋生技能				☑具备 □不具备	李警官
有稳定的生活来源或者固定住所				□具备 ☑不具备	李警官
评议结果	☑良好 □一般 负责人签名：陈×× 2018年11月12日				
备注					

2. 制作与应用说明。

(1)《戒毒人员社会环境与适应能力评议表》属于表格式文书。管理民警根据评议时间填写次数，如是第1次进行评议，则在标题下一行填写“第1次”，以此类推。

(2)《戒毒人员社会环境与适应能力评议表》制作的一般流程是，根据社会环境与适应能力评估标准进行评议，如满足条件，就是“具备”；如不满足条件就是“不具备”。如果戒毒人员的五项条件有三项及以上是“具备”为“良好”，否则为“一般”。对戒毒人员社会环境与适应能力评估结果为“一般”的，应每隔一个月对其进行一次社会环境与适应能力评估，直至其评估结果为“良好”或强制隔离戒毒期满。

（3）信息勾画填写务必真实、准确，全程由民警亲自完成，不得由戒毒人员班组长代为填写，每一项均需民警签名确认。

（4）评议结果处由戒毒所负责人签字并加盖公章。

第二节　所外就医相关文书

根据《戒毒条例》《司法行政机关强制隔离戒毒工作规定》等法律法规，戒毒人员在强制隔离戒毒所收治期间，患有严重疾病，不出所治疗可能危及生命的，凭所内医疗机构或者二级以上医院出具的诊断证明，经强制隔离戒毒所所在省、自治区、直辖市司法行政机关戒毒管理部门批准，报强制隔离戒毒决定机关备案，强制隔离戒毒所可以允许其所外就医，并发给所外就医证明。

所外就医期间，强制隔离戒毒期限连续计算。对于健康状况不再适宜回所执行强制隔离戒毒的，强制隔离戒毒场所应当向强制隔离戒毒决定机关提出变更为社区戒毒的建议，强制隔离戒毒决定机关应当自收到建议之日起 7 日内，作出是否批准的决定。同时报强制隔离戒毒所所在省、自治区、直辖市司法行政机关戒毒管理部门备案。经批准变更为社区戒毒的，已执行的强制隔离戒毒期限折抵社区戒毒期限。

一、适用范围及主要依据

（一）适用范围

所外就医指戒毒所允许患有严重疾病的吸毒人员出所就医的工作制度。所外就医的工作流程是，先由所内医疗机构或者二级以上医院出具诊断证明，大队提出所外就医意见后由戒毒所审核，再由省戒毒管理局批准，批准后报强制隔离戒毒决定机关备案。

（二）主要依据

《戒毒条例》第三十一条规定，强制隔离戒毒人员患严重疾病，不出所治疗可能危及生命的，经强制隔离戒毒场所主管机关批准，并报强制隔离戒毒决定机关备案，强制隔离戒毒场所可以允许其所外就医。所外就医的费用由强制隔离戒毒人员本人承担。所外就医期间，强制隔离戒毒期限连续计算。对于健康状况不再适宜回所执行强制隔离戒毒的，强制隔离戒毒场所应当向强制隔离戒毒决定机关提出变更为社区戒毒的建议，强制隔离戒毒决定机关应当自收到建议之日起 7 日内，作出是否批准的决定。经批准变更为社区戒毒的，已执行的强制隔离戒毒期限折抵社区戒毒期限。

《司法行政机关强制隔离戒毒工作规定》第三十七条规定，戒毒人员患有严重疾病，不出所治疗可能危及生命的，凭所内医疗机构或者二级以上医院出具的诊断证明，经强制隔离戒毒所所在省、自治区、直辖市司法行政机关戒毒管理部门批准，报强制隔离戒毒决定机关备案，强制隔离戒毒所可以允许其所外就医，并发给所外就医证明。第三十八条规定，戒毒人员所外就医期间，强制隔离戒毒期限连续计算。对于健康状况不再适宜回所执行强制隔离戒毒的，强制隔离戒毒所应当向强制隔离戒毒决定机关提出变更为社区戒毒的建议，同时报强制隔离戒毒所所在省、自治区、直辖市司法行政机关戒毒管理部门备案。

二、相关文书

（一）《所外就医审批表》

1. 文书示例。

所外就医审批表

__××__强制隔离戒毒所__一__大队　　　　档案编号：20180146

姓名	张×	性别	男	出生年月	1989 年 5 月	民族	汉族
绰号/别名	张××	职业	司机	文化程度	高中	婚否	已婚
户籍所在地	××市××区××街道××号			身份证号	××××××××××××××××××		
现住址	××市××区××街道××号			决定机关	×××市公安局××分局		
原强制隔离戒毒期限	自 2017 年 12 月 30 日起 至 2019 年 12 月 29 日止			入所时间	2018 年 5 月 12 日		
所外就医理　由	该戒毒人员于 2018 年 12 月 8 日晚腹部急剧疼痛，经所内医院检验为“消化道出血”，需进行手术治疗，所内医疗条件有限，需所外就诊						
主要病情诊断结论	该戒毒人员患有“消化道出血”，需及时进行手术治疗（戒毒所医疗机构或者二级以上医院诊断证明附后）						
大队意见	经研究并参考医务部门提出的治疗方案和治疗时间，建议张×所外就医半个月，时间从 2018 年 12 月 9 日至 2018 年 12 月 24 日。 负责人签字：李×× 2018 年 12 月 9 日						

（续表）

戒毒所管理部门审核意见	经调查，戒毒人员张×患病情况属实，事实清楚，法律法规依据充分，并参考医疗部门提出的治疗方案以及治疗时间，以及本所现有医疗条件，建议张×所外就医半个月（自2018年12月9日起至2018年12月24日止）。 负责人签字（公章）：刘×× 2018年12月9日
戒毒所医务部门审核意见	该戒毒人员于2018年12月4日因腹痛前来就诊，自述近一周以来感觉腹部不适，伴有嗳气纳差，但其没有重视，认为是伴随多年的肠胃不适。2018年12月8日晚饭后腹部急剧疼痛，后排出褐色粪便，面诊时脸色蜡黄、心跳加速、血压增高、冒虚汗，后经所内医院进一步检验得知其HB数值为6，系重度消化道出血，随即转往××省人民医院急诊科诊治。经××省人民医院胃镜检查诊断为“消化道出血”，需进行手术治疗。同时由于本所医疗条件有限，不具备治疗该疾病的能力。根据《××省强制隔离戒毒人员严重疾病认定标准》第×条第×款之规定，建议该戒毒人员所外就医半个月。 负责人签字：刘×× 2018年12月9日
戒毒所意见	拟同意张×所外就医半个月（2018年12月9日至2018年12月24日），报省戒毒管理局审批。 负责人签字（公章）：包×× 2018年12月9日
省辖市司法局意见	（该所为省属所，故无须市司法局审批） 负责人签字（公章） 年　月　日
省戒毒管理局意见	同意张×所外就医半个月，从2018年12月9日至2018年12月24日。 负责人签字（公章）：林×× 2018年12月9日
强制隔离戒毒决定机关备案情况	已备案
备注	1. 张×病例、诊断证明、历次化验单 2. 张×父亲的申请书、保证书

2. 制作与应用说明。

（1）《所外就医审批表》属于表格式文书，由多部门联合制作。单位名称应填写至大队或中队。“绰号/别名”栏中名称应填写准确，有时会存在同时有两个或两个以上绰号的情况，这就需要在对戒毒人员进行入所登记时仔细询问。

（2）大队根据申请理由以及相应的法律法规，拟定出戒毒人员关于所外就医的意见和期限（起止日期），并由大队领导签字确认。

（3）管理部门应对大队意见进行事实与法律法规适用方面的审核，提出所外就医的意见和期限，并进行签字、盖章。

（4）医务部门的审核意见要根据戒毒人员的具体病情，结合病历材料，并对照所外就医的相关规定给出是否所外就医的意见和期限，内容尽量详细全面，后由医院负责人签字。

（5）强制隔离戒毒所意见为对所管理部门上报的材料进行审核，给出关于所外就医的意见和期限后由分管领导签字、盖章。

（6）如该所为省属所，则在戒毒所审核完毕后直接上报省戒毒管理局审批，如该所为市属所，则先上报市司法局审批后再报省局审批。省戒毒管理局关于所外就医的意见与期限为最终决定。所外就医批准执行后，强制隔离戒毒所应当在所内公告。法律规定不予公开的除外。

（7）戒毒人员病情危急，不及时治疗可能有生命危险或有严重身体损害时应先行办理出所手续，再补办审批手续。

（8）所外就医的期限应具体。强制隔离戒毒所应及时了解所外就医人员的疾病治疗情况，对已经痊愈的及时收回所内执行剩余期限，期限已到但未痊愈的可续办所外就医手续。对已到期的所外就医人员应通知回所进行诊断评估。

（二）《强制隔离戒毒人员所外就医证明书》

1. 文书示例。

强制隔离戒毒人员所外就医证明书（一联）

×戒外医证字〔2018〕第 88 号

兹证明强××，男，身份证号码 ×××××××××××××××××× ，现年 32 岁，因吸毒被决定强制隔离戒毒 贰 年（自 2017 年 5 月 18 日起至 2019 年 5 月 17 日止），于 2017 年 12 月 19 日起在我所强制隔离戒毒。在执行强制隔离戒毒期间，因患消化道出血，需所外医院进行手术治疗，经批准，准予所外就医。

强制隔离戒毒所公章

2018 年 9 月 20 日

注：本联由强制隔离戒毒人员留存。

强制隔离戒毒人员所外就医证明书（二联）

×戒外医证字〔2018〕第 88 号

××省（区、市）××市（地、盟）××区（县）公安局：

兹证明强××，男，身份证号码 ×××××××××××××××××× ，现年 32 岁，因吸毒被决定强制隔离戒毒 贰 年（自 2017 年 5 月 18 日起至 2019 年 5 月 17 日止），于 2017 年 12 月 19 日起在我所强制隔离戒毒。在执行强制隔离戒毒期间，因患消化道出血，需所外医院进行手术治疗 ，经批准，准予所外就医。

强制隔离戒毒所公章
2018 年 9 月 20 日

注：本联由强制隔离戒毒决定机关留存。

强制隔离戒毒人员所外就医证明书（三联）

×戒外医证字〔2018〕第 88 号

××省（区、市）××市（地、盟）××区（县）××派出所：

兹证明强××，男，身份证号码 ×××××××××××××××××× ，现年 32 岁，因吸毒被决定强制隔离戒毒 贰 年（自 2017 年 5 月 18 日起至 2019 年 5 月 17 日止），于 2017 年 12 月 19 日起在我所强制隔离戒毒。在执行强制隔离戒毒期间，因患消化道出血，需所外医院进行手术治疗 ，经批准，准予所外就医。

强制隔离戒毒所公章
2018 年 9 月 20 日

注：本联由强制隔离戒毒人员户籍所在地或者现居住地派出所留存。

强制隔离戒毒人员所外就医证明书（四联）

×戒外医证字〔2018〕第88号

兹证明强××，男，身份证号码 ×××××××××××××××××× ，现年32岁，因吸毒被决定强制隔离戒毒 贰 年（自2017年5月18日起至2019年5月17日止），于2017年12月19日起在我所强制隔离戒毒。在执行强制隔离戒毒期间，因患消化道出血，需所外医院进行手术治疗，经批准，准予所外就医。

强制隔离戒毒所公章

2018年9月20日

注：本联由强制隔离戒毒所留存。

2. 制作与应用说明。

（1）《强制隔离戒毒人员所外就医证明书》属于填写式文书，制作人需按照要求内容填写。

（2）首部的发文字号由“机关代字”“文种类型”“年份代码”和“发文顺序号”组成。数字一律使用阿拉伯数字填写。

（3）正文部分中的就医理由应按照审批表的内容，突出重点，简单明确；病因要按照医院诊断证明上的内容填写；时间期限要具体详细，按照审批表上的时间期限填写所外就医起止日期。

（4）该文书一式四份，一份由强制隔离戒毒所存档，强制隔离戒毒决定机关、强制隔离戒毒人员、强制隔离戒毒人员户籍地或现居住地派出所各一份。其中，强制隔离戒毒所存档的文书应当由戒毒人员签名确认。

（三）《强制隔离戒毒人员所外就医登记表》

1. 文书示例。

强制隔离戒毒人员所外就医登记表

××强制隔离戒毒所　　　　2018年2月

档号	队别	姓名	性别	期限	所外就医原因	批准时间	所外就医起止时间	备注
01	三	马×	男	30天	急性心肌梗死需进行手术治疗	2018年1月2日	2018年1月2日至2018年2月1日	……
……	……	……	……	……	……	……	……	……

2. 制作与应用说明。

（1）《强制隔离戒毒人员所外就医登记表》属于表格式文书，由所政管理部门民警负责填写。要求所有内容填写完整、准确。

（2）表格中“所外就医原因”按照强制隔离戒毒人员所外就医审批表上的内容填写，因填写空间有限，所以语言尽量简明、突出重点。

第三节　死亡处理相关文书

戒毒人员死亡类文书是指戒毒人员在强制隔离戒毒所内出现病危或死亡情形，需及时依法依规处理相关事宜而制作的各种文书的总称。

戒毒人员在强制隔离戒毒所内死亡的，强制隔离戒毒所应当立即报告所属主管机关，通知其家属、强制隔离戒毒决定机关和当地人民检察院。戒毒人员家属对死亡原因有疑义的，可以委托有关部门作出鉴定。其他善后事宜依照国家有关规定处理。

一、适用范围及主要依据

戒毒人员在戒毒期间病危或死亡时，强制隔离戒毒机关应全力救助并尽快履行通知义务。其功能一是能使其家属及时而确切地知道戒毒人员病危或死亡的事实，配合戒毒单位尽快处理善后事宜。二是确保强制隔离戒毒所对戒毒人员病危或死亡的处理工作落到实处。

根据《司法行政机关强制隔离戒毒工作规定》第六十二条规定，戒毒人员在强制隔离戒毒所内死亡的，强制隔离戒毒所应当立即报告所属主管机关，通知其家属、强制隔离戒毒决定机关和当地人民检察院。戒毒人员家属对死亡原因有疑义的，可以委托有关部门作出鉴定。其他善后事宜依照国家有关规定处理。

根据《强制隔离戒毒人员死亡处理规定》第四条规定，戒毒人员死亡后，强制隔离戒毒所应当立即通知其近亲属，报告所属公安机关或者司法行政部门，并通报原决定机关。

死亡的戒毒人员无近亲属或者无法通知其近亲属的，强制隔离戒毒所应当通知死亡戒毒人员户籍所在地或者居住地的村（居）民委员会或者公安派出所。

尽管到目前为止，我国法律尚没有“对病危戒毒人员要通知家属”的具体条款规定，但从宪法“保障人权”的基本精神来看，“当戒毒人员病危时，及时通知其家属”也是法律的应有之义，是强制隔离戒毒所依法依规执行矫治的必然要求。

二、相关文书

（一）《戒毒人员死亡通知书》

1. 文书示例。

戒毒人员死亡通知书（一联）

×强戒亡通字〔2016〕第5号

姓名 李×× ，性别 男 ，身份证号码 ×××××××××××××××××× ，因吸毒被决定强制隔离戒毒 贰 年（自2015年3月2日起至2017年3月1日止），于2015年6月10日起在我所强制隔离戒毒，该戒毒人员于2016年2月2日1时40分因 病 死亡。

家属姓名：吴××，与戒毒人员关系：母子关系，家庭详细住址：××县××乡××村，家属电话：×××××××××××。

发往：吴××（罪犯家属）
××县公安局
××县人民检察院

书面通知发出时间：2016年2月2日3时0分
电话通知家属时间：2016年2月2日2时50分
电话通知检察院时间：2016年2月2日3时0分

填发人××× 批准人××
填发时间：二〇一六年二月二日

注：本联由强制隔离戒毒所留存。

戒毒人员死亡通知书（二联）

×强戒亡通字〔2016〕第5号

吴××：

你的亲属李××在××强制隔离戒毒所因 病 于2016年2月2日1时40分死亡，请即刻动身来处理善后。

如不能前来，请速告知，我们将依法给予处理。

特此通知。

注：

电话通知家属时间：

2016年2月2日2时50分

××强制隔离戒毒所（公章）
二〇一六年二月二日

注：本联由强制隔离戒毒人员家属留存。

戒毒人员死亡通知书（三联）

×强戒亡通字〔2016〕第5号

××县人民检察院：

姓名李××，性别 男 ，身份证号码××××××××××××××××××，因吸毒被决定强制隔离戒毒 贰 年（自2015年3月2日起至2017年3月1日止），于2015年6月10日起在我所强制隔离戒毒，该戒毒人员于2016年2月2日1时40分因 病 死亡。

家属姓名：吴××，与戒毒人员关系：母子关系，家庭详细住址：××县××乡××村，家属电话：×××××××××××。

请贵院及时派员到现场进行检查。

特此通知。

注：

电话通知检察院的时间：2016年2月2日3时0分

××强制隔离戒毒所（公章）

二〇一六年二月二日

注：本联由人民检察院留存。

戒毒人员死亡通知书（四联）

×强戒亡通字〔2016〕第5号

××县公安局：

姓名李××，性别 男 ，身份证号码××××××××××××××××××，因吸毒被决定强制隔离戒毒 贰 年（自2015年3月2日起至2017年3月1日止），于2015年6月10日起在我所强制隔离戒毒，该戒毒人员于2016年2月2日1时40分因 病 死亡。

家属姓名：吴××，与戒毒人员关系：母子关系，家庭详细住址：××县××乡××村，家属电话：×××××××××××。

请贵局及时派员到现场进行勘验。

特此通知。

××强制隔离戒毒所（公章）

二〇一六年二月二日

注：本联由强制隔离戒毒决定机关留存。

2. 制作与应用说明。

（1）《戒毒人员死亡通知书》属于填写式文书，一式四联，包括一个存根、三个正本，正本依次是家属联、人民检察院联、强制隔离戒毒决定机关联。

（2）该文书的制作机关为强制隔离戒毒所。首部“×强戒亡通字〔2016〕第5号”由制作机关代字、文书简称、发文年度及发文顺序号四部分构成。

（3）填写的病因与死亡时间，必须与戒毒人员死亡善后处理情况登记表里确认的原因、时间一致。

（4）实务中要注意该通知书发出的时限要求。一般采用“电话+通知书”的方式。

（二）《戒毒人员病危通知书》

1. 文书示例。

戒毒人员病危通知书（一联）

×强戒病危通字〔2017〕第6号

刘××，身份证号××××××××××××××××××，在我所第三大队戒毒矫治，与家属赵××系夫妻关系，家庭地址××市××区泰和家园6栋3单元402室。

2017年8月13日

注：本联由强制隔离戒毒所留存。

戒毒人员病危通知书（二联）

×强戒病危通字〔2017〕第6号

赵××：

戒毒人员刘××，男，身份证号××××××××××××××××××，因患脑出血，目前病情严重，请即来看望。地址：××省××市××区××街道××号。

联系人：×××，联系电话：×××××××××××。

特此通知。

××强制隔离戒毒所（公章）

2017年8月13日

注：本联发给强制隔离戒毒人员家属。

2. 制作与应用说明。

（1）该文书属填写式文书，一式两联，分正本和存根，均为程式化的填空文书，正本寄发强制隔离戒毒人员家属，存根由强制隔离戒毒所存档。

（2）正本上的“地址”指强制隔离戒毒所的地址，为家属来戒毒所探望提供方便，填写时要做到正确完整，最好能注明具体的乘车路线，留有联系人的姓名和电话。

（3）使用该文书必须十分慎重，只有经强制隔离戒毒所主管领导同意后，才能启动通知程序。

（4）实务中还需要解决两个问题。一是什么时间通知，二是向谁发出通知。医院对危重病人下发病危通知书是很正常的事情，有时对一个危重病人可能多次下发病危通知。应该在什么时候通知戒毒人员家属是件很难决定的事情，通知早了很可能加重家属负担，通知晚了又可能因突发危急情况而使家属误解。在“什么时候通知家属最适合”的问题上，必须树立“防患于未然”的思想，宜早不宜迟，宜前不宜后，只要确认戒毒人员随时有危及生命的情形，就应当立即通知家属。家属中无论是配偶，还是父母、子女，抑或是兄弟姐妹都可以成为通知的对象。但通知通常只通知其中的一人，必须从中做出正确选择。为便于问题圆满解决，一般选择文化层次高、行为能力与语言交流能力较强、在家庭成员中有一定威信、同病危戒毒人员关系比较亲密的直系亲属作为通知对象。

【知识拓展】

经颅磁刺激技术应用于戒毒

经颅磁刺激（TMS）是一种利用脉冲磁场，作用于大脑中枢神经系统，改变大脑皮层神经细胞的膜电位，使之产生感应电流，影响脑内代谢和神经电活动，从而引起的一系列生理、生化反应的磁刺激技术，是一种无痛、无创的绿色治疗方法。随着技术的发展，具有连续可调重复刺激的经颅磁刺激（rTMS）已出现，并在临床精神病、神经疾病及康复领域获得越来越多的认可。

目前经颅磁刺激技术得到了广泛的使用，在神经心理科（抑郁症、精分症）、康复科、儿科（脑瘫、自闭症等）等各个方面都得到了应用。其作为一种非药物治疗在对抑郁症、睡眠障碍等疾病的临床治疗上取得了可喜的成绩。TMS独特的技术优势，使其在科研及成瘾戒毒等方面都有着广阔的发展空间。

目前，国内在探索经颅磁刺激技术应用于戒毒实务中取得了可喜成绩。例如2020年南京大学社会学院学者领衔的一项最新研究表明，将非侵入脑刺激技术应用于戒断初期的成瘾患者，可以有效改善戒毒过程中的痛苦、焦虑、失眠等症状。该研究成果已在国际顶尖精神健康期刊《美国医学会杂志——精神病学》

(*JAMAP sychiatry*) 上发表，是社会工作与脑科学交叉学科研究的重要进展，也为脑科学技术应用于司法领域提供了新路径。该研究发现，接受经颅磁刺激治疗的患者戒断症状减弱，复吸欲望降低，睡眠质量提高，抑郁和焦虑症状减弱。因此，经颅磁刺激作为一项临床安全有效的脑刺激手段，有望从降低渴求、缓解戒断痛苦两个方面辅助科学戒毒工作的推进，对于降低吸毒者的复吸率和犯罪率有着积极意义。

【实战实训】

2013 年 6 月 17 日，练××因吸毒被送往××省××强制隔离戒毒所戒毒矫治。2014 年 2 月 2 日凌晨 0 时 25 分，入睡中的练××忽然发出怪异的呼吸声，惊醒了 404 号同宿舍的戒毒人员，同宿舍的戒毒人员立即报告给值班民警，值班民警与值班医生随即赶到现场，对练××进行人工呼吸和胸外心脏按压，同时拨打了 120 急救电话。经过上报，戒毒所立刻开辟绿色通道，凌晨 1 时 25 分，练××被送到××人民医院急诊科，医生对练××实施了 4 分钟的胸部按压并采取相应的急救措施。但练××的心跳、呼吸都已经停止，凌晨 1 时 40 分，砚山县人民医院宣告练××抢救无效死亡。

请同学们进行分组，研究讨论本案例。每组学生对此案例进行深度剖析探讨，讨论戒毒所如遇到诸如练××这样的戒毒人员死亡事件应及时通知哪些机关与人员，采取什么形式通知，需要启动什么程序，制作哪些执法文书，梳理出提纲条目，提出具体可行的措施方案，制作出初步的执法文书。

第七章　安全警戒类文书

第一节　概　　述

一、安全警戒概述

为维护强制隔离场所所内秩序，提高强制隔离戒毒所安全管理工作水平，强制隔离戒毒所应当加强安全警戒工作，建立安全警戒护卫机构，发挥警戒护卫作用，维护场所秩序和安全。安全警戒工作主要包括安全警戒设施设备的管理、安全警戒护卫组织建设以及安全警戒值守与巡查三个方面的内容。在安全警戒工作中应当坚持预防为主、依法规范、联防联动、处置高效的原则。

强制隔离戒毒场所应当加强安全警戒物防（如管理区大门、围墙、建筑设施等）、技防（如监控系统、报警系统等）建设，加强警戒护卫组织建设，设立安全警戒护卫机构，科学合理配置警力，制订突发事件应急预案，定期组织和开展训练和演练，参与防范和处理强制隔离戒毒所各类突发事件，维护场所持续安全稳定。

二、安全警戒工作原则

（一）坚持依法规范原则

强制隔离戒毒场所安全警戒工作应当严格按照《禁毒法》《人民警察法》《戒毒条例》以及《司法行政机关强制隔离戒毒工作规定》等有关法律、法规、规章的规定，依法规范进行。司法部《司法行政强制隔离戒毒所安全警戒工作规定》（2014年11月3日司发通〔2014〕123号）对相关工作做了更加明确具体的规定。同时，对强制隔离戒毒人员的教育矫治活动是一项严肃的执法活动，在对戒毒人员管理、教育、习艺、康复以及安全警戒工作的各个执法环节，都要依法进行，尤其是警察在应急事件处置、警戒具的使用、奖惩权的行使过程中要尊重和保障戒毒人员权利，确保各项执法工作依法规范有序进行。

（二）坚持预防为主原则

安全稳定是戒毒场所各项工作的前提，也是强制隔离戒毒工作永恒的主题。预防是安全警戒工作的根本目的，安全警戒工作要坚持预防为主的原则，就是要把预防作为一切工作的出发点和落脚点，做到谋事在先，未雨绸缪，采取科学有效的预防措施，千方百计地防范安全事故的发生，将事故消灭在萌芽状态中。始终保持清醒头脑，牢固树立忧患意识，查找隐患，堵塞漏洞，开展安全事故警示教育，做到警钟长鸣、常抓不懈。

（三）坚持联防联动原则

强制隔离戒毒所应当加强与所在地公安、消防、街道办事处和乡镇人民政府等单位的联系，建立业务协作机制。一是树立“大安全”理念。践行“总体国家安全观”，教育引导警察充分认识肩负的国家政治安全和社会安全责任，将戒毒场所安全作为地方社会安全的重要部分，融入社会安全体系，实现戒毒场所安全与社会安全相互联通的“大安全”格局。二是建立“大联动”机制。规范戒毒场所各类突发事件处置标准，实现职责明晰化、流程标准化、决策科学化。与驻地相关部门签订安全合作协议，建立应急处突协作机制，时刻保持联动态势。

（四）坚持处置高效原则

一是先期应急处置。强制隔离戒毒场所突发事件发生或即将发生时，为避免事态扩大，在响应程序正式启动前，现场值班警察在紧急状态下应当采取措施，先期处置。二是立即启动应急预案。强制隔离戒毒所各职能部门和应急处置队伍应当按预案的规定，迅速到达指定岗位，履行职责，进行处置，做好紧急控制的救援工作，确保场所秩序稳定。三是及时向上级主管机关报告。将突发事件的种类、性质、伤亡情况以及预判的严重程度，及时向上级主管机关报告，以取得指导和支持。

三、安全警戒文书应用与作用

戒毒工作的最终目标是帮助吸毒人员戒断毒瘾，降低复吸率，减少违法和犯罪，使其成为自食其力的守法公民。要实现此目标，必须以确保场所安全稳定为前提。同时，根据《禁毒法》第三十八条的规定，被做出强制隔离戒毒决定的吸毒成瘾人员，包括三类来源：第一类是“有下列情形之一的……（一）拒绝接受社区戒毒的；（二）在社区戒毒期间吸食、注射毒品的；（三）严重违反社区戒毒协议的；（四）经社区戒毒、强制隔离戒毒后再次吸食、注射毒品的”。第二类是“对于吸毒成瘾严重，通过社区戒毒难以戒除毒瘾的人员，公安机关可以直接作出强制隔离戒毒的决定”。第三类是“吸毒成瘾人员自愿接受强制隔离戒毒的，经公安机关同意，可以进入强制隔离戒毒场所戒毒”。

很显然，被强制隔离戒毒的吸毒人员基本上是毒瘾严重，无法通过社区戒毒或者自愿戒毒（自行到具有戒毒治疗资质的医疗机构接受戒毒治疗）实现戒毒的人员。一般来讲，这部分戒毒人员大多涉毒较深，法治意识淡薄，心理认知扭曲，行为习惯不良，违法越轨可能性较高，个别戒毒人员甚至存在毒品违法犯罪前科或者未被发现的违法犯罪事实。

为此，强制隔离戒毒所必须全面加强人防、物防、技防建设，综合运用安全教育、安全检查、安全研判、预案演练等手段，提高预判、预防和应急处置的能力及水平。这些安全警戒工作的内容和方式，要以相应的文书形式推动和支撑、体现和记载，在此过程中形成安全警戒类文书。

需要说明的是，相关法律法规和规章，特别是司法部《司法行政强制隔离戒毒所安全警戒工作规定》对戒毒所安全警戒有明确的规定和要求。但是对于安全警戒执法与管理过程中相关环节的文书并没有详细规定与格式要求，实务中，各地各戒毒所依据相关规定，做了大量有益探索和实践。因此，本章列举的范例仅供学习和实践中参考。

四、安全警戒文书分类

根据强制隔离戒毒场所安全警戒的具体要求和工作实践，安全警戒类文书主要包括安全检查、安全隐患整改、安全形势研判、突发事件应急预案以及处置等几个方面的文书种类。

第二节　安全检查相关文书

一、《安全检查记录》

强制隔离戒毒所应当定期或不定期开展对戒毒人员的身体、物品，戒毒人员生活、学习、劳动、康复等现场，强制隔离戒毒所警戒设施及有关物品进行安全检查。

1. 文书示例。

安全检查记录

检查时间：2018 年 9 月 26 日

检查内容	存在问题	处理意见	责任人
戒毒人员身体	个别戒毒人员头发长、指甲长，个人卫生较差，身上有异味	对戒毒人员全面检查，理发、修剪指甲，安排督促洗澡	冯××
宿舍	戒毒人员宋××床铺下藏有折断的缝纫针	查找来源，找宋××谈话，了解其收藏针头的目的，加强收工搜身	冯××
盥洗间	有异味，窗户防护网有松动	督促值班戒毒人员及时清扫，定期消毒，对松动部分进行加固	冯××
教室	第一教室 2 个电扇松动	安排电工加固	赵××
习艺车间	缝纫剪刀固定绳过长	根据需要长度重新固定	冯××
餐厅	储藏间有过期调料	及时清理	方××
心理咨询室	无		赵××
康复医疗室	医疗垃圾与普通垃圾有混装现象	分类收集，集中处理	秦××
参加检查人员签名			
主管所长	贺××		
科室领导	张×× 李×× 陈×× 赵×× 秦×× 方××		
大队领导	冯×× 马××		
主持	张××	记录	王××

2. 制作与应用说明。

（1）强制隔离戒毒所安全检查一般每月进行一次。由主管所领导带队，警戒管理科组织，生产科、教育科、康复医疗科、大队等部门参加。

（2）检查中发现问题当场指出，记录后由问题所在单位领导签名。

（3）参加检查的人员在检查记录上签名，作为安全研判的依据。

二、《安全隐患整改通知书》

安全隐患整改通知是在安全检查或安全排查中发现的安全问题或隐患，以书面的形式向被检查单位提出整改要求，被检查单位必须落到实处，执行到位，起到改正问题、消除隐患、保证安全的效果。

1. 文书示例。

安全隐患整改通知书

××所安字〔2018〕第10号

第五大队：

在全所2018年9月26日的安全大检查中发现你单位存在以下安全隐患：

一、习艺劳动现场缝纫剪刀固定绳过长；

二、戒毒人员306宿舍6号铺发现有竹筷、4号铺发现有铁钉；

三、楼层盥洗间窗户防护网有松动；

四、收工搜身不严，由戒毒人员小组长代替进行。

为了消除场所安全风险隐患，向你单位发出《安全隐患整改通知书》。要求你单位对通知书所列问题立即整改，并于9月30日前整改完毕并将整改情况报所警戒管理科。

××省第×强制隔离戒毒所

2018年9月28日

2. 制作与应用说明。

（1）《安全隐患整改通知书》由强制隔离戒毒所安全管理部门制作，加盖强制隔离戒毒所印章，以强制隔离戒毒所名义发出。

（2）文书以年度为序统一编号，一式两份，被通知单位一份，强制隔离戒毒所存档一份。

（3）被通知单位接到文书后，应当在文书签收表上签名，以备检查和责任倒查。

三、安全形势研判记录

安全形势研判是确保强制隔离戒毒场所安全稳定的重要环节，因不按规定进行安全形势研判或研判中发现的重大隐患不采取防范措施造成重大事故的，依照有关规定追究相关人员的责任。

1. 文书示例。

安全形势研判记录

<table>
<tr><td colspan="2">安全形势研判会时间</td><td colspan="2">2018 年 9 月 29 日</td></tr>
<tr><td colspan="4">参加人员</td></tr>
<tr><td>主管所长</td><td>贺××</td><td>警戒管理科</td><td>张××</td></tr>
<tr><td>教育科</td><td>赵××</td><td>康复医疗科</td><td>秦××</td></tr>
<tr><td>生产习艺科</td><td>黄××</td><td>政治处</td><td>李××</td></tr>
<tr><td>大队</td><td colspan="3">方×× 陈×× 白×× 杨×× 李××</td></tr>
<tr><td>主持</td><td>张××</td><td>记录</td><td>宋××</td></tr>
<tr><td colspan="4">主要内容</td></tr>
<tr><td colspan="4">一、各大队汇报戒毒人员思想、习艺、生活、学习等方面的情况，有无重点人员以及采取的包夹管控措施，安全检查中发现的问题整改落实情况，有无重大安全隐患及采取的应对措施
1. 一大队大队长方××发言：（略）
2. 二大队大队长陈××发言：（略）
3. 三大队大队长白××发言：（略）
4. 四大队大队长杨××发言：（略）
5. 五大队大队长李××发言：（略）
二、生产习艺科科长黄××：汇报生产习艺过程中有关情况，生产项目的引进、外协人员管理、习艺现场管理、劳动工具管理等方面存在的问题，以及安全生产检查中发现问题的整改落实情况
三、教育科科长赵××：汇报戒毒人员课堂教育、入所教育等方面的情况，以及通过心理咨询发现的问题
四、康复医疗科科长秦××：汇报戒毒人员在康复训练、康复医疗、所外就医等方面的情况，安全检查中发现问题的整改落实情况
五、政治处主任李××：汇报警察队伍思想状况、值班情况以及考勤情况，指出警察队伍近期存在的问题
六、警戒管理科科长张××：综合各部门负责人发言，对本所近期戒毒人员的思想动态，收戒、解除戒毒人员情况，通过会见、亲情电话、往来信件、戒毒人员控告申诉、监控等途径收集和掌握的基本情况，对全所安全形势作出预测和判断
七、主管所长贺××总结发言
1. 本地社会治安形势、公安机关对毒品违法犯罪打击力度及可能对强制隔离戒毒所工作造成的影响
2. 落实上级机关工作部署情况
3. 收治、解除强戒基本情况及趋势预测
4. 重点人员身体健康情况及行为表现
5. 安防设施运行情况、安全隐患整改情况
6. 安全事故及原因分析
7. 警察队伍思想动态、履职情况及其他影响警察队伍稳定的情况
8. 其他影响场所安全稳定的情况</td></tr>
</table>

2. 制作与应用说明。

(1) 安全形势研判每周进行一次，重大节假日或重大活动即时进行研判。

(2) 安全形势研判内容涉及所政管理、教育矫治、习艺劳动、生活卫生、康复医疗、队伍建设等各个方面，会前有关部门要认真准备，收集信息，做到研判准确、分析透彻、措施可行。

(3) 安全形势研判会由警戒管理科召集主持，主管领导、有关职能部门负责人参加，警戒管理科内勤负责记录。

第三节　戒毒人员脱逃及其他突发事件处理文书

一、突发事件应急预案

强制隔离戒毒所应提高预防和处置突发事件的能力，保证突发事件应急工作快速、高效、稳妥、有序进行，避免和减少突发事件及其造成的人员伤亡和财产损失，加强突发事件和应急处置保障的应急预案体系建设。

1. 文书示例。

××省第×强制隔离戒毒所突发事件应急预案

【前言】为保证快速、高效、稳妥、有序处置突发事件，切实提高预防和处置突发事件的能力，避免和减少突发事件及其造成的人员伤亡和财产损失，确保戒毒场所持续安全稳定，根据上级有关规定，结合我所实际，制定《××省第×强制隔离戒毒所突发事件应急预案》。

【组织机构】成立××省第×强制隔离戒毒所突发事件应急指挥部，所党委书记、所长姚××任指挥长，所其他领导班子成员任副指挥长，各部门负责同志任指挥部成员。

指挥部下设四个办公室：

1. 管教安全事故应急办公室：分管所长贺××任办公室主任，管理科长×××任副主任，其他科室负责人任成员。

2. 公共卫生事件应急办公室：分管所长张××任办公室主任，生活卫生科长×××任副主任，其他科室负责人任成员。

3. 生产安全事故与自然灾害应急办公室：分管所长王××任办公室主任，生产科长×××任副主任，其他科室负责人任成员。

4. 舆情事件应急办公室：分管所长秦××任办公室主任，办公室主任×××任副主任，其他科室负责人任成员。

【应急处置及工作职责】突发事件发生后，相关部门要迅速组织人员赶赴事发现场，进行现场调研，收集信息，对事件性质进行分析、研判，及时向所应急指挥部进行报告，提出处置建议。应急指挥部指挥长下达应急处置指令。

1. 各大队：负责本大队戒毒人员管控，清点人数；做好情绪稳定工作，防止出现围观、起哄、恐慌和骚乱，保持本大队戒毒人员秩序稳定；听从指挥部统一调配、安排，配合其他职能部门工作。

2. 警戒管理科：负责监视和控制事态发展；负责对事件现场的安全保卫、现场防护、秩序维护；负责组织警戒力量对现场外围进行警戒；负责组织追逃、擒获、强制带离等任务。

3. 生活卫生科：协调卫生所负责对伤病患者进行紧急救护，配合地方卫生部门做好各项处置工作；做好相关医学知识宣传工作；做好场所防疫、消毒和伤病员的转治等工作。

4. 生产科：发生重大安全生产事故、重大火灾以及自然灾害时，参加现场处置和善后处理，负责与上级安全监督管理部门协调与沟通。

5. 办公室：负责舆情事件处置和对外信息发布；负责与宣传部门、网监部门、新闻媒体的联系，负责起草对外信息发布稿件；负责舆情监控以及网络异常信息搜集；负责交通工具、通信工具的统一调配。

6. 教育科：负责宣传有关法律、政策，对团伙性组织进行分化瓦解；协助有关部门进行教育疏导，有针对性地做好参与者的劝导教育工作。

7. 心理咨询室：开展心理攻势和政治攻势，着力分析作案人员的动机及心理特征，展开心理战，力求从心理上压制或制服作案人员。

8. 政治处：负责警力调配，对相关人员工作情况进行督查、考核。

9. 财务处：做好后勤保障及经费预算、计划和供应。

10. 纪委监察室：负责调查事故原因以及事故责任追究处理工作。

11. 其他科室：随时待命，听从指挥部的统一安排和调配。

2. 制作与应用说明。

（1）预案的组织机构要根据人员变动及时进行调整。

（2）预案制订后，要定期进行实战演练，至少每半年演练一次，重大节假日前或特殊情况要及时进行演练，每次演练要针对不同的应急事件，做到各类应急事件演练全覆盖。

（3）演练后要对演练中存在和发现的问题及时进行总结，根据需要对预案进行修订或调整。

鉴于应急预案的重要性，本书将在第九章中，以通用视角对此类文书做进一步阐述。

二、戒毒人员脱逃处置文书

戒毒人员脱逃是指强制隔离戒毒人员在强制隔离戒毒期间，脱离戒毒场所监管，逃出戒毒场所的行为。发生戒毒人员脱逃后，戒毒场所应立即启动应急预案，向省戒毒局报告，组织警力追逃，处理善后工作。

（一）《关于戒毒人员脱逃的报告》

1. 文书示例。

××省第×强制隔离戒毒所关于戒毒人员脱逃的报告

省戒毒管理局：

2016 年 10 月 23 日，我所发生一名戒毒人员脱逃的安全事故，现将有关情况报告如下。

一、戒毒人员基本情况

桑××，男，汉族，高中文化，生于 1979 年 11 月 28 日，家庭住址：××省××市××县××街道办事处××社区。2015 年 8 月 17 日经××省××县公安局决定，强制隔离戒毒二年，2015 年 8 月 19 日入所，系“二进宫”人员。1998 年至 2000 年在部队服役。

二、家庭主要成员

父亲：桑×强，63 岁，住××省××市××县××街道办事处××社区，务农。

母亲：秦××，60 岁，住××省××市××县××街道办事处××社区，务农。

儿子：桑×志，18 岁，××县第二高中学生。

三、逃跑经过

2016 年 10 月 23 日凌晨 1 时许，桑××趁同室人员熟睡和值班警察交接班之际，溜出宿舍，窜进盥洗室，用事先准备好的钢筋撬开防护网，利用墙外下水管道攀爬到地面，溜到所区北围墙下。

凌晨 1 时 35 分，桑××将事先用床单撕成的布条拧成绳子，甩到围墙锯齿网上，利用布绳攀到墙顶，跳到墙外逃跑。

早晨 6 时 10 分，戒毒人员起床后，发现桑××脱逃。

四、采取的应急处置措施

桑××脱逃后，我所立即启动突发事件应急预案，及时处置。

一是立即报告。发现戒毒人员逃跑后，现场值班警察立即向所应急指挥中心报警，应急指挥中心立即启动预案，报告所领导，迅速向省局突发事件应急指挥中心报告。

二是勘察搜索。我所立即对案发现场进行勘察，分析戒毒人员可能逃匿的方向与地点，并派出小分队前往搜索。

三是通报情况。我所立即向场所所在地、戒毒人员住所地及户籍地公安机关通报戒毒人员的基本信息、可能去向、伪装用品和可能实施的违法犯罪预判等情况，并请求协助追逃。

四是协同追逃。组织警力，会同所在地公安机关设置卡点和包围圈，实施堵截守候、拉网式搜索，走访周围群众，搜集线索。目前，追逃工作正在进行中，有新的情况，我们将第一时间向省戒毒局报告。

五、原因分析

一是值班警察责任心不强。当班警察直接管理不到位，没有按规定查铺，导致戒毒人员脱逃几个小时后才发现。

二是安全检查不深、不细。戒毒人员私藏劳动工具、自制逃跑工具绳索，在安全检查中没有发现，收工搜身不严，包夹措施不到位。

三是对重点人员管理使用不到位。违反规定使用“多进宫”人员担任小组长，利用警察的信任和管理松懈趁机脱逃。

四是安全警戒设施不健全、不完善。盥洗室监控坏了后没有及时维修，报警系统不灵敏，没有发挥作用，警戒护卫组织巡逻、巡查不及时。

六、整改措施

一是强化制度落实。事故的根本原因在于有规不循，有令不行，在充分吸取脱逃案件教训的同时，深入强化对重点环节、重点部位、重点人员的制度落实和管理管控。

二是加大隐患排查。在全所范围内对戒毒人员四大现场进行一次拉网式排查，尤其是对重点人员、重点环节、重点部门的安全隐患排查，确保无死角、无遗漏。

三是层层压实责任。强化责任意识和责任追究，层层分解责任，人人做到守土有责、守土担责、守土尽责。

四是强化持续整改。将10月23日作为我所“警示教育日”，时刻警醒、警钟长鸣，举一反三，持续整改，确保场所持续安全稳定。

××省第×强制隔离戒毒所

2016年10月24日

2. 制作与应用说明。

（1）戒毒人员脱逃报告后第一时间通过电话向省戒毒局报告，随后提交书面报告。

（2）书面报告要详细报告戒毒人员基本情况、脱逃经过、应急处置措施、原因分析以及整改措施等，内容详尽，结构清晰。

（3）对追逃及整改过程中发生的后续情况及时报告。

（二）《强制隔离戒毒人员脱逃协查通知书》

1. 文书示例。

强制隔离戒毒人员脱逃协查通知书

字〔　〕第　号

___省（区、市）___市___区（县）公安机关：

_______（男、女），系________省_______市___区（县）_______街道（乡镇）____________人，因吸毒被____________决定强制隔离戒毒_贰_年，起止日期：自____年___月___日起至____年___月___日止，于____年___月___日在我所执行强制隔离戒毒，于_______年___月___日___时___分脱逃，请予协助追逃。

___省第___强制隔离戒毒所

年　月　日

通信地址：__________

联系人：__________

电话：__________；手机：__________

2. 制作与应用说明。

（1）脱逃协查通知书是戒毒人员脱逃后，强制隔离戒毒所向戒毒人员住所地或户籍所在公安机关发出的协助追逃通知，请求取得公安机关的帮助和支持，同时防止戒毒人员脱逃后在社会上重新违法犯罪。

（2）脱逃协查通知书应载明戒毒人员的基本信息、脱逃时间等基本情况。

（3）写明戒毒所联系人的姓名及联系方式，以便有情况及时联络、通报和沟通。

第四节　安全生产相关文书

一、生产安全事故报告

强制隔离戒毒场所在组织戒毒人员习艺生产劳动过程中，发生生产安全事故，导致人员伤亡或重大财产损失的，作为突发事件，应当及时向上级主管部门报告。

1. 文书示例。

生产安全事故报告

××省戒毒管理局：

2018年11月28日，我所五大队发生二名戒毒人员高处坠落摔伤事故，其中一人股骨骨折、膝关节骨折；一人三根肋骨骨折、右胳膊骨折。现二人已被送往××省骨科医院救治，生命体征平稳，情绪正常。

一、事故经过

11月28日下午三时，五大队二中队50名戒毒人员正常出工，其中25人负责将已经打捆的成品编织袋装车，由厂家负责外运。厂家派了一辆核载5吨的货车，因编织袋比较轻飘、光滑，装5吨势必会超高。当装完5吨时，按厂家代表要求将剩余的1吨成品也全部装上，一起拉走。这时，货物已经超出车厢近2米，正当戒毒人员将最后几捆成品往上送时，货物突然发生倾斜、滑落、倒塌，导致离地面近4米的学员张××、赵××从车厢货物顶部摔到地面，同时又被货物砸倒、埋住，导致二人受伤。

二、应急措施

事故发生后，值班警察立即组织在场的戒毒人员将被埋的两名戒毒人员从货堆中扒出，同时向所应急指挥中心报告。所应急指挥中心立即启动突发事件应急预案，集结警力、警戒现场、维护秩序、稳定情绪、现场施救，同时拨打120将伤者送往医院救治。经××省骨科医院诊断，戒毒人员张××股骨骨折，左膝关节粉碎性骨折，局部软组织损伤、瘀血；戒毒人员赵××三根肋骨骨折，右胳膊骨折，局部软组织损伤、瘀血。目前正在医院手术治疗，无生命危险。

三、事故原因

一是厂家代表违章指挥。厂家代表在明知货物已经超载、超高的情况下，仍坚持指挥装车，导致货物超高发生倾斜、倒塌，引起事故。

二是现场值班警察原则性、责任心不强。当厂家代表违章指挥时，值班警察怕得罪厂家，影响合作关系，听之任之，没有制止，没有把戒毒人员生命安全放在首位，责任心不强、安全意识不够。

三是在大队领导和警察中还存在重经济效益、轻生产安全的思想。在组织习艺生产时，没有突出生产的习艺性和矫治性原则，盲目追求产能和经济效益。

四是安全生产主体责任落实不到位。重效益、轻安全，生产现场安全管理不到位、隐患排查整治不力、生产组织不合理，有违章指挥、违章作业和违反劳动纪律的现象。

五是安全教育不到位。戒毒人员安全意识差、安全防护措施不到位，安全生产管理制度落实不到位。对安全工作疏于管理，生产过程中，未认真落实安全规章制度和操作规程。

六是职能科室对安全管理督促检查不到位，监管不力。

四、处理措施

（一）全力救治伤员，做好戒毒人员思想稳定工作。积极与医院沟通，配合医院全力救治伤员，派警察24小时轮班看护，做好戒毒人员及家属思想工作，争取早日治疗康复，不留后遗症。

（二）深刻吸取事故教训。对所有习艺生产项目开展一次严格的自查自纠，彻查隐患，铁腕整治，坚决做到不安全不生产，坚决杜绝类似事故的发生。

（三）全面落实安全生产主体责任。引以为戒，高度重视安全生产工作，严格落实安全生产主体责任，加大安全生产投入，健全安全管理机构，加强现场监控，严格遵守各项规章制度，完善隐患排查治理机制，突出重大危险源的专项治理，切实做到责任落实、工作落实、措施落实。

（四）大力加强安全培训教育。要加大安全教育和培训的力度，增强警察和戒毒人员的安全意识，严格按照操作规程进行作业，杜绝“三违”现象的发生。

（五）严格责任追究。成立事故调查组，查清事故原因，分清事故责任，对事故的相关责任单位、责任个人要依法依纪进行追究。解除与合作厂家的加工合同，终止合作关系，并依法追偿因其违章指挥、超限装载事故给我方造成的经济损失。按有关规定将事故向地方安全生产监督管理部门报告。

××省第×强制隔离戒毒所

2018年11月29日

2. 制作与应用说明。

（1）生产安全事故发生后，强制隔离戒毒所应第一时间向上级主管机关报告，之后尽快以书面形式上报。

（2）事故报告应涵盖事故发生的时间、地点、经过、人员伤亡及财产损失情况，并对事故原因进行分析，写明吸取的教训、采取的措施。报告要实事求是、客观全面，原因分析透彻、责任划分明确、措施有力得当。

（3）事故处理及责任追究情况及时向上级主管机关报告。

二、工伤事故报告

戒毒人民警察在工作时间、工作场所以及在上下班途中发生事故伤害的，戒毒人员在习艺劳动期间发生事故伤害的，按照《劳动法》的有关规定均构成工伤。凡认定为工伤的，依据《工伤保险条例》等法律法规规定，工伤人员根据伤残等级有权获得工伤赔偿。工伤导致死亡的，死者家属有权获得工伤赔偿。因此工伤事故发生后，事故发生单位应向人力资源和社会保障部门报告，启动工伤认定和工伤赔偿程序。

1. 文书示例。

工伤事故报告

××省人力资源和社会保障局：

2018年11月28日，我单位发生二名戒毒人员高处坠落摔伤事故，现将有关情况报告如下。

一、工伤人员基本情况

1. 张××，男，43岁，我单位强制隔离戒毒人员。股骨骨折，左膝关节粉碎性骨折，经鉴定构成五级伤残（附《诊断报告》《伤残等级鉴定》）。

2. 赵××，男，38岁，我单位强制隔离戒毒人员。三根肋骨骨折，右胳膊骨折，经鉴定构成七级伤残（附《诊断报告》《伤残等级鉴定》）。

二、事故经过及原因

11月28日下午三时，我单位五大队二中队50名戒毒人员正常出工，其中25人负责将已经打捆的成品编织袋装车，由厂家负责外运。厂家派了一辆核载5吨的货车，因编织袋比较轻飘、光滑，装满5吨势必会超高。当装完5吨时，按厂家代表要求将剩余的1吨成品也全部装上，一起拉走。这时，货物已经超出车厢近2米，正当戒毒人员将最后几捆成品往上送时，货物突然发生倾斜、滑落、倒塌，导致离地面近4米的学员张××、赵××从车厢货物顶部摔到地面，同时又被货物砸倒、埋住，导致二人受伤。

导致此次事故的原因，一是厂家代表违章指挥。厂家代表在明知货物已经超载、超高的情况下，仍坚持指挥装车，导致货物超高发生倒塌，引起事故。二是现场值班警察原则性、责任心不强。当厂家代表违章指挥时，怕得罪厂家，影响合作关系，听之任之，没有制止，没有把戒毒人员生命安全放在首位，责任心不强、安全意识不够。三是安全生产主体责任落实不到位。重效益、轻安全，生产现场安全管理不到位、隐患排查整治不力、生产组织不合理，有违章指挥、违章作业和违反劳动纪律的现象。四是安全教育不到位。戒毒人员安全意识差、安全防护措施不到位，安全生产管理制度落实不到位。对安全工作疏于管理，生产过程中，未认真落实安全规章制度和操作规程。

三、处理措施

（一）深刻吸取事故教训。对所有习艺生产项目开展一次严格的自查自纠，彻查隐患，铁腕整治，坚决做到不安全不生产，坚决杜绝类似事故的发生。

（二）全面落实安全生产主体责任。要引以为戒，高度重视安全生产工作，严格落实安全生产主体责任，加大安全生产投入，健全安全管理机构，加强现场监控，严格遵守各项规章制度，完善隐患排查治理机制，突出重大危险源的专项治理，切实做到责任落实、工作落实、措施落实。

（三）大力加强安全培训教育。要加大安全教育和培训的力度，增强警察和戒毒人员的安全意识，严格按照操作规程进行作业，杜绝“三违”现象的发生。

××省第×强制隔离戒毒所
2019年10月28日

2. 制作与应用说明。

（1）工伤事故报告是事故发生单位向所在地人力资源和社会保障部门上报的文书。目的是取得人力资源和社会保障部门对构成工伤事故性质的认可，为启动工伤事故认定和赔偿程序做准备。

（2）工伤事故报告一般在伤者治疗终结三个月后向劳动主管部门提出。

（3）工伤事故报告重点报告工伤诊断、伤残鉴定以及事故发生经过、原因。事故及责任追究不作为重点内容。

【知识拓展】

强制隔离戒毒场所安全警戒与防范的四个基本手段

人防，是强制隔离戒毒场所安全警戒与防范最核心、最根本的手段。主要是利用人自身的传感器（眼、耳等）进行探测，发现妨害或破坏强制隔离戒毒场所安全的目标，做出反应。用声音警告、恐吓、设障、武器还击等手段来延迟或阻止危险的发生，在自身力量不足时还要发出求援信号，以期待做出进一步的反应，制止危险的发生或处理已发生的危险。

物防，是强制隔离戒毒场所安全警戒与防范最基础、最关键的物质屏障。主要作用在于推迟危险的发生，为“反应”提供足够的时间。信息化条件下的物防，已不是单纯物质屏障的被动防范，而是越来越多地采用高科技手段，一方面使实体屏障被破坏的可能性变小，增大延迟时间；另一方面也使实体屏障本身增加探测和反应的功能。

技防，是对人防和物防手段功能的延伸和加强，是对人防和物防在技术手段上的补充和加强。它既能够融入人防和物防之中，不断增加人防和物防的高科技含量，切实提高强制隔离戒毒场所安全警戒与防范的科学探测能力、有效延迟能力和快速反应能力；又能够促进强制隔离戒毒场所人防、物防、技防和联防相结合的“四防一体化”建设，真正发挥强制隔离戒毒场所安全警戒与防范体系的整体功能和作用，达到预期的目的。

联防，即联合防范，是强制隔离戒毒场所与当地人民政府、驻军、武警、企事业单位民兵组织协商制定联防制度，健全联合互动工作机制，定期组织演练，提高联防联动、应急处置能力；净化场所周边环境，构建各司其职、密切协同的大联防格局，提高整体防范能力；积极与当地党、政、工、青、妇及社会各界联系，邀请有关单位和人士来所开展帮教活动，最大限度地化解不安全、不稳定因素。

（摘自王金仙主编：《强制隔离戒毒场所安全防范实务》，中国政法大学出版社 2015 年版，第 2 页）

【实战实训】

案例材料：

林××，男，生于 1979 年 12 月 26 日，汉族，小学文化，××省××县××乡××村人，2015 年 11 月 14 日经××省××县公安局决定强制隔离戒毒二年，2016 年 2 月 13 日送至××省第×强制隔离戒毒所强制隔离戒毒。

林××入所后，身体素质较差，经常生病，不愿意参加队列训练和学习教育，习艺劳动积极性不高，经常完不成习艺劳动任务。情绪低落，经常在戒毒人员中散布“生活没意思”“不想活了”等消极言论。经警察与他个别谈话了解到，他因为家属长期不到所会见，妻子要与他离婚，因此对生活失去信心。警察对他进行了思想教育，并对其采取了包夹措施。

2016 年 7 月 18 日凌晨 2 时许，与林××同室戒毒人员张××听到屋内有动静，发现林××痛苦地捂着肚子，在床上翻滚惨叫，值班警察也及时赶来，经询问情况，得知林××吞食了三根铁钉。情况紧急，值班警察立即向所应急指挥中心报告，该所立即启动突发事件应急预案，拨打 120 将其送到××市第×人民医院抢救，经抢救，林××脱离生命危险。

根据上述案例，请以××省第×强制隔离戒毒所名义向上级主管机关××省戒毒管理局书面报告此次突发事件。

参考报告：

××省第×强制隔离戒毒所关于戒毒人员自残的情况报告

××省戒毒管理局：

2016 年 7 月 18 日，我所发生一名戒毒人员自残的安全事故，现将有关情况报告如下。

一、戒毒人员基本情况

林××，男，生于 1979 年 12 月 26 日，汉族，小学文化，××省××县××乡××村人，2015 年 11 月 14 日经××省××县公安局决定强制隔离戒毒二年，2016 年 2

月13日送至××省第×强制隔离戒毒所强制隔离戒毒。

家庭主要成员：

父亲：林×民，65岁，住××省××市××县××街道办事处××社区，务农。

母亲：方××，63岁，住××省××市××县××街道办事处××社区，务农。

妻子：杨××，35岁，住××省××市××县××街道办事处××社区，务农。

儿子：林×光，16岁，××县第二高中学生。

二、自残经过

2016年7月18日凌晨2时许，与林××同室戒毒人员张××听到屋内有动静，发现林××痛苦地捂着肚子，在床上翻滚惨叫，值班警察也及时赶来，经询问情况，得知林××吞食了三根铁钉。情况紧急，值班警察立即向所应急指挥中心报告，该所立即启动突发事件应急预案，拨打120将其送到××市第×人民医院抢救，经抢救，林××脱离生命危险。

三、采取的应急处置措施

林××自残后，我所立即启动突发事件应急预案，及时处置。

一是立即报告。发现戒毒人员自残后，现场值班警察立即向所应急指挥中心报警，应急指挥中心立即启动预案，报告所领导，迅速向省局突发事件应急指挥中心报告。

二是及时抢救。发现戒毒人员吞食异物后，我所医务人员立即赶到现场进行施救，同时拨打120，紧急将其送往医院进行救治。并派警察分三班双岗轮班在医院值班看护。

三是善后处置。在积极救治的同时，查明原因，进行有针对性的心理疏导，教育戒毒人员配合救治。

四、原因分析

一是对戒毒人员戒治思想动态不掌握或掌握不全。大队每周、所每月一次的戒毒人员戒治动态分析制度落实不到位，分析不深不细，对分析出的重点人员没有采取针对性的管理教育措施，对重点人员流露出的自残自杀倾向等各种征兆分析研判不到位，思想麻痹，警惕性不强，没有采取重点防控措施。

二是警察责任心不强、岗位职责履行不到位。警察现场管理不到位，值班、值勤、带工期间不尽职尽责，没有严格落实领导带班、双人双岗制度。

三是安全检查不深、不细。戒毒人员私藏违禁物品、将铁钉带入宿舍，在安全检查中没有发现，收工搜身不严，对“重点人员”包夹措施实施不到位。

四是监控设施不健全、不完善。自残戒毒人员所在宿舍监控故障多日没有及时维修，不能发挥作用。

五、整改措施

一是强化分析研判。按照司法部的要求，定期、不定期召开安全形势研判会，分析梳理安全隐患，研究制定有针对性的防范措施。注重落实对重点人员和言行异常人员的盯防、管控、教育、疏导等措施，防止突发事件发生。

二是强化制度落实。事故发生的根本原因在于有规不循，有令不行，在充分吸取自残案件教训的同时，深入强化对重点环节、重点部位、重点人员的制度落实和管理管控。严格落实戒毒人员“四大现场”直接管理，强化戒毒定置管理和互帮互助制度的落实，严格戒毒管理区的外来人员、车辆管理，加大违禁品、违规品清查力度，落实戒毒人员收工人身安检制度，杜绝各类违禁物品流入管理区。

三是加大隐患排查。在全所范围内对戒毒人员四大现场进行一次拉网式排查，尤其是对重点人员、重点环节、重点部门的安全隐患排查，确保无死角、无遗漏。

四是层层压实责任。强化责任意识和责任追究，层层分解责任，做到守土有责、守土担责、守土尽责。

五是强化持续整改。教育广大警察，吸取教训，举一反三，时刻警醒、警钟长鸣，持续整改，确保场所持续安全稳定。

××省第×强制隔离戒毒所

2016 年 7 月 19 日

第八章　解除强制隔离戒毒类文书

解除强制隔离戒毒是指强制隔离戒毒场所对经诊断评估达到规定的解除强制隔离戒毒标准的戒毒人员，解除强制隔离戒毒，准予其回归社会的行政执法活动。解除强制隔离戒毒的主要工作内容包括对戒毒人员进行诊断评估、审查强制隔离戒毒期限、报送审批机关和办理其他相关解戒手续等。本章主要介绍解除强制隔离戒毒过程中需要填写、报送和接收的相关法律文书。

第一节　概　　述

一、解除强制隔离戒毒工作概述

解除强制隔离戒毒作为强制隔离戒毒工作的最后一个环节，标志着戒毒人员各项生理、心理指标已经达到毒瘾戒断的标准，可以回归社会，恢复正常生活，也意味着强制隔离戒毒场所与强制隔离戒毒人员之间的法律关系消除。为确保戒治效果和后续照管工作的顺利和持续开展，防止执法权滥用，解除强制隔离戒毒必须严格依照法律规定标准和程序进行。

（一）解除强制隔离戒毒的种类

依据《禁毒法》和《戒毒条例》的相关规定，鉴于解除时间和情形的差异，可以把解除强制隔离戒毒大致分为三种类型：提前解除、按期解除和合并执行期限届满解除。

1. 提前解除强制隔离戒毒，是指强制隔离戒毒执行一年后，经诊断评估，对戒毒情况良好的戒毒人员提前解除强制隔离戒毒。

2. 按期解除强制隔离戒毒，是指按照强制隔离戒毒决定书确定的期限届满，经诊断评估，对符合条件的戒毒人员按期解除强制隔离戒毒。

3. 合并执行期限届满解除强制隔离戒毒，是指戒毒人员被延长强制隔离戒毒期限，原执行期限和被延长的期限合并执行后，执行期限届满，解除强制隔离戒毒。

（二）解除强制隔离戒毒的条件

办理解除强制隔离戒毒是一项严肃的法律行为，必须符合相关法律规定，履行相关手续，按要求报送相关法律文书，确保实体和程序上的合法性和规范性。解除强制隔离戒毒类型不同，适用的解除条件和审批程序亦有不同，司法部颁布的《司法行政机关强制隔离戒毒工作规定》对此作了详细规定。

1. 诊断评估结果符合解除标准。诊断评估是指强制隔离戒毒场所对戒毒人员在强制隔离戒毒期间的生理脱毒、行为表现、身心康复以及社会环境与适用能力等情况进行综合考核和客观评价。评估结果是解除强制隔离戒毒或者延长强制隔离戒毒期限以及责令进行社区康复的直接依据。

根据公安部、司法部、国家卫生和计划生育委员会共同制定的《强制隔离戒毒诊断评估办法》，对期限届满且经诊断评估达到规定标准的强制隔离戒毒人员，应当解除强制隔离戒毒。如果未达到规定标准，应当提出延长强制隔离戒毒期限的意见。对强制隔离戒毒执行1年后的戒毒人员，经诊断评估符合条件的，强制隔离戒毒场所可以提出提前解除强制隔离戒毒的意见。

2. 期限符合规定要求。对于提前解除强制隔离戒毒的戒毒人员实际执行戒毒期限不得少于1年，具体时间可根据戒毒人员的戒毒状况进行安排。对于延长强制隔离戒毒期限的，延长时间不得超过12个月，延长的强制隔离戒毒期限和原决定执行期限合并计算。在计算强制隔离戒毒期限时需注意戒毒人员脱逃期间、外出探亲逾期未归期间不计入强制隔离戒毒期限，所外就医和外出探视（含在途）期间，强制隔离戒毒期限连续计算。

3. 履行相关审批程序。依据《禁毒法》和《戒毒条例》规定，对强制隔离戒毒期限届满，包括被延长强制隔离戒毒期限后期满的，强制隔离戒毒场所应当按期解除强制隔离戒毒，办理出所手续。对于提前解除强制隔离戒毒或者要延长强制隔离戒毒期限的，由强制隔离戒毒所提出提前解除或者延长期限的意见，按规定程序报原强制隔离戒毒决定机关（公安机关）批准，决定机关批准后，强制隔离戒毒所方可按规定办理出所手续。

二、解除强制隔离戒毒类法律文书的类别

在办理解除强制隔离戒毒时，由于解除条件不同，法律文书的制作主体不同，解除强制隔离戒毒的法律文书也有不同的分类：

第一，根据解除适用条件的不同，可以分为按期解除强制隔离戒毒法律文书、提前解除强制隔离戒毒法律文书和延长强制隔离戒毒期限法律文书。

1. 按期解除强制隔离戒毒法律文书主要包括：《解除强制隔离戒毒鉴定表》、《解除强制隔离戒毒证明书》和《解除强制隔离戒毒通知书》等。如果强制隔离

戒毒决定机关认为需要在解除强制隔离戒毒后继续进行社区戒毒，需制作《责令社区康复决定书》。

2. 提前解除强制隔离戒毒法律文书主要包括：《提前解除强制隔离戒毒鉴定表》、《提前解除强制隔离戒毒审批表》、《提前解除强制隔离戒毒决定书》、《解除强制隔离戒毒证明书》和《解除强制隔离戒毒通知书》等。如强制隔离戒毒决定机关认为需要在解除强制隔离戒毒后继续进行社区戒毒，需制作《责令社区康复决定书》。

3. 延长强制隔离戒毒期限法律文书包括：《延长强制隔离戒毒期限审批表》和《延长强制隔离戒毒期限决定书》。

第二，根据制作主体的不同，解除强制隔离戒毒法律文书可以分为强制隔离戒毒场所制作的法律文书和公安机关制作的法律文书。前者包括：《提前解除强制隔离戒毒审批表》、《延长强制隔离戒毒期限审批表》、《解除强制隔离戒毒鉴定表》、《解除强制隔离戒毒证明书》及《解除强制隔离戒毒通知书》等。后者包括：《提前解除强制隔离戒毒决定书》、《延长强制隔离戒毒期限决定书》和《社区戒毒决定书》等。为便于阐述和说明问题，本章后续各节采用第一种分类。

第二节　按期解除强制隔离戒毒法律文书

一、适用范围和主要依据

（一）适用范围

按期解除强制隔离戒毒法律文书是指对于强制隔离戒毒期限届满（包括延长后期限届满的），经评估符合解除强制隔离戒毒标准的戒毒人员，强制隔离戒毒所在办理解除手续时按规定程序制作和应用的法律文书。

解除强制隔离戒毒是强制隔离戒毒管理工作的最后环节，主要的工作内容包括对戒毒人员进行诊断评估、审查强制隔离戒毒期限、报送审批机关和办理其他相关解戒手续。

（二）主要依据

1.《禁毒法》第四十七条第一款规定：“强制隔离戒毒的期限为二年。”该条第二款规定：“执行强制隔离戒毒一年后，经诊断评估，对于戒毒情况良好的戒毒人员，强制隔离戒毒场所可以提出提前解除强制隔离戒毒的意见，报强制隔离戒毒的决定机关批准。”

2. 《禁毒法》第四十八条第一款："对于被解除强制隔离戒毒的人员，强制隔离戒毒的决定机关可以责令其接受不超过三年的社区康复。"

3. 司法部《司法行政机关强制隔离戒毒工作规定》第五十八条第一款规定："强制隔离戒毒所应当按照有关规定对戒毒人员进行诊断评估。对强制隔离戒毒期限届满且经诊断评估达到规定标准的戒毒人员，应当解除强制隔离戒毒。"

4. 司法部《司法行政机关强制隔离戒毒工作规定》第五十九条第一款规定："强制隔离戒毒所应当在解除强制隔离戒毒三日前通知强制隔离戒毒决定机关，同时通知戒毒人员家属、所在单位、户籍所在地或者现居住地公安派出所将其按期领回。戒毒人员出所时无人领回，自行离所的，强制隔离戒毒所应当及时通知强制隔离戒毒决定机关。"该条第二款规定："对解除强制隔离戒毒的所外就医人员，强制隔离戒毒所应当及时通知其来所办理解除强制隔离戒毒手续。"

5. 司法部《司法行政机关强制隔离戒毒工作规定》第六十条规定："解除强制隔离戒毒的，强制隔离戒毒所应当向戒毒人员出具解除强制隔离戒毒证明书，同时发还代管财物。"

二、相关文书详解

实务中，解除强制隔离戒毒相关文书主要有《解除强制隔离戒毒鉴定表》《解除强制隔离戒毒证明书》《解除强制隔离戒毒通知书》等。戒毒人员被解除强制隔离戒毒后，如果需要社区康复，符合法定条件的，戒毒决定机关在责令其继续执行社区康复时需要制作《责令社区康复决定书》。

（一）《解除强制隔离戒毒鉴定表》

《解除强制隔离戒毒鉴定表》是由强制隔离戒毒所填写的记载强制隔离戒毒人员在强制隔离戒毒期间的表现和戒毒所对其表现作出结论的法律文书，它是强制隔离戒毒人员档案的重要组成部分。

1. 文书示例。

解除强制隔离戒毒鉴定表

<table>
<tr><td>姓名</td><td>张××</td><td>性别</td><td>男</td><td>出生日期</td><td>19××年×月×日</td><td>民族</td><td>汉</td></tr>
<tr><td>住址</td><td colspan="4">××省××市××区××路××小区×幢××号</td><td>身份证号码</td><td colspan="2">××××××××××××××××××</td></tr>
<tr><td>强制隔离戒毒原因</td><td colspan="2">吸食冰毒</td><td colspan="2">决定机关</td><td colspan="3">××省××市公安局××分局</td></tr>
<tr><td>强制隔离戒毒期限</td><td colspan="7">自 2018 年 4 月 10 日起至 2020 年 4 月 9 日止</td></tr>
<tr><td>主要违法事实</td><td colspan="7">2018 年 3 月 28 日上午 10 时许，××派出所民警在××路××小区抓获吸毒人员张××，民警依法对张××进行尿检检查，结果为阳性。张××对其 3 月 27 日在小区内吸毒违法事实供认不讳，并供认自己从 2017 年 10 月即开始吸毒，现毒瘾在不断加重</td></tr>
<tr><td>强制隔离戒毒期间受过何种奖励与处分</td><td colspan="7">奖励：在扫黑除恶期间，举报 1 人贩毒，经公安机关查证属实，加 50 分
处分：张××作为包夹人员，未能认真履行职责，对重点包夹不到位，造成恶劣后果，扣 50 分</td></tr>
<tr><td>自我鉴定</td><td colspan="7">略</td></tr>
<tr><td>小组鉴定</td><td colspan="7">该学员表现良好，能积极参加组内各项活动。个人卫生、集体内务也能按时做好，与同戒学员能和睦相处，参加习艺劳动表现积极，服从民警管理。
组长签字：×××
2020 年 3 月 27 日</td></tr>
<tr><td>大队鉴定</td><td colspan="7">小组意见基本属实，该学员在强制隔离戒毒期间能够遵守所内管理制度，服从民警管理，积极配合参与毒瘾戒治，戒治效果较好。该学员的强制隔离戒毒期限即将届满，后期将加强和解戒后的接收单位的联系，巩固戒治成果。建议按期解除强制隔离戒毒。
请审批！
负责人签字：×××
（公章）
2020 年 3 月 30 日</td></tr>
<tr><td>管理科意见</td><td colspan="7">拟同意大队意见，望加强解戒后的后续照管工作，巩固戒治成果。
负责人签字：×××
（公章）
2020 年 3 月 30 日</td></tr>
<tr><td>戒毒所意见</td><td colspan="7">同意按期解除强制隔离戒毒。
负责人签字：×××
（公章）
2020 年 4 月 1 日</td></tr>
<tr><td>备注</td><td colspan="7">无</td></tr>
</table>

2. 制作与应用说明。

强制隔离戒毒人员解除强制隔离戒毒出所重新回归社会，并不意味着戒毒人员永远告别了毒品，曾经的吸毒经历和不良习惯可能会长期影响他们的生活，鉴定表的准确填写有利于后续接收单位掌握情况，有的放矢地进行后续照管，巩固戒治成果。

目前，全国性禁毒戒毒规范性文件及司法部戒毒管理部门对《解除强制隔离戒毒鉴定表》并没有统一的格式要求。各省市依照相关法律法规精神及戒毒实践制作的鉴定表，具体格式在细节上可能有所不同，但主旨和内容基本一致，在制作格式上基本上都包含以下要素及内容：

（1）鉴定表封面：鉴定表一般都要有封面，封面第一项内容为表的类型“解除强制隔离戒毒鉴定表”。第二项为被鉴定人姓名即强制隔离戒毒人员的姓名。第三项为填写本表的单位“××省××强制隔离戒毒所”，应写单位的全称。第四项为填表日期，应按公历填写，并写全年份的四位数。本书未制作封面示例。

（2）被鉴定人的基本情况：一般需填写被鉴定人的姓名、出生日期、性别、民族、住址地、强制隔离戒毒的原因和决定机关、主要违法事实、强制隔离戒毒期限和在戒治期间受到的奖励和处分等内容。在填写时应写明奖励或处分的具体原因和奖励或处分的内容。

（3）被鉴定人戒治期间的表现：一般包含三方面内容：第一，被鉴定人的自我鉴定：自我鉴定要能够反映被鉴定人在戒治期间思想、生理心理状况等方面的积极改变和被鉴定人对解戒后自身行为的承诺；第二，小组鉴定：由同戒小组填写对被鉴定人在戒治期间的表现作出评价；第三，大队鉴定：由一线管教大队对被鉴定人在戒治期间的表现作出综合评价并填写，在填写时可以列出诊断评估结果，评价结果会更为客观公正。对于符合按期解除强制隔离戒毒条件的，大队会在此栏提请建议对该学员按期解除强制隔离戒毒。

（4）意见栏目：意见栏一般分为“管理科意见”和“所部意见”。根据法律规定，对于强制隔离戒毒期限届满且诊断评估符合标准的戒毒人员，强制隔离戒毒所应当解除强制隔离戒毒，为其办理出所程序，无须报送原强制隔离戒毒决定机关批准。因此，此处的意见栏由强制隔离戒毒所管理科填写意见后，所部领导再签署意见即可。

（二）《解除强制隔离戒毒证明书》

1. 文书示例。

××强制隔离戒毒所
解除强制隔离戒毒证明书

××戒解证字〔2020〕第××号

兹证明强制隔离戒毒人员 李×× （性别： 男 ；身份证件种类及号码： 身份证 ×××××××××××××××××× ；现住址： ××省××市××区××路××小区×幢××号 ）因吸毒成瘾被决定强制隔离戒毒 贰 年（自2018年3月6日起至2020年3月5日止），经诊断评估认定该强制隔离戒毒人员戒毒情况良好，已基本戒除毒瘾，现予以解除强制隔离戒毒。

强制隔离戒毒所公章
2020年3月5日

注：本证明书一式三份，戒毒人员一份，留档二份（留档二份要求戒毒人员本人签名）。

2. 制作与应用说明。

《解除强制隔离戒毒证明书》是证明强制隔离戒毒人员执行强制隔离戒毒完毕，恢复其正常法律身份的法律文书。解除强制隔离戒毒证明书由强制隔离戒毒所填写，在强制隔离戒毒人员解戒出所当日发放给戒毒人员，并由其签字确认。解除强制隔离戒毒的人员凭该证明书到接收单位或者派出所办理相关回归社会的手续。

（1）制作主体：解除强制隔离戒毒证明书由强制隔离戒毒所制作填写，并在戒毒人员离所当日发放，以证明其正常身份的恢复。

（2）文头填写：文头一般包括标题和文书编号。标题包括机关名称和文书名称，分两行居中书写，首行写机关名称全称，第二行写文书名称。文书编号包括机关代字、文种代字、年度和顺序号，一般靠右侧填写。

（3）正文部分：应填写清楚被解除强制隔离戒毒人员的相关信息，一般应包含姓名、性别、身份证件号码、家庭住址、强制隔离戒毒期限、戒治效果和已解除强制隔离戒毒等内容，以便接收单位核验人员信息。

（4）尾部：尾部包括填写日期和证明单位印章。留档存放的存根需要有解除强制隔离戒毒人员的本人签名。

（5）特别提醒：文中涉及强制隔离戒毒期限一般要求用汉字的大写数值填写，如“贰年”。

（三）《解除强制隔离戒毒通知书》

1. 文书示例。

××强制隔离戒毒所
解除强制隔离戒毒通知书

××戒解通字〔2020〕第××号

兹有贵辖区人员 张×× （性别：男；身份证件种类及号码： 身份证×××××××××××××××××× ；现住址： ××省××市××区××路××小区×幢××号 ）因吸毒成瘾被决定强制隔离戒毒 贰 年（自 2018 年 4 月 10 日起至 2020 年 4 月 9 日止）。该人员于 2018 年 4 月 22 日起在我所执行强制隔离戒毒，现经诊断评估认定该强制隔离戒毒人员已基本戒除毒瘾，将于 2020 年 4 月 9 日解除强制隔离戒毒。

强制隔离戒毒所公章
2020 年 4 月 5 日

注：本通知书一式四份，原决定机关、戒毒人员家属、户籍所在地（居住地）派出所各一份，留档一份。

2. 制作与应用说明。《解除强制隔离戒毒通知书》是由强制隔离戒毒所向被解除强制隔离戒毒人员的原决定机关、戒毒人员家属、戒毒人员所在单位、户籍所在地或现居住地派出所告知该戒毒人员解除强制隔离戒毒事宜的法律文书。

根据法律规定，强制隔离戒毒所在戒毒人员解除强制隔离戒毒 3 日前应通知上述机关或人员相关解除事宜，其目的是便于公安机关收到该戒毒人员出所通知后，及时将相关信息录入吸毒人员信息管理系统，尽快落实动态管控，巩固戒治成果。同时，也便于相关单位或戒毒人员家属将其按时领回。实践中，如果解除强制隔离戒毒人员的确无人领回时，强制隔离戒毒所应做好相关情况记录和说明，经戒毒人员签字确认后允许其自行离所，强制隔离戒毒所应将相关情况通知决定机关。

（1）制作主体：解除强制隔离通知书由强制隔离戒毒所制作填写，强制隔离戒毒所在戒毒人员解除强制隔离戒毒 3 日前向相关单位和人员发出通知，告知该戒毒人员解除强制隔离戒毒事宜。

（2）文头填写：文头一般包括标题和文书编号。标题包括机关名称和文书名称，分两行居中书写，首行写机关名称全称，第二行写文书名称。文书编号包括机关代字、文种代字、年度和顺序号，一般靠右侧填写。

（3）正文部分：应填写清楚被解除强制隔离戒毒人员的相关信息，一般应包含姓名、性别、身份证件号码、家庭住址、强制隔离戒毒期限、戒治效果和已解除强制隔离戒毒等内容，以便接收单位及时将信息录入吸毒人员信息系统。

（4）尾部：尾部包括填写日期和证明单位印章。通知应在戒毒人员解除强制隔离戒毒 3 日前发出，因此填写的日期应当是强制隔离戒毒期限届满的 3 日前的具体时间。

（四）《责令社区康复决定书》

《责令社区康复决定书》是由公安机关制作的，对解除强制隔离戒毒的戒毒人员符合社区康复条件的，要求其在指定时间到指定社区接受社区监督，继续戒毒康复治疗的法律文书。

1. 文书示例。

×××市公安局××分局

责令社区康复决定书

××公社康决字〔2018〕第022号

违法行为人孙××，男，居民身份证号码：××××××××××××××××××，××××年××月××日出生，汉族，初中文化，户籍所在地：××省××市××区××镇××村××组××号，现住址：××省×××市××路××号楼×××室。

现查明：2016年10月14日晚上20时左右，孙××在××镇××小区与程××吸食冰毒，2016年10月16日10时许被查获，经尿验孙××的尿样呈阳性，后由××市公安局××分局强制隔离戒毒二年，送××省××强制隔离戒毒所执行。因其在强制隔离戒毒期间服从戒治安排，戒治效果较好，于2018年8月8日提前解除强制隔离戒毒。

根据《中华人民共和国禁毒法》第四十八条之规定，决定责令违法行为人孙××接受社区康复三年（自2018年8月8日起至2021年8月7日止）。被责令接受社区康复人员自收到本决定书之日起十五日内持本决定书到社区康复执行地报到，否则视为拒绝接受社区康复。被责令接受社区康复人员在社区康复过程中应当根据公安机关的要求，定期接受检测。

如不服本决定，可以在接到本决定书之日起六十日内向××市公安局或××市××区人民政府申请行政复议或者在六个月内依法向××市××区人民法院提起行政诉讼。

执行地社区名称：××省×××市××街道××社区

执行地社区地址：××省×××市××区××路××号

××市公安局××分局（印）

二〇一八年七月十三日

社区康复人签名（捺印）：孙××

二〇一八年八月一日

2. 制作与应用说明。

社区康复是一种行政强制措施，适用对象是被解除强制隔离戒毒的戒毒人员，但并非要求所有被解除强制隔离戒毒的人员都必须接受社区康复。根据《强制隔离戒毒诊断评估规定》，对社会环境与适应能力评估结果为“一般”的，强制隔离戒毒所应当提出对其责令社区康复的建议，由公安机关决定是否对其进行社区康复。

被责令接受社区康复的人员，应当自收到责令社区康复决定书之日起 15 日内到户籍所在地或者现居住地乡（镇）人民政府、城市街道办事处报到，签订社区康复协议。

（1）制作主体：责令社区康复决定书由原强制隔离戒毒决定机关制作，一般应为县级、设区的市级人民政府公安机关出具。

（2）文头填写：文头一般包括标题和文书编号。标题包括机关名称和文书名称，分两行居中书写，首行写机关名称全称，第二行写文书名称。文书编号包括机关代字、文种代字、年度和顺序号，一般靠右侧填写。

（3）正文：正文一般包括被解除强制隔离戒毒人员的基本信息（一般应包含姓名、性别、身份证件号码、户籍地和现住所地）、强制隔离戒毒相关信息（强制隔离戒毒的起止时间、戒治表现、强制隔离戒毒场所等）、决定社区康复信息（社区康复的期限、具体起止时间、具体执行社区信息和被决定人应履行的报到义务）以及被决定人提出异议的权利（提出异议的期限要求和复核机关）等内容。

（4）尾部：尾部包括填写日期、决定单位印章以及被决定人签名，不能签名的，可以捺指印。

（5）本决定书一式四份，社区康复人员及其家属、执行地乡镇政府或街道办事处各一份，一份附卷。

第三节　提前解除强制隔离戒毒法律文书

一、适用范围和主要依据

（一）适用范围

提前解除强制隔离戒毒法律文书是指对于强制隔离戒毒期限满一年，经诊断评估符合提前解除强制隔离戒毒标准的戒毒人员，强制隔离戒毒所在办理提前解除强制隔离戒毒手续时按规定程序需要制作和应用的法律文书。

根据《禁毒法》第四十七条第一款规定，强制隔离戒毒期限是两年。但为充分调动强制隔离戒毒人员接受教育矫治的积极性，提高戒毒质量，该条第二款又规定：执行强制隔离戒毒一年后，经诊断评估，对于戒毒情况良好的戒毒人员，强制隔离戒毒场所可以提出提前解除强制隔离戒毒的意见，报强制隔离戒毒的决定机关批准。由于提前解除强制隔离戒毒改变了原强制隔离戒毒决定书期限的规定，必须由强制隔离戒毒所依法填写《提前解除强制隔离戒毒审批表》送交原强制隔离戒毒决定机关进行审批，决定机关同意提前解除的，制作《提前解除强制隔离戒毒决定书》送交强制隔离戒毒所。强制隔离戒毒所依据《提前解除强制隔离戒毒决定书》方可办理后续解戒出所手续。

需要说明的是，提前解除强制隔离戒毒在按期解除强制隔离戒毒所需文书的基础上，增加了两份法律文书：《提前解除强制隔离戒毒审批表》和《提前解除强制隔离戒毒决定书》。基本文书如《鉴定表》、《解除强制隔离戒毒证明书》和《解除强制隔离戒毒通知书》等法律文书的制作与运用在本章第二节已经介绍，本节不再重复。如需要在提前解除强制隔离戒毒后进行社区康复的，由公安机关出具《责令社区康复决定书》，该决定书的具体制作要求参见本章第二节。

（二）主要依据

1. 《禁毒法》第四十七条第二款规定：“执行强制隔离戒毒一年后，经诊断评估，对于戒毒情况良好的戒毒人员，强制隔离戒毒场所可以提出提前解除强制隔离戒毒的意见，报强制隔离戒毒的决定机关批准。”

2. 《强制隔离戒毒诊断评估办法》第十一条规定：“对生理脱毒评估、身心康复评估、行为表现评估均达到‘合格’，社会环境与适用能力评估结果为‘良好’的，强制隔离戒毒所可以提出提前解除强制隔离戒毒的意见。”

3. 《强制隔离戒毒诊断评估办法》第十三条规定：“对具有下列情形之一的戒毒人员，不得提出提前解除强制隔离戒毒的意见：（一）拒不交代真实身份和住址的；（二）脱逃被追回或者有自伤自残行为的；（三）所外就医、探视、请假外出等期间或者回所时毒品检测结果呈阳性或者拒绝接受毒品检测的；（四）被责令接受社区康复的人员拒绝接受社区康复或者严重违反社区康复协议，因再次吸食、注射毒品被决定强制隔离戒毒的；（五）其他不宜提前解除强制隔离戒毒的。”

4. 《戒毒条例》第三十三条规定：“对强制隔离戒毒场所依照《中华人民共和国禁毒法》第四十七条第二款、第三款规定提出的提前解除强制隔离戒毒、延长戒毒期限的意见，强制隔离戒毒决定机关应当自收到意见之日起 7 日内，作出是否批准的决定。对提前解除强制隔离戒毒或者延长强制隔离戒毒期限的，批准机关应当出具提前解除强制隔离戒毒决定书或者延长强制隔离戒毒期限决定书，送达被决定人，并在送达后 24 小时以内通知被决定人的家属、所在单位以及其户籍所在地或者现居住地公安派出所。”

5. 司法部《司法行政机关强制隔离戒毒工作规定》第五十八条第二款规定：

“经诊断评估，对符合规定条件的戒毒人员，强制隔离戒毒所可以提出提前解除强制隔离戒毒的意见或者延长强制隔离戒毒期限的意见，并按规定程序报强制隔离戒毒决定机关批准。强制隔离戒毒所收到强制隔离戒毒决定机关出具的提前解除强制隔离戒毒决定书或者延长强制隔离戒毒期限决定书的，应当及时送达戒毒人员。”

二、相关法律文书

（一）《提前解除强制隔离戒毒审批表》

1. 文书示例。

××强制隔离戒毒所

提前解除强制隔离戒毒审批表

××戒提解〔2019〕第022号

<table>
<tr><td>姓名</td><td>刘××</td><td>性别</td><td>男</td><td>出生日期</td><td colspan="2">1980年3月16日</td></tr>
<tr><td>户籍所在地</td><td colspan="6">××省×××市××区××镇××新村××栋××号</td></tr>
<tr><td>现居住地</td><td colspan="6">××省×××市××区××镇××新村××栋××号</td></tr>
<tr><td>身份证号码</td><td colspan="3">××××××××××××××××××</td><td>决定机关</td><td colspan="2">×××市公安局××分局</td></tr>
<tr><td>强制隔离戒毒期限</td><td colspan="3">2018年3月30日至2020年3月29日</td><td>入所时间</td><td colspan="2">2018年3月30日</td></tr>
<tr><td>生理脱毒</td><td colspan="6">完成生理脱毒，综合评估合格</td></tr>
<tr><td rowspan="7">教育适应区评估</td><td colspan="2">项　目</td><td colspan="2">评估得分</td><td colspan="2">评估结论</td></tr>
<tr><td colspan="2">急性戒断状况</td><td colspan="2">45.5</td><td colspan="2">合格</td></tr>
<tr><td colspan="2">教育矫正效果</td><td colspan="2">13.65</td><td colspan="2">良好</td></tr>
<tr><td colspan="2">心理状况</td><td colspan="2">10</td><td colspan="2">正常</td></tr>
<tr><td colspan="2">体质测试</td><td colspan="2">8.2</td><td colspan="2">合格</td></tr>
<tr><td colspan="2">行为表现</td><td colspan="2">12</td><td colspan="2">良好</td></tr>
<tr><td colspan="2">评估合计得分</td><td colspan="2">89.35</td><td colspan="2">合格</td></tr>
</table>

（续表）

<table>
<tr><td rowspan="8">一年期
诊断评估</td><td colspan="2">项　目</td><td colspan="2">评估得分</td><td colspan="2">评估结论</td></tr>
<tr><td colspan="2">稽延性症状</td><td colspan="2">26.4</td><td colspan="2">合格</td></tr>
<tr><td colspan="2">教育矫正效果</td><td colspan="2">17.2</td><td colspan="2">良好</td></tr>
<tr><td colspan="2">心理状况</td><td colspan="2">14</td><td colspan="2">合格</td></tr>
<tr><td colspan="2">体能测试</td><td colspan="2">15</td><td colspan="2">合格</td></tr>
<tr><td colspan="2">家庭和社会功能修复</td><td colspan="2">8</td><td colspan="2">基本修复</td></tr>
<tr><td colspan="2">评估合计得分</td><td colspan="2">80.6</td><td colspan="2">合格</td></tr>
<tr><td colspan="2">行为养成（加减分）</td><td colspan="4">495</td></tr>
<tr><td rowspan="8">期满前
诊断评估</td><td colspan="2">项　目</td><td colspan="2">评估得分</td><td colspan="2">评估结论</td></tr>
<tr><td colspan="2">稽延性症状</td><td colspan="2">27.6</td><td colspan="2">合格</td></tr>
<tr><td colspan="2">教育矫正效果</td><td colspan="2">18</td><td colspan="2">合格</td></tr>
<tr><td colspan="2">心理状况</td><td colspan="2">15.84</td><td colspan="2">合格</td></tr>
<tr><td colspan="2">体能测试</td><td colspan="2">13.4</td><td colspan="2">合格</td></tr>
<tr><td colspan="2">家庭和社会功能修复</td><td colspan="2">8.5</td><td colspan="2">基本修复</td></tr>
<tr><td colspan="2">评估合计得分</td><td colspan="2">83.34</td><td colspan="2">合格</td></tr>
<tr><td colspan="2">行为养成（加减分）</td><td colspan="4">1098</td></tr>
<tr><td rowspan="2">诊断评估
综合意见</td><td>行为养成
累计得分</td><td>1098</td><td>期满前诊断
评估得分</td><td>83.34</td><td>折算后
最终得分</td><td>1098 + 1098 ×（83.34 − 75）% ≈ 1190</td></tr>
<tr><td colspan="6">综合诊断评估结果：经所诊断评估办公室会商，该戒毒人员累计考核分为 1098 分，期满前诊断评估得分 83.34 分，根据《××省强制隔离戒毒诊断评估实施细则（试行）》，同意给予该戒毒人员累计兑现考核分 1190 分，拟上报提前强制隔离戒毒期限壹佰壹拾玖天，并于 2019 年 12 月 1 日解除强制隔离戒毒。
妥否，请审批。
负责人签字：××
部门公章
2019 年 11 月 19 日</td></tr>
<tr><td>强制隔离
戒毒所意见</td><td colspan="6">同意该戒毒人员于 2019 年 12 月 1 日解除强制隔离戒毒。
负责人签字：×××
强制隔离戒毒所公章
2019 年 11 月 20 日</td></tr>
</table>

（续表）

强制隔离戒毒决定公安机关有关部门意见	（公章） 年 月 日
强制隔离戒毒公安机关审批意见	（公章） 年 月 日
附件	1. 刘××期满前三期诊断评估手册 2. 刘××强制隔离戒毒决定书复印件
注：1. 根据《戒毒条例》（国务院令第597号）及《强制隔离戒毒诊断评估办法》文件相关规定，请于收到本表7日内作出审批决定，另本表一式两份，一份由公安机关留存，一份请审批后7日内寄回强制隔离戒毒所 2. 邮寄地址：××省××市××镇××戒毒所戒毒管理科，联系人：××，联系电话：×××××××××××	

2. 制作与应用说明。《提前解除强制隔离戒毒审批表》是指对于符合提前解除强制隔离戒毒条件的戒毒人员，由强制隔离戒毒所填写的记载戒毒人员综合戒治效果和提请提前解除强制隔离戒毒建议的法律文书。它是强制隔离戒毒决定机关批准提前解除戒毒人员强制隔离戒毒的依据。

（1）文头：文头一般包括标题和文书编号。标题包括机关名称和文书名称，分两行居中书写。首行写机关名称全称，如"×××强制隔离戒毒所"。第二行写文书名称"提前解除强制隔离戒毒审批表"。文书编号包括机关代字、文种代字、年度和顺序号，如"××戒提解〔2019〕第022号"。

（2）戒毒人员基本情况：包括戒毒人员的姓名、性别、出生日期、户籍所在地和现居住地、身份证号码、强制隔离戒毒决定机关、强制隔离戒毒期限和入所时间。此处填写的基本信息应当和戒毒人员档案信息表里的内容保持一致。如有疑义，应核实后填写。

（3）诊断评估内容：诊断评估结果是提前解除强制隔离戒毒的依据，为充分反映强制隔离戒毒的效果，诊断评估内容的填写分为"收治入所期的诊断评估"和"执行一年后的诊断评估"两个部分。可能各省市在这部分要求填写的具体内容会有些不一样，但必须能够反映出戒毒人员在生理脱毒、行为表现、社会适应性和身心康复方面的基本情况。一般要求用量化的分值来体现矫治的结果。本部分内容由诊断评估中心提供并加盖中心印章。

（4）诊断评估综合意见：由戒毒所管理科负责填写，填写时以诊断评估中心的评估结论为依据，提出提前解除强制隔离戒毒的意见和法律依据，并明确拟提前的天数和具体解除强制隔离戒毒的日期。本栏填写人需签字并加盖部门章，注明日期。特别提示：本栏中需要填写的“现已执行的期限”要采用大写汉字数值进行填写。

（5）戒毒所意见：由所领导对管理部门报送的拟定意见进行审核，拟定关于是否同意提前解戒的意见，由分管所领导签字并加盖戒毒所章，注明日期。需要说明的是有的省市还要求省属强制隔离戒毒所签署意见后需上报省戒毒管理局签字确认，市属强制隔离戒毒所则需报送市司法局审批后再上报省局。

（6）决定机关意见：由原强制隔离戒毒决定机关在接到戒毒所寄送的审批表后，对提前解除强制隔离戒毒的意见进行审核并出具最终意见，由负责人签字并加盖单位公章，注明日期。

（7）审批表一式两份，一份由公安机关留存，一份在决定机关审批后 7 日内寄回强制隔离戒毒所留存。

（二）《提前解除强制隔离戒毒决定书》

1. 文书示例。

××市（县）公安局

提前解除强制隔离戒毒决定书

××公解强戒决字〔2020〕第 05 号

被强制隔离戒毒人姓名 李×× 性别 男 年龄 40 出生日期 1980 年 3 月 6 日

身份证件种类及号码： 身份证××××××××××××××××××

工作单位： 无

户籍所在地： ××省××市××区××街道 现居住地： ×××市××区××新村××栋××号

强制隔离戒毒决定书文号： ×公（2018）强戒决字第 21 号

强制隔离戒毒期限：自 2018 年 2 月 10 日至 2020 年 2 月 9 日

经诊断评估，被强制隔离戒毒人员戒毒情况良好，根据《中华人民共和国禁毒法》第四十七条第二款之规定，决定提前解除强制隔离戒毒。

强制隔离戒毒所名称及地址：

公安机关（印）

2020 年 1 月 10 日

被强制隔离戒毒人签名并捺印：＿＿＿＿＿＿

2020 年 1 月 15 日

2. 制作与应用说明。《提前解除强制隔离戒毒决定书》是由公安机关制作的同意提前解除强制隔离戒毒的法律文书，它是强制隔离戒毒所为戒毒人员办理提前解除强制隔离戒毒手续，准予其离所回归社会的法律依据。

（1）制作主体：提前解除强制隔离戒毒决定书由原决定机关制作，即由县级、设区的市级人民政府公安机关对强制隔离戒毒所提交的材料进行审核后同意提前解除强制隔离戒毒的，出具提前解除强制隔离戒毒决定书。

（2）文头：文头一般包括标题和文书编号。标题包括机关名称和文书名称，分两行居中书写，首行写机关名称全称，第二行写文书名称。文书编号包括机关代字、文种代字、年度和顺序号，如“××公解强戒决字〔2020〕第05号”。

（3）正文：应填写清楚被解除强制隔离戒毒人员的基本信息（一般包括姓名、性别、年龄、身份证件号码、家庭住址和工作单位等信息）、强制隔离戒毒决定书文号、强制隔离戒毒期限（起止时间）、戒毒人员在强制隔离戒毒期间的表现和提前解除的法律依据。

（4）尾部：尾部包括填写日期、决定单位印章以及被决定人签名，不能签名的，可以捺指印。

（5）本决定书一式五份，被强制隔离戒毒人员、强制隔离戒毒所、戒毒人员家属或工作单位、户籍所在地或现居住地派出所各一份，一份附卷。

第四节　延长强制隔离戒毒期限法律文书

一、适用范围和主要依据

（一）适用范围

由于每个戒毒人员的生理机能和配合戒治工作程度不一样，戒治效果也各不相同。虽然强制隔离戒毒期限届满，但是经过诊断评估，如果戒毒人员的戒治效果未达到解戒出所的条件，强制隔离戒毒所可以依据法律规定向原决定机关提请延长戒毒人员的强制隔离戒毒期限，以达到更好的戒毒效果。延长强制隔离戒毒期限类法律文书就是在办理延长强制隔离戒毒审批手续时需要的相关法律文书，主要包括《延长强制隔离戒毒期限审批表》和《延长强制隔离戒毒期限决定书》。

（二）法律依据

1.《禁毒法》第四十七条第三款规定：“强制隔离戒毒期满前，经诊断评估，对于需要延长戒毒期限的戒毒人员，由强制隔离戒毒场所提出延长戒毒期限的意见，报强制隔离戒毒的决定机关批准。强制隔离戒毒的期限最长可以延长一年。”

2.《强制隔离戒毒诊断评估办法》第十五条第二款规定："……对生理脱毒、身心康复评估结果中有一项以上为'不合格'的，强制隔离戒毒所可以提出延长强制隔离戒毒期限三至六个月的意见；对行为表现评估结果尚未达到'合格'的，强制隔离戒毒所根据其情况，可以提出延长强制隔离戒毒期限的意见，延长时间不得超过十二个月。"

3.《戒毒条例》第三十三条规定："对强制隔离戒毒场所依照《中华人民共和国禁毒法》第四十七条第二款、第三款规定提出的提前解除强制隔离戒毒、延长戒毒期限的意见，强制隔离戒毒决定机关应当自收到意见之日起 7 日内，作出是否批准的决定。对提前解除强制隔离戒毒或者延长强制隔离戒毒期限的，批准机关应当出具提前解除强制隔离戒毒决定书或者延长强制隔离戒毒期限决定书，送达被决定人，并在送达后 24 小时以内通知被决定人的家属、所在单位以及其户籍所在地或者现居住地公安派出所。"

4.《司法行政机关强制隔离戒毒工作规定》第五十八条第一款规定："强制隔离戒毒所应当按照有关规定对戒毒人员进行诊断评估。对强制隔离戒毒期限届满且经诊断评估达到规定标准的戒毒人员，应当解除强制隔离戒毒。"该条第二款规定："经诊断评估，对符合规定条件的戒毒人员，强制隔离戒毒所可以提出提前解除强制隔离戒毒的意见或者延长强制隔离戒毒期限的意见，并按规定程序报强制隔离戒毒决定机关批准。强制隔离戒毒所收到强制隔离戒毒决定机关出具的提前解除强制隔离戒毒决定书或者延长强制隔离戒毒期限决定书的，应当及时送达戒毒人员。"

二、相关法律文书

（一）《延长强制隔离戒毒期限审批表》

1. 文书示例。

××强制隔离戒毒所

延长强制隔离戒毒期限审批表

××戒提延字〔2020〕第 022 号

姓名	李××	性别	男	出生日期	1983 年 2 月 5 日
户籍所在地	××省×××市××区××镇××新村××栋××号				
现居住地	××省×××市××区××镇××新村××栋××号				
身份证号码	××××××××××××××××××		决定机关	×××市公安局××分局	
强制隔离戒毒期限	自 2018 年 3 月 30 日起至 2020 年 3 月 29 日止		入所时间	2018 年 3 月 30 日	

（续表）

诊断评估综合意见	该戒毒人员执行强制隔离戒毒期满两年，完成三期诊断流程，经所诊断评估中心会商，综合诊断评估结果如下：该戒毒人员生理测评合格，心理测试不合格，行为矫治考核累计 380 分（其中累计扣分 450 分，具体数值详见附件诊断评估手册），未达到合格标准，综上所述，该戒毒人员在强制隔离戒毒期限内，日常行为表现较差，戒毒康复效果差。 根据《中华人民共和国禁毒法》第四十七条、《××省强制隔离戒毒诊断评估实施细则（试行）》第××条规定，建议给予戒毒人员李××延长强制隔离戒毒期限陆个月（自 2018 年 3 月 30 日起至 2020 年 9 月 29 日止）。 负责人签字：×× 部门公章 2020 年 2 月 25 日
强制隔离戒毒所意见	同意给予戒毒人员李××延长强制隔离戒毒期限陆个月（自 2018 年 3 月 30 日起至 2020 年 9 月 29 日止）。 负责人签字：××× 强制隔离戒毒所公章 2020 年 2 月 28 日
强制隔离戒毒决定公安机关有关部门意见	同意给予戒毒人员李××延长强制隔离戒毒期限陆个月（自 2018 年 3 月 30 日起至 2020 年 9 月 29 日止）。 负责人签字：×× （公章） 2020 年 3 月 5 日
强制隔离戒毒公安机关审批意见	同意给予戒毒人员李××延长强制隔离戒毒期限陆个月（自 2018 年 3 月 30 日起至 2020 年 9 月 29 日止）。 负责人签字：×× （公章） 2020 年 3 月 5 日
附件	1. 李××期满前三期诊断评估手册 2. 李××强制隔离戒毒决定书复印件
注：1. 本表一式两份，一份由公安机关留存，一份请审批后 7 日内寄回强制隔离戒毒所 2. 邮寄地址：××省××市××戒毒所戒毒管理科，联系人：×××，联系电话：×××××××××××	

2. 制作与应用要求。《延长强制隔离戒毒期限审批表》是由强制隔离戒毒所对戒毒人员在强制隔离戒毒两年期限届满经诊断评估未能达到解戒条件时，制作的提请决定机关给予延长强制隔离戒毒期限的执法类文书。它是变更强制隔离戒毒期限的依据，也是原决定机关依法决定延长强制隔离戒毒期限的依据。①

(1) 文头制作：文头一般包括标题和文书编号。标题包括机关名称和文书名称，分两行居中书写。首行写机关名称全称，如“××强制隔离戒毒所”。第二行写文书名称“延长强制隔离戒毒期限审批表”。文书编号包括机关代字、文种代字、年度和顺序号，如“××戒提延字〔2020〕第022号”。

(2) 戒毒人员基本情况：包括戒毒人员的姓名、性别、出生日期、户籍所在地和现居住地、身份证号码、强制隔离戒毒决定机关、强制隔离戒毒期限和入所时间。此处填写的基本信息应当和戒毒人员档案里信息表里的内容保持一致。如有疑义，应核实后填写。

(3) 诊断评估综合意见：此栏是提请延长强制隔离戒毒期限的事实依据，填写时应注意诊断评估结果要符合《强制隔离戒毒诊断评估办法》中延长期限的标准。可以单独列表给出诊断评估的各项具体数值和结论，也可以直接告知详见附表（该戒毒人员的诊断评估手册）。

(4) 戒毒所意见：由所领导对管理部门报送的拟定意见进行审核，拟定关于是否同意延期解除强制隔离戒毒的意见，由分管所领导签字并加盖戒毒所公章，注明日期。需要说明的是有的省市还要求省属强制隔离戒毒所签署意见后需上报省戒毒管理局签字确认，市属强制隔离戒毒所则需报送市司法局审批后再上报省局。

(5) 决定机关意见：由原强制隔离戒毒决定机关在接到戒毒所寄送的审批表后，对延长解除强制隔离戒毒期限的意见进行审核并出具最终意见，由负责人签字并加盖单位公章，注明日期。

(6) 审批表一式两份，公安机关和强制隔离戒毒所各留存一份。

(7) 需要特别提醒的是，对于提请延长强制隔离戒毒期限的，决定机关必须在7日内进行回复。因为强制隔离戒毒所是根据诊断评估结果提出延长强制隔离戒毒期限的意见，如果得不到及时回复，该戒毒人员期满时，强制隔离戒毒所如继续执行强制隔离戒毒则是违法，如果为其按期办理解戒手续又是对诊断评估结果的否定，这将扰乱强制隔离戒毒场所的管理秩序，影响强制戒毒执法的严肃性。

---

① 汪宗亮主编：《强制隔离戒毒场所执法文书制作》，浙江大学出版社2013年版，第109页。

（二）《延长强制隔离戒毒期限决定书》

1. 文书示例。

××市（县）公安局

延长强制隔离戒毒期限决定书

××公强戒延决字〔2020〕第015号

被强制隔离戒毒人姓名 张×× 性别 男 年龄 40 出生日期 1981年3月16日

身份证件种类及号码： 身份证××××××××××××××××××

工作单位： 无

户籍所在地： ××省××市××区××街道 现居住地： ×××市××区××新村××栋××号

强制隔离戒毒决定书文号： ×公〔2018〕强戒决字第21号

强制隔离戒毒期限：自2018年2月10日起至2020年2月9日止

经诊断评估，被强制隔离戒毒人员在强制隔离戒毒期间戒治效果差，根据《中华人民共和国禁毒法》第四十七条第三款之规定，决定延长强制隔离戒毒期限 陆 个月（自2020年2月10日起至2020年8月9日止）。

强制隔离戒毒所名称： ××省××强制隔离戒毒所

地址：××省××市××区××路××号

公安机关（印）

2020年1月13日

被强制隔离戒毒人签名（捺印）：________

2020年1月15日

2. 制作与应用说明。《延长强制隔离戒毒期限决定书》是公安机关制作的延长戒毒人员强制隔离戒毒期限的法律文书。该文书是变更戒毒人员强制隔离戒毒期限的法律依据，也是强制隔离戒毒所在戒毒人员两年强制隔离戒毒期限届满时继续执行强制隔离戒毒执法活动的凭据。

（1）制作主体：延长解除强制隔离戒毒决定书由原决定机关制作，即由县级、设区的市级人民政府公安机关对强制隔离戒毒所提交的材料进行审核后同意延长强制隔离戒毒期限的，出具延长强制隔离戒毒期限决定书。

（2）文头：文头一般包括标题和文书编号。标题包括机关名称和文书名称，分两行居中书写，首行写机关名称全称，第二行写文书名称。文书编号包括机关代字、文种代字、年度和顺序号，如"××公强戒延决字〔2020〕第015号"。

（3）正文：应填写清楚被解除强制隔离戒毒人员的基本信息（一般包括姓

名、性别、年龄、身份证件号码、家庭住址和工作单位等信息)、强制隔离戒毒决定书文号、强制隔离戒毒期限（起止时间)、戒毒人员在强制隔离戒毒期间的表现和延长强制隔离戒毒期限的法律依据。

(4) 尾部：尾部包括填写日期、决定单位印章以及被决定人签名，不能签名的，可以捺指印。

(5) 本决定书一式五份，被强制隔离戒毒人员、强制隔离戒毒所、戒毒人员家属或工作单位、户籍所在地或现居住地派出所各一份，附卷一份。

【知识拓展】

变更社区戒毒

变更社区戒毒是指所外就医的戒毒人员，如果健康状况不再适宜回所执行强制隔离戒毒的，戒毒人员经过批准后可在住所地社区进行戒毒矫治。具体工作流程是：强制隔离戒毒所应当向强制隔离戒毒决定机关提出变更为社区戒毒的建议，同时报强制隔离戒毒所所在省、自治区、直辖市司法行政机关戒毒管理部门备案。变更社区戒毒常用到的法律文书有《变更社区戒毒审批表》等。

文书示例 1：

变更社区戒毒审批表

________强制隔离戒毒所______大队　　　　　　　　　　档案编号：

姓名		性别		出生年月		民族	
绰号/别名		职业		文化程度		婚否	
户籍所在地				身份证号			
现住址				决定机关			
原强制隔离戒毒期限	自　年　月　日起 至　年　月　日止			入所时间			
强制隔离戒毒期限变更情况							
批准所外就医时间							

（续表）

戒毒所变更社区戒毒理由及建议	负责人签字（公章） 年　月　日
强制隔离戒毒决定机关审批意见	负责人签字（公章） 年　月　日
省（区、市）戒毒管理局备案情况	

文书示例2：

社区戒毒（康复）协议书

根据《中华人民共和国禁毒法》有关规定和________公安（分）《责令社区戒毒/社区康复决定书》（公社戒/社康决字〔　〕第____号），受________县（市区）______乡（镇）人民政府（街道办事处）委托，________社区戒毒（康复）工作小组帮助社区戒毒、社区康复人员________（性别：____，出生年月：________，身份证号码：____________，地址：____________________联系电话：__________监护人或亲属姓名：__________联系电话：________________）戒除毒瘾。社区戒毒（康复）时限为三年，（自　　年　　月　日起至　　年　　月　日止），经双方协商同意，签订如下协议：

一、社区戒毒、社区康复期间，社区戒毒、社区康复小组的责任和义务：

1. 制定并与社区戒毒（康复）人员签订《社区戒毒（康复）协议书》，有针对性地具体落实社区戒毒（康复）措施。

2. 加强社区戒毒（康复）人员监督管理，每月至少与社区戒毒（康复）人员见一次面，了解其戒毒治疗、身体康复、家庭生活、就业工作以及学习培训等方面的情况，给予生理脱毒、心理康复、行为矫正等方面的辅导和法律知识的学习传授。

3. 对无业和无劳动技能的社区戒毒（康复）人员，积极联系有关部门进行职业技能培训，帮助解决就业问题，鼓励其自谋生路；对生活困难且符合低保条件的社区戒毒（康复）人员，积极协调有关部门将其纳入低保给予帮困。

4. 发现社区戒毒（康复）人员出现急性戒断症状或其他疾病危及生命的，可以协助本人或者亲属将其送往卫生部门指定的医疗机构进行救治。

5. 督促社区戒毒（康复）人员定期到公安机关接受检测（社区戒毒人员3年内不得少于22次，第一年每月一次，第二年每2个月一次，第三年每3个月一次；社区康复人员3年内不得少于12次，第一年每2个月一次，第二年每3个月一次，第三年每6个月一次，不定期检测每年均不得少于3次）。

6. 对短期外出提出请假或者申请参加戒毒维持治疗的，视情给予批准，并按规定程序办理手续。对需要变更戒毒地点的，在7个工作日内向执行地城市街道办事处、乡镇人民政府社区戒毒办公室报告。

7. 对违反社区戒毒（康复）协议规定的行为进行告诫，对严重违反社区戒毒协议或吸食、注射毒品的，在24小时内向作出社区戒毒决定的公安机关报告。

8. 根据社区戒毒（康复）人员历次检测结果和是否违反社区戒毒（康复）协议等现实表现情况，每半年进行一次小结和效果评估。社区戒毒（康复）期满，按照历次评估结果，提出解除社区戒毒（康复）的具体意见，报所属街道办事处或乡镇人民政府社区戒毒办公室，协助公安机关办理解除社区戒毒（康复）法律手续。

二、社区戒毒、社区康复期间，社区戒毒、社区康复人员的责任和义务：

1. 接到《责令社区戒毒（康复）决定书》后，15日内到社区戒毒（康复）所在地街道办事处或乡镇人民政府社区戒毒、社区康复办公室报道。

2. 每月主动向社区戒毒（康复）工作小组报告一次戒毒康复情况，积极配合社区戒毒（康复）工作小组的随时走访。

3. 按规定主动到街道办事处、乡镇人民政府社区戒毒、社区康复办公室或社区（村）戒毒工作站接受尿液检测，并随时接受抽查检测。

4. 离开社区戒毒、社区康复执行地所在县市区的，应提前3天向社区戒毒（康复）工作站请假；需要变更社区戒毒（康复）地点的，应提前3天向社区戒毒（康复）工作站报告。

5. 社区戒毒（康复）期间参加戒毒药物维持治疗的，不得无故终止治疗。

三、违反协议应承担的责任：

（一）社区戒毒工作小组不履行职责的，根据《中华人民共和国戒毒条例》的规定进行处理。

（二）戒毒人员在社区戒毒期间违反国家法律法规的，由有关部门依据国家法律法规予以处罚。

（三）社区戒毒人员有下列行为之一的，予以强制隔离戒毒。

1. 接到公安机关《责令社区戒毒（康复）通知书》后，拒绝接受社区戒毒的；

2. 在社区戒毒（康复）期间吸食、注射毒品的；

3. 未按要求报告戒毒情况，经公安机关两次书面告诫，拒不改正的；

4. 逃避或者拒绝接受尿液检测三次以上的；

5. 擅自离开社区戒毒地点三次以上，或者擅自离开社区戒毒地点累计超过三十天的；

6. 其他严重违反社区戒毒（康复）协议的。

(四) 在社区戒毒期间参加社区药物维持治疗，无正当理由脱失7天以上的，由社区药物维持治疗门诊提出意见，并经决定社区戒毒的公安机关同意，取消其治疗资格，治疗时间不计入社区戒毒期限。

四、本协议自____年____月____日起执行，至____年____月____日终止。

五、本协议一式三份，街道办事处、乡镇人民政府社区戒毒办公室、社区(居委会) 村戒毒工作站各存档一份，签订该协议的社区戒毒（康复）人员保存一份。

社区戒毒（康复）工作小组人员签名：

社区工作人员签名：

社区民警签名：

社区医务人员签名：

社区戒毒（康复）人员家属（或监护人）签名：

社区戒毒（康复）人员单位（或学校）代表签名：

戒毒社会工作者：

其他参与社区戒毒（康复）小组人员：

社区戒毒（康复）人员（签名）：

乡（镇、街道办事处）人民政府社区戒毒办公室：

协议签订时间：　　　年　　　月　　　日

【实战实训】

情景材料：根据2013年司法部、公安部和国家卫生和计划生育委员会出台的《强制隔离戒毒诊断评估办法》以及各地以此为依据制定的《评估办法》《评估实施细则》《评估标准》等法律法规，戒毒人员在执行强制隔离戒毒满一年后应进行诊断评估，即“出所大考”。

辛×是上海市女子强制隔离戒毒所的一名戒毒人员，2019年3月12日，强制隔离戒毒所对辛×和9名戒毒人员进行评估，评估内容除了体能诊断评估、心理康复评估外，她们还要参加生理脱毒、行为表现、社会环境与适应能力三项评估。具体的评估内容，如仰卧起坐、坐位体前屈、握力、闭眼单脚站立测试等体能诊断评估，通过生物反馈仪测试，分析出戒毒人员的不同心理变化反应的心理诊断评估等。10名参加“出所大考”的戒毒人员中，有的由于阶段性评价成绩突出，提前参加“出所大考”，成绩合格即可提前解除强制隔离措施，有的由于评估不合格，被延长强制隔离戒毒期限。

训练：根据上述资料，分组讨论提前解除强制隔离戒毒和按期解除强制隔离戒毒所需法律文书有哪些异同？

第九章　综合应用类文书

在戒毒执法与管理工作实务中，除了前面各章涉及的各类执法与管理文书外，还有一些综合性、通用类的应用文书需要经常应用，如会议纪要、各类通知、工作计划、工作简报等。这些应用文书一般不与戒毒人员直接发生关系，不直接涉及戒毒人员的权利义务变更，主要应用于戒毒场所的工作系统内部。其在戒毒人民警察传达上级要求、安排部署工作、沟通和处理具体事务等方面有很高的使用频率。正确应用这些文书，对交流工作信息、推动戒毒执法与管理有序开展、促进各部门及工作人员工作衔接配合、提高戒毒工作效率意义重大。通用类应用文书种类很多，本章仅选取戒毒场所在工作实务中常用的一些文书种类进行简单介绍。

第一节　概　　述

一、应用文书的基本概念

应用文概念从产生到现在大概只有近百年的时间。蔡元培在《论国文之趋势》和《国文之将来》中正式把文章分为实用文和美术文（即文艺文）两大类，所以实用文概念的产生历史并不长。“应用文”概念的产生比“实用文”早得多，最早可以追溯到宋代，苏轼在《答刘巨济书》中说：“向在科场时，不得已作应用文，不幸为人传写，深为羞愧。”这篇“应”考试之“用”的文章题为《为政之宽严》。1979 年上海辞书出版社出版的《辞海》中的解释是：应用文是人们在日常生活、工作和学习中所应用的简易通俗文字，包括书信、公文、契约、启事、条据等。

政府机关和部门要实行有效管理，就要有各种法规文件等诸多公务文书；企事业单位要正常运转，也要有许多的计划、总结等事务文书；个人之间要进行商务往来、交流信息、沟通感情等，也都需要函件往来等。至于个人自身的发展，更离不开应用文，如写求职信、毕业论文和学术论文等。随着人们在社会生活中，包括学习、工作、生产、科研，以及日常生活的各个方面，总有各种具体事务需要处理，总有林林总总的实际问题需要解决。处理这些事务，解决这些问题，总得与周围的人或单位（机关、企事业、社会团体）交流思想、通报情况。这种思想交流、通报情况，作为凭证和证据，不能单纯地依靠口头语言来进行，而要更多地依靠书面文字，即各种应用类文章。

由此可见，应用文可以定义为：应用文是机关团体、企事业单位以及人民群众在日常工作、生产和生活中办理公务以及个人事务时，交流情况，沟通信息，具有直接实用价值和惯用格式的一种书面交际工具。这个定义规定了应用文的本质特征，使它既涵盖了应用文的基本特性，又明显区别于其他文体。

二、应用文书写作的基本原则

1. 实用性。应用文从一开始产生，就表现出很强的实用性。众所周知，文学作品带给人审美愉悦，陶冶人们的性情；理论文章给人以知识，提高人们的认识，拓展知识面；而应用文却不同，它是要处理公私事务的，其功效是人类在各种活动中通过取得直接的实用价值而体现出来的。失去了实用性，也就失去了应用文自身存在的价值。应用文为办事而写，写公务文书是办公事，写私务文书是办私事。

2. 真实性。主要指应用文内容的真实性。由于应用文是处理事务的文章，所以它的内容取材必须真实准确，且能反映社会生活中客观事物的本质。

内容真实是应用文的生命。综合类应用文书必须做到言事有依据、写人有来历、数字经核实、说明必明晰；不仅人物、事件、时间、地点、因果是真实的，而且数字、性质、状态、引文等都是准确无误的。应用文写作不允许夸张、虚构。而文学写作要求的是艺术的真实，即文学作品中的人物和事件能反映社会生活的某些本质方面或发展趋向，因而不要求写真人真事，可以大胆进行艺术虚构。

3. 格式固定。指文本形式、习惯用语和制发程序的规范性。应用文在长期使用过程中，逐渐形成了自己比较规范的文本形式（格式和写法），并且还有某些约定俗成的习惯用语，在制发程序上也有一定的要求，使之成为区别于其他文体的显著特点，如书信、合同等都有自己的体式和惯用词语。行政公文、司法文书中的很多文种，是由权力机关以法规的形式对文种格式加以认定，并在其管理范围内普遍遵照执行的。2012 年 4 月 16 日中共中央办公厅、国务院办公厅印发的《党政机关公文处理工作条例》中对公文格式作了明确规定，个人无权任意更改或不按规定办事。

计划、总结等类的应用文，写法可以灵活些，也提倡创新，但不管怎么写，其体式也离不开特定的要求。规范的体式，是应用文长期写作经验的总结，它便于写作、阅读与处理，有利于提高办事效率以及分类归档和查询等。这种规范性的形成大体上有两个方面的原因，一是“约定俗成”，二是“法定使然”。这种规范性与应用功能、社会效益、工作效率密切相关，是它在形式上的一个突出特性。

4. 时效性。严格的现代管理和快节奏的现代生活，要有强烈的效益观念。应用文是为解决已经出现或可能出现的具体问题而写的。因此作为现代化管理手段和交际手段的应用文，必须写得及时、发得及时、办得及时。如果拖拖拉拉，势必降低工作效率，甚至会造成严重的损失。

应用文时效性的另一含义，就是它发挥效力有一定的时间限定。一般来说，按一定的步骤完成之后或履行完毕，它就失去了效力。

5. 简明性。主要是指应用文的语言要求。它要求用最精练明快的文字准确说明事由、解说事理、陈述办法。现代应用文提倡开门见山，强调长话短说，依据事实加以分析，提出相应的意见、办法、措施，以形成庄重、朴实、明快简练的语言风格。

6. 逻辑性。应用文写作在思维方法上更侧重逻辑思维，虽然在撰写过程中也有运用形象思维的过程，但从大多数文体上讲，是以具体的事件为中心，需要把观点陈述清楚，把前因后果交代清楚，把本质和现象分析清楚，所采用的是逻辑思维方法。例如：写请示，要讲清楚请求事项和请求批准的原因；写总结，则应在具体的成绩和存在的问题的基础上，分析说明成绩取得和问题存在的原因。逻辑性体现在文章的结构上，要条理清楚，段落之间具有明显的逻辑关系；陈述的事项界限清晰，不交叉；内容前后讲究因果，材料能够证明观点。

三、应用文书的语体要求

机关应用文属于公文语体范畴。所谓语体，是指人们在使用语言进行交际时，根据不同环境、不同对象所形成的习惯用语、常用句式和一系列的语言特点。语体分为书面语体和口头语体。书面语体又可分为公文语体、文学语体、科技语体、政论语体等。每一种语体都有自己的特点。例如，文学语体具有鲜明的形象性，往往用丰富的修辞手段，以情动人。而公文语体则要求“简而得要”，显示出平实、明快、庄重的语言风格。

公文语体中，经常运用大量专用词语。它们一般都较多地受到古汉语的影响，某些文言词语经过长期运用，已经形成现代公文的专用词语。例如，用我（部）、本（局）、该（处）、贵（公司）等表示称谓；用“业经”“兹经”表示经办；用“收悉”“近接”等表示引述来文；用“照办”“可行”“不可”等表示态度；用“当否”“妥否”“是否可行”表示征询；用“请批示”“请核准”“请回复”表示期复；用“为此”“据此”表示综合过渡；用“特此报告”“为要”结尾等。这些专用的事务性词语，约定俗成，各司其职，成为公文语体的一个重要组成部分。既可反映公文的行文关系和工作程序，又可使公文显得庄重典雅、简洁明快。

四、应用文书的分类

应用文书的文章体裁种类繁多。由于标准不同，它的分类也不尽相同。从来源上分，应用文书可分为发文、收文、内部文书。从作用上分，应用文书可分为指挥性文书、规范性文书、报请性文书、知照性文书、记录性文书。从行文关系或行文方向上分，应用文书可分为上行文、平行文、下行文。从处理要求上分，有特急件、急件、平件。从保密处理要求上分，有机密件、普通件等。

如果从性质和内容上划分，可以把应用文分为以下几类：①行政公文类：如请示、报告、通知、通报、批复等；②工作事务文书类：如计划、总结、调查报告、规章制度、简报、活动（会议）记录、领导讲话等；③日常事务文书类：如书信、礼仪文书、演讲稿、主持词等；④科技文书类：如专业学术论文、各种科技报告等。应用文书分类对及时、准确、安全处理和保管文书有着重要作用。本章主要涉及行政和工作事务类文书中的几个文种。

第二节　通　　知

通知是指批转下级机关的公文、转发上级机关和不相隶属机关的公文，传达要求下级机关办理和需要有关单位周知传达或者执行的事项，或任免人员时使用的一种公文。

一、通知的分类

1. 指示性通知。用于对下级某项工作提出指示与要求，具有强制性、指挥性和决策性。

2. 转发性通知。用于批转、转发、印发某些法规、规章及规范性文件，发文目的在于使被批转、转发、印发的文件在更大范围内产生效用，扩大文件的有效执行范围。

批转用于上级机关批准并转发下级机关的公文，如《国务院批转司法部关于监狱体制改革试点工作指导意见的通知》。转发用于在职权范围内引用上级机关、平级机关或不相隶属机关的公文，如《司法部办公厅关于转发〈公安部、财政部关于印发因公牺牲公安民警特别补助金和特别慰问金管理暂行规定的通知〉的通知》。印发适用于发布本机关的规范性文件，如《司法部监狱管理局关于印发集中调犯经费管理办法的通知》。

3. 知照性通知。用于在一定范围内告知某些特定事项，如告知一般事务性工作信息，召开各种会议，成立、调整、合并、撤销机构，启用或废止公章，变更组织或刊物的名称，出版发行刊物，更改电话号码，更正公文差错信息等。

4. 任免通知。用于宣布有关人员的职务任免情况。

二、通知的结构与要求

1. 标题。通知的标题通常由“发文机关名称+事由+通知”组成，如《司法部关于召开全国监所安全工作会议的通知》。有时可省略发文机关名称，由事由、文种构成标题，如关于《加强机关工作作风建设的通知》。用于张贴公布的知照性通知也可以直接用文种“通知”作为标题。

2. 主送机关。主送机关应明确标注全称，或使用规范化的简称或统称。

3. 正文。不同类型的通知内容不同，写法各有差异。

(1) 指示性通知。正文一般包括：一是交代现实情况或存在的问题，提出行文的客观依据或目的、意义，然后用“做如下通知”或“特通知如下”等过渡性语句；二是说明具体的通知事项，如工作任务、具体要求与政策界限等，写作事项要明确、具体、重点突出；三是明确地指出落实通知事项的步骤、方法、时间安排、汇报办理情况的方式和期限以及其他办理要求与注意事项等，可根据需要写明执行通知的希望和号召。

(2) 批转、转发、印发有关文件的通知。正文一般包括：一是概括地交代印发、转发文件的依据、原因、意义；二是说明被印发或转发的文件或其主要内容，可用“现将×文件转发给你们，望遵照执行”等；三是提出执行要求和施行时间。必要时，还可以对印发、转发的文件及其内容加以简要的评价、分析，指出执行中的要求和注意事项，也可针对文件中的规定、要求等提出补充意见。

(3) 用于宣布某些应知事项的通知。正文包括：一是简要说明通知形成的过程、原因、根据，通常使用“为了”“根据”“依照”等引述词引出正文。二是说明通知的具体内容，如会议通知需要交代召开会议的时间、地点、与会人员及资格条件，写明参会人数、食宿安排、经费报销办法、交通安排、与会的要求、会议举办者及联系方式等。启用或废止印章的通知需要说明有关印章名称及印章规格式样、启用或废止的时间等。三是使用“特此通知”等词语结束全文，以强调行文目的，表明公文内容结束。

(4) 用于各类组织中一般干部和人员的任免（任职或免职）或聘用的通知。正文内容包括：一是直接说明任免或聘用的有关根据和法定程序；二是交代被任免或聘用的人员的姓名、职务、任职起止时间等。免职通知有时也可简要说明免除职务的原因。

4. 落款和成文日期。落款和成文日期按公文格式的统一要求处理。

三、文书示例

关于加强强制隔离戒毒所艾滋病防治工作的通知

司戒毒字〔2015〕79号

各省、自治区、直辖市戒毒管理局，新疆生产建设兵团戒毒管理局：

吸毒人员是艾滋病高发人群，做好强制隔离戒毒所艾滋病防治工作，对防止艾滋病传播、保障戒毒人员的健康权益、确保场所安全稳定具有重要意义。目前，强制隔离戒毒所收治的艾滋病戒毒人员数量日益增加，为进一步做好强制隔离戒毒所的艾滋病防治工作，现将有关工作要求通知如下：

一、认真组织开展《监管场所艾滋病防治管理办法》的学习工作。2015年5月19日，最高人民检察院、公安部、司法部、国家卫生和计划生育委员会制定下发了《监管场所艾滋病防治管理办法》。该办法明确了监所艾滋病防治的任务、目的、措施和方法，对强制隔离戒毒所艾滋病防治工作具有非常重要的意义。各省（区、市）戒毒管理局要制订学习计划，组织戒毒场所干警学习掌握《监管场所艾滋病防治管理办法》的内容和艾滋病防治相关知识。要在戒毒人员中广泛进行艾滋病防治知识的宣传教育工作，使他们了解艾滋病危害和国家艾滋病防治工作的相关政策，提高他们预防艾滋病的意识。

二、加强艾滋病筛查和抗病毒治疗工作。强制隔离戒毒所可以根据艾滋病检测工作需要，在当地疾控部门指导和支持下，设置艾滋病检测实验室作为初筛实验室开展检测工作。收治艾滋病戒毒人员的专管所（队）要定期对艾滋病戒毒人员开展CD. T细胞、病毒载量检测，对CD. T细胞≤500个/mm´或者其他符合治疗标准的艾滋病戒毒人员开展抗病毒治疗。在抗病毒治疗前，应当按照规范对艾滋病戒毒人员进行依从性评估，告知艾滋病戒毒人员抗病毒治疗的必要性、治疗过程中可能出现的情况、中断治疗的后果。要加强与当地卫生计生行政部门的联系，保证艾滋病免费抗病毒治疗药物的供应保障。

三、积极做好艾滋病戒毒人员的转介工作。强制隔离戒毒所应当做好艾滋病戒毒人员离出所转介工作，将艾滋病戒毒人员有关信息按规定报送强制隔离戒毒所所在地的疾控部门和戒毒人员户籍所在地或居住地的疾控部门。没有开通传染病网络直报平台的强制隔离戒毒所，要及时与当地疾控部门联系，获取平台账号。强制隔离戒毒所要与疾控部门建立连接工作机制，确保将艾滋病戒毒人员出所时的个人信息、治疗过程完成交接，并在网络直报平台上有据可查。

四、做好工作人员艾滋病职业暴露的处置工作。强制隔离戒毒所应当建立艾滋病职业暴露处置预案。一旦发生职业暴露，要按照国家卫生和计划生育委员会制定的《职业暴露感染艾滋病病毒处理程序规定》，在4个小时内向职业暴露处置机构报告，并提供相关资料。强制隔离戒毒所应当根据需要储备艾滋病职业暴露预防性药物，或者与地方卫生计生行政部门设置的药品储备点保持密切联系，保证干警和医务人员发生职业暴露后在最短时限内能使用上预防性用药。对职业暴露者艾滋病病毒抗体发生阳转的，应当立即上报省（区、市）戒毒管理局和司法部戒毒管理局。

五、做好相关从优待警工作。从事艾滋病戒毒人员管理治疗工作的干警和医务人员，工作责任重、压力大、风险高，各地要采取切实有力的措施，提高艾滋病专管所（队）的警力配备，改善干警工作条件。各级领导要特别关心爱护艾滋病专管干警和医务人员，对他们在工作和生活中遇到的困难和问题要及时帮助解决，对表现突出的单位和个人要给予表彰及奖励。各省（区、市）戒毒管理局要按照国家《传染病防治法》《职业病防治法》《职业病分类和目录》和《监管场所艾滋病防治管理办法》的规定，落实从事艾滋病戒毒人员管理治疗工作的干警和医务人员的岗位津贴，确保他们享受到国家法律法规规定的相关政策。

司法部戒毒管理局

2015 年 11 月 30 日

四、制作与应用要求

1. 指示性通知的要求。内容要合理、细致、具体，在规定的执行方面应注意实事求是，避免“一刀切”或者指标定得过高，要便于下级机关操作执行：开头部分记叙现实情况、说明制发缘由，应简要概括，不需详细记叙整个情况发生发展的全过程。通知事项可进行必要的议论，讲清道理，以引起受文者的重视，增强贯彻落实通知内容的自觉性和主动性。

2. 转发性通知的要求。

第一，要根据本单位与被转发文件的制作机关之间的工作关系，正确选择“批转”和“转发”。

第二，语序安排恰当，符合事理。如有的通知表述“现转发给你们××文件”，这样表述是将重心放到“给你们”即受文主体上，而公文的主送机关实际已经明确了受文主体，不需要再强调主体，而应该突出转发的文件，应该是“现将××文件转发给你们”。

第三，在提出执行要求时，要严格区分“遵照”和“参照”。遵照执行，即按所转文件的要求不折不扣地执行；参照执行，即按其精神执行，在不违背其精神和原则的前提下，可以根据实际情况灵活变通，行文中也可使用“参考”等词语。

第四，规范标注附件。此类通知在正文都以批转、转发、发布的公文作为附件，并规范标注附件说明，以保持公文的完整性。

3. 知照性通知的要求。选用恰当的层次安排方法，写清楚各种需要通知的事项，如会议通知常用列项说明的方法，而其他情况则多采用篇段合一的说明方法；如需众多机关与人员知悉，可选择新闻媒体、网站等形式公开行文，或者公开张贴通知。

4. 任免通知的要求。首先，在标题中使用“任命”“任职”“任免”等词语时，标题与正文内容应一致。如果正文只有任职而没有免职事项，则标题中只能显示“任职通知”而不能标注为“任免通知”。其次，可写明任免的法定生效程序或依据，如“经×会议研究决定”“根据××文件的精神”“经××同意”等，以保证任免通知的合法性和严肃性，但对人员任免的原因一般不做进一步的交代。最后，如确需众多机关与人员知悉，可选择在新闻媒体、网站等公开行文。

第三节　工作计划与工作总结

一、工作计划

计划是机关、团体或个人对将要进行的或一定时期的某项工作而制定的总体和阶段的任务及其实施方法、步骤和措施的一种应用文书。如果是某项具体活动的计划，有时也称为活动方案。

计划的实质是确定目标以及规定达到目标的途径和方法。它指导不同空间、不同时间、不同岗位上的人们，围绕一个总目标，去实现各自的分目标。如果没有计划指导，被管理者必然表现为无目的的盲动，管理者则表现为决策朝令夕改、随心所欲、自相矛盾，结果必然是组织秩序的混乱、事倍功半。在现代社会里，可以这样说，几乎每项事业、每个组织，乃至每个人的工作与活动都不能没有计划。

（一）工作计划的分类

①按内容分，有生产计划、工作计划、教学计划、学习计划、科研计划、会议计划等。②按性质分，有综合计划、专项计划。③按范围分，有国家计划、地区计划、公司计划、部门计划、个人计划等。④按时间分，有年度计划、季度计划、月计划、周计划等。⑤按表现形式分，有条文式计划、表格式计划、条文图表结合式计划。

（二）工作计划的结构与要求

1. 标题。

（1）完整式标题。由计划单位名称、计划时限、计划内容、计划名称四要素组成。

（2）省略式标题。省略时限或省略单位和时限，但必须保留事由、文种两项，省略单位的标题还应在正文后署名。省略式标题：计划时限+文种（或计划时限）+计划内容+文种。

从内容上看，计划的标题一般包括制订计划的单位（个人计划的姓名不写在标题内）、计划的期限、事由、文种四部分。如《×公司 2019 年新产品开发计划》这个标题各要素俱全，专题性计划的标题常采用这种写法。也有些计划的标题有所省略，如《××地税局 2018 年第四季度工作要点》标题没有涉及计划的内容，这是综合性计划标题的一般写法。如果所制订的计划还不够成熟，需试行一段时间，待征求意见后再进行修改定稿，或者还未经过法定的会议讨论通过，可在标题后或下加上“初稿”“征求意见稿”或者“草案”等字样，并加上括号。

2. 正文。计划正文由前言、主体和结尾三部分构成。

（1）前言。是制订计划的依据，包括本单位的基本情况，计划的任务、要求、意义，制订计划的目的等。前言要写得简明扼要，结束时多以“为此，特制订计划如下”为过渡语，引出主体部分。

这部分主要是制订计划的依据或总的指导思想。如遵循上级机关的方针和指示来制订计划；根据形势和工作任务来制订计划；制订计划总的指导思想或总体目标、工作的重点等。在写法上可以通过阐述指导思想统领全文；可以从分析形势入手，引出总的目标或要求；还可以交代行文依据，点明工作重点；也可以总结经验成绩，承上启下，自然引出下文。总之，前言部分虽然不长，但却是整篇计划的总领，对全文内容起着提纲挈领的作用。前言有多长，要因文而异，不能千篇一律，但语言一定要高度概括、简洁。

（2）主体。主体部分是对任务与目标、措施与办法、步骤与时间安排等内容要素的具体表述，常列项分点写，要求项目明确、层次分明、条理清晰。

这部分与下面的步骤和措施部分是计划的主体部分，也是计划最基本的组成部分，在这个部分中，要阐明“做什么”和“做到什么程度”。它既是计划的出发点，又是执行计划的目标。完成什么任务、实现什么目标、有哪些要求，包括必要的指标数字、完成的具体时间，都要分得清晰明了，使人们在执行计划时胸中有数，有所遵循，同时也便于对计划执行情况进行检查。

主体中的三要素：

第一，目标。主要说明“做什么”的问题，包括任务和要求。任务一定要明确，要求必须清楚。要有总体的、质的和量的、时间的指标，以便使计划执行者心中有数。

第二，措施。主要说明“怎样做”的问题，措施是实施计划的具体办法，是实现计划、完成任务的保证，是达到目标的具体手段。

第三，步骤。主要说明“什么时间做”的问题，是完成工作的程序和时间安排。工作计划中的事哪些先做，哪些后做，依照什么顺序展开，这就是步骤。步骤可以使执行者清楚地知道在每一阶段、每一时限内，应该完成什么。目标、措施、步骤是工作计划的三要素，缺一不可。

这部分是完成任务达到指标的手段和保证，即阐明“怎么做”的问题。步骤要合理，措施要得当，要切实可行。这样，执行者才有信心，才会增强执行计划的自觉性。在一篇计划中，这一部分所占的比重是比较大的。此外，还要明确具体分工和责任。要分清各项工作分别由哪些部门和领导负责，需要哪些部门和人员配合，以保证计划的顺利执行。

计划的主体一般采用分条列项的结构方式，即按主要方面的工作，一个方面、一个方面地去写，每一个方面的工作构成一个层次，分别冠以数目序号或小标题。每个层次的开头，先用概括性的语言阐明工作任务和目标，然后顺次写出完成该项任务的具体要求、步骤方法和措施等。如果内容繁多，还可以在大层次中再划分若干小层次，分条叙述。总之，计划的正文要按照“做什么—怎么做—做到怎样”的顺序来安排结构内容，只有这样才能简明、全面、清楚地制订好计划。

（3）结尾。结尾主要包括计划制作的主体名称，同时也包括计划的实施主体名称、时间及附件等。

单位计划应写明单位名称，如果单位名称在标题中已经写明，可省略。最后，用年、月、日表明计划制订的日期。此外，如果计划附有表格及其他附件，或需要报、送、发某些单位的，应在正文之后分别写明。

（三）文书示例

××市强制隔离戒毒所20××年工作计划

为贯彻落实20××年的工作部署，我所坚持以习近平新时代中国特色社会主义思想为指导，认真贯彻党的十九大的精神，认真落实上级工作部署，紧紧围绕扎实推进治理体系和治理能力现代化，继续深入贯彻所党委工作思路，紧密围绕强戒工作总体目标，以实现场所持续安全稳定为基调，培养强戒学员养成良好习惯，注重培养学员的自我管理意识，促进回归巩固效果。以教育为核心，以稳定为基础，以发展经济为重点，全面推行精细化管理工作，用科学、有效的管理教育手段，调动各方面的积极性及有利因素。现具体安排如下：

一、指导思想

坚持以党的十九大精神为指引，认真贯彻落实上级对强制隔离戒毒工作的各项要求，大力推进我所强制戒毒工作，全面加强领导班子建设、组织体系建设、民警队伍建设、管理基础建设、党风廉政建设，使我所真正成为政治过硬、业务熟练、作风优良、管理规范的坚强集体，保证各项强制隔离戒毒工作的完成。

二、工作目标和措施

以确保戒区安全为核心，以监所标准化建设为重点，以科技强警为支撑，以队伍正规化建设为保障，狠抓安全管理、设施装备和监管信息化建设及应用等工作。突出重点、破解难点、放大亮点、促进我所各项工作全面、协调、可持续发展，全力落实“三无”目标，力争各项工作指标名列前茅。

（一）落实党风廉政建设责任制，建立健全党风廉政建设工作机制

……（略）

（二）建立起有效的戒区安全防控体系和预警机制

……（略）

（三）加强理论学习，全力打造一支学习型的监管队伍

……（略）

（四）实施科技强警战略，全面推进信息化建设

……（略）

（五）巩固成果，发扬成绩

为适应新环境下的强制戒毒工作，构建和谐戒区秩序，保障戒毒学员的合法权益，丰富戒毒学员的戒毒生活学习环境，建立制度化模式继续加强对戒毒学员的人性化管理，通过文艺晚会、生日晚会、运动会，以及办报纸、板报等多种形式提高戒毒学员的文化生活质量，提高对戒毒学员的教育效果。

××市强制隔离戒毒所
20××年×月×日

（四）制作与应用说明

1. 调查研究，实事求是。制订计划前，必须深入实际，认真地调查研究，既要深刻领会上级的精神，又要虚心听取群众的意见，结合本单位的实际情况，分析主客观条件，尽可能预测到计划执行过程中的困难和问题，以便在计划中写明预防和解决问题的方法。制订计划时还要从本单位、本部门的实际出发，任务和指标应是经过各方面的努力可以达到的目标，既不要过高，也不能过低。计划切忌说假、大、空话。

2. 内容具体明确，语言简明扼要。计划是对所要进行的工作做出的安排和

打算，计划的整体设计要明晰，并将实现目标的途径和办法列出来。计划切忌语言含糊，职责不清，使之无法落实和检查。计划的内容，一般要分条分项来写，叙述要平直，说明要简洁，如果内容复杂，每个问题可设小标题，以示醒目。

3. 针对性和灵活性。计划的内容既要全面，又要有针对性，重点要突出。写计划前要对全局性的各项工作做全面、合理的安排考虑，保证统筹兼顾。因此，计划必须有明确的目标。目标是计划的核心，为这个既定的目标谋划最优的策略和步骤，需要吸取以前的经验和教训，使工作计划符合本单位、本部门的客观情况。

二、工作总结

（一）工作总结的概念与作用

工作总结是对一定时期内的工作实践活动进行系统性回顾、分析、评价的文书。工作总结是对以往工作的一种理性认识，是对工作实践本质的概括，对指导和促进今后的实际工作具有重要的作用。

工作总结的作用主要表现在两方面：

第一，可以使人们的认识得到深化和飞跃。通过总结，人们可以把从工作实践中获得的感性认识加以提炼和概括，认识事物的客观规律，把握事物的本质，实现从感性认识到理性认识的飞跃，或者使原有的理性认识进一步丰富和发展。

第二，可以提高工作能力，推动工作进展。工作总结是对工作实践活动一分为二的分析，一方面肯定成绩，提炼经验；另一方面要查找问题，吸取教训，从而发扬成绩、克服缺点、纠正错误，不断提高工作能力，顺利推进工作。

（二）工作总结的分类

按性质内容划分，可分为生产总结、工作总结、学习总结、思想总结、活动总结等；按范围划分，可分为国家总结、地区总结、部门总结、单位总结等；个人总结等按时间划分，可分为年度总结、半年总结、季度总结、月份总结、阶段总结等；按功能划分，可分为经验性总结、汇报性总结等；按性质划分，可分为综合性总结和专题性总结两大类。

不管哪一类总结都可以按其内容所涉及的范围，分为全面总结、专题总结、个人总结。

（三）工作总结的结构与要求

总结的种类和内容较多，在写法上没有一个固定的格式，怎样能够准确、鲜明、生动地把工作中的主要规律反映出来，就怎样写。同时，要因具体情况而定，灵活多样。当然，由于人们在长期的实践中形成一定的写作格式，因此总结通常由标题、正文、结语和落款三部分组成。

1. 标题。总结的标题写法比较灵活，常见的有以下几种：

（1）公文式标题。由机关名称+时限+内容+文种四部分组成，这类标题常用于工作总结，如《××司法警官职业学院 2018 年教学评估工作总结》；有时也可将第一项省略，如《2019 年新生军训工作总结》。

（2）文章式标题。这类标题多用于经验总结，如《加强监督管理，防范金融风险》。

（3）正副式标题。即用正标题概括总结内容，用副标题标明单位名称、时间期限、总结种类等内容。这类标题多用于专题性总结，如《严肃党纪国法，推进反腐倡廉——外经贸委党委专项整风总结》。

2. 正文。这是总结的中心部分，由前言、主体和结语三部分组成。

第一，前言部分。这部分通常用来说明撰写总结的目的，或者概述总结的内容，使人们对总结对象的基本情况有所了解。一般应该使用简洁的语言，概述完成工作的基本情况，交代清楚工作的时间、地点、背景，进行某项工作或认识某个问题的依据，工作的简单过程、基本做法，对工作完成情况的基本看法和总体评价等。有的总结，还在这部分运用数据，说明工作的成绩和不足。概述的内容，根据总结的不同要求有所侧重，不能千篇一律。基本情况这一部分内容要写得提纲挈领、简明扼要，以便读者对总结先有一个大概的了解，为下文具体介绍经验教训打好基础。

常见的写法有：（1）概述式：概括交代总结所涉及的时间、环境、开展工作的背景，主要做法和成就等，使读者对工作的全貌有总体了解和认识。要求文字高度概括、言简意赅。（2）评述式：在开篇用简要的语言、夹叙夹议的方式，对总结的主要问题、做法、成绩等进行总体的评价，阐述全文的基本观点，提纲挈领，统领全文。（3）结论式：在文章开头对整个工作活动做一个概括式的结论，把主要成绩，也就是“成果”展示出来，并点明其作用和意义，以及总结的核心所在，然后在主体部分谈经验，讲做法。

第二，主体部分。这部分还可分为三方面内容：

（1）成绩和经验。成绩是指实践活动中所取得的物质成果或精神成果。经验是取得优良成绩的原因和条件，如正确的指导思想、积极的工作态度、科学的工作方法、坚强的意志等。

（2）问题和教训。总结的写作，要用一分为二的观点，既要总结成绩、经验，也要找出存在的问题和得到的教训，这两者是有区别的：存在的问题，是指在工作实践中切实感到应该解决而暂时没有解决或没有条件解决、没有办法解决的问题。得到的教训，是指由于指导思想不明、方法不当，或其他原因犯了错误，造成了损失而得出的反面经验。

(3) 努力方向。这部分是在总结经验教训的基础上，针对工作中存在的问题，提出切实有效的改进措施，今后计划努力的方向，或者提出新的奋斗目标，表明决心、展望前景、鼓舞斗志。这部分在写法上要有新意，防止落入俗套。

第三，结语部分。正文结语要简明、概括。行文要自然、有力，给人以鼓舞，文字不宜过长。可概括归纳全文主要内容，点明今后努力的方向；也可针对问题提出改进意见。总的要求只能是结论式的、粗线条的，切不可添枝加叶，把总结的结尾扩展成小型的计划。当然，有些带有工作建议的总结（一般均为上报公文），其结尾还应占有相当大的文字比重；也有许多总结主体写完就自然结束了，不再另加结语。

3. 落款。总结的落款包括署名和日期。标题中已标明，或标题下已署名，结尾则可不写。个人总结署名，一般写在正文的右下方。

（四）文书示例

强制隔离戒毒所2018年安全生产月活动总结

今年6月是第17个全国安全生产月。自6月初以来，×××市强制隔离戒毒所认真贯彻落实省局、市局有关会议精神和通知要求，紧紧围绕“生命至上、安全发展”这一活动主题，集中开展了形式多样的安全生产宣传教育及隐患排查治理活动。

一、积极动员

所党委高度重视，迅速开会传达学习了省局、市局通知精神，研究安排了开展安全生产月活动的有关事宜，并成立了以所长×××为组长的活动领导小组及活动办公室，制订了具体的活动实施方案，分解了活动任务，明确了责任分工……（略）

二、广泛宣传，积极参与

根据工作实际，我所充分利用黑板报、展板、电子屏、电视、《金钥匙报》、所内微信群等营造安全生产宣传氛围。并在6月14日集中开展安全生产宣传咨询日活动，在生产现场设置咨询台，由消防专家和所生产安全监督人员认真解答干警和戒毒人员提出的有关问题……（略）

三、认真演练，增强能力

6月20日上午，由副所长×××指挥，组织有关科室大队警察职工开展消防安全预案应急演练活动，演练科目为应对会议室和办公室发生火灾进行灭火自救和紧急安全疏散转移。演练结束后又现场指导警察职工进行了灭火器实际操作训练。6月22日上午，由副所长×××指挥，组织全体戒毒人员开展了安全生产事故应急预案演练活动，演练科目为应对生产车间、宿舍发生火灾进行灭火自救和紧急安全疏散转移……（略）

四、全面检查，堵塞漏洞

6月以来，我所结合正在开展的全市高温汛期安全隐患排查治理专项行动，组织检查组对全所进行了全面彻底的安全生产检查……（略）

本次安全生产月活动，组织严密，责任落实到位，措施得力，在全体人员积极参与和团结努力下，各项任务落实到位。通过这次活动，进一步统一了思想，提高了认识，强化了全员安全生产意识，弘扬了安全文化，普及了安全知识，落实了安全责任，夯实了安全基础，为实现持续安全生产提供了更为坚强有力的安全保障。

×××市强制隔离戒毒所

2018年×月×日

（五）制作与应用要求

工作总结是在针对一定时期内的工作进行系统性分析之后得到的规律性认识，包括经验和教训。其写作意图是对一定时期内的工作进行系统的回顾、分析、评价。在写作过程中要注意以下要点：①深入调查研究，充分掌握材料。②透彻分析材料，形成规律性认识。③抓住中心，突出重点。④成绩与问题要一分为二，实事求是。⑤表达方式要恰当，语言要精练。⑥实事求是，材料真实。

第四节　会议记录和会议纪要

会议记录和会议纪要均是记载会议基本情况的文字材料，是日后工作中可供追查考实的凭证。它可以为检查会议决议的贯彻执行情况、整理会议纪要、下达与上报会议精神、分析研究与总结工作提供依据。

一、会议记录与会议纪要的主要区别

第一，性质不同：会议记录是讨论发言的实录，属事务文书。会议纪要只记要点，是法定行政公文。

第二，功能不同：会议记录一般不公开，无须传达或传阅，只作为资料存档；会议纪要通常要在一定范围内传达或传阅，要求贯彻执行。

第三，载体样式不同。会议纪要作为一种法定公文，其载体为文件，享有《中国共产党机关公文处理条例》《国家行政机关公文处理办法》所赋予的法定效力。会议记录的载体是会议记录簿。

第四，称谓用语不同。会议纪要通常采用第三人称的写法，以介绍和叙述情况为主。会议记录中，发言者怎么说的就怎么记，会议怎么定的就怎么写，贵在“原汁原味”不走样。

第五，适用对象不同。作为公文的会议纪要，具有传达告知功能，因而有明确的读者对象和适用范围。作为历史资料的会议记录，不允许公开发布，只是有条件地供需要查阅者查阅利用。

第六，分类方法不同。会议纪要种类很多。按其内容，可分为决议性纪要、意见性纪要、情况性纪要、消息性纪要等；按会议的性质，可分为常委会议纪要、办公会议纪要、例会纪要、工作会议纪要、讨论会纪要等。而会议记录通常只是按照会议名称来分类，往往以会议召开的时间顺序编号入档。对会议纪要的分类，有助于撰写者把握文体特点，突出内容重点，找准写作角度；对会议记录的分类则主要是档案管理的需要。

二、会议记录

（一）会议记录的结构及要求

1. 标题。由“开会单位+会议名称+记录”组成，如《××公司部门经理例会记录》。

2. 正文。详细记下会议主持人、出席会议应到和实到人数，缺席、迟到或早退人数及其姓名、职务，记录者姓名。如果是群众性大会，只要记录参加的对象和总人数，以及出席会议的较重要的领导成员即可。如果重要的会议，出席对象来自不同单位，应设置签名，请出席者签署姓名、单位、职务等。

正文中的记录发言可分摘要与全文两种。多数会议只要记录发言要点，即把发言者讲了哪几个问题，每一个问题的基本观点与主要事实、结论，对别人发言的态度等，作摘要式的记录，不必有闻必录。某些特别重要的会议或特别重要人物的发言，需要记下全部内容。有录音机的，可先录音，会后再整理出全文；没有录音条件，应由速记人员担任记录；没有速记人员，可以多配几个记得快的人担任记录，以便会后互相校对补充。

3. 记录会议的结果。例如，会议的决定、决议或表决等情况。

会议记录要求忠于事实，不能夹杂记录者的任何个人情感，更不允许有意增删发言内容。会议记录一般不公开发表，如需发表，应征得发言者的审阅同意。

（二）文书示例

《××市强制隔离戒毒所2019年全所工作会议记录》（节选）

时间：2019年4月10日上午8:30
地点：××市强制隔离戒毒所会议室
出席人：××市司法局党委书记、局长，市强制隔离戒毒所第一政委×××，市司法局相关处室领导、所党委班子成员和除值班带班外全体警察职工参加会议
缺席人：当日上午值班带班干警
主持人：×××
记录：×××

2019年工作形势严峻、任务艰巨，要认真贯彻落实好全省戒毒工作暨党风廉政建设和反腐败工作等上级重要会议精神，围绕全市司法行政工作总体安排，坚持以政治建设为统领，以稳中求进为总基调，紧扣确定的10项目标任务，讲政治、铸警魂，重党建、强队伍，防风险、保安全，抓基层、打基础，谋创新、求突破，切实担当履职、奋发作为，奋力推动场所各项工作创新发展。

××局长对××所近几年的工作给予了高度肯定，同时，就做好司法行政戒毒工作提出三点要求。

一是要立足于“稳”，切实扛起政治责任……（略）

二是要着眼于“做”，争创一流……（略）

三是要致力于“宣”，扩大社会影响力……（略）

××政委发言……（略）

×××总结……（略）

散会时间：上午12：30分

（三）会议记录制作与应用说明

会议记录是记载会议基本情况的文字材料，是日后工作中可供查考的凭证。它可以为检查会议决议的贯彻执行情况、整理会议纪要、下达与上报会议精神、分析研究与总结工作提供依据。它的制作质量如何，将直接影响其日后转化为档案的质量，因此必须重视会议记录工作。

某些会议记录的质量问题是由于“先天不足”的原因造成的，具体表现有：

1. 会议记录本内无目录。特别是不填写会议议题时，在利用时就要逐页查阅，不仅效率很低，而且不利于档案的保护和保密。

2. 记录不完整。有些会议记录未记载会议日期、地点、主持人、记录人；

有些会议记录只记了参加人、发言人的姓而没有记全名；有些会议记录只有参加人、时间和主持人而无会议内容；有些会议记录虽有会议内容却没有记录会议的议题等，使人很难了解会议的全貌。

3. 会议记录本没有按工作性质分开。不同部门共用一个会议记录本（列席会议例外），给保管和利用带来不便。

4. 会议记录本不固定。有时是两三个记录本交叉使用，有的本子只记录了几页就再也不用了；更有甚者，每次开会时临时找几张稿纸记录，过后就不知去向了。

5. 记录字迹潦草、书写材料不符合归档要求。有的会议记录人经常使用圆珠笔、纯蓝墨水等不耐久字迹材料，而且书写潦草，不利于会议记录的日后备查和归档后的长久保存。

三、会议纪要

会议纪要，是根据会议记录、会议简报、会议的其他文字材料以及与会议有关的情况，经过加工整理而写成纪实性综合性材料。多用于整理正式会议或者重要会议的主要内容，具有通报会议精神、反映情况、汇报工作、统一认识、指导工作沟通信息、交流经验等作用。纪要既可以作为下行文使用，又可以作为平行文、上行文使用。

会议纪要具有显著的多功能性和多向性。多功能性即具有记录性、知照性和指挥性。多向性即可以上传下达：一方面，向上级机关汇报会议情况，让有关领导了解会议进程、具体内容和结果；另一方面，向与会单位或下属单位传达会议情况和会议精神，以便贯彻执行，指导工作。会议纪要对其他有关单位起互通情报、信息，互相交流的作用。

（一）会议纪要的结构及要求

会议纪要的结构内容按照统一的公文格式处理，主要包括以下部分。

1. 标题。标题的形式主要有两种：一是由“主办单位名称+会议名称+会议纪要”构成：二是由“会议名称+纪要”构成。

2. 正文。正文部分通常由以下三部分组成。

（1）开头。一般简要交代会议的基本情况，如会议的时间、地点、参会人员、会议任务、发言情况、报告情况等，所写内容视具体情况而定，不要求面面俱到。本部分内容通常由一个段落构成，在段落结束处，常用“现将会议内容纪要如下”“现将会议议定事项纪要如下”等过渡句，以引领下文。

（2）主体。这是纪要的写作重点。根据会议的中心议题、分主次、有重点地写出会议的情况和成果，包括对会议的评价，讨论的主要问题，对问题的分析意见，提出的要求，解决问题的方式方法，共同确认的责任、义务，达成的主要共识，会议议定的事项等。通常指示性会议纪要主要交代会议的重要指示意见或要求，决策性会议纪要主要记载会议的具体议定事项，研讨性会议纪要主要记载参会人员的研讨情况并归纳出相应的意见、见解。主体结构安排的常用方法有三种：一是条项式。就是分条列项表达讨论的问题和议定的事项，依照内容主次使用数字序号标注从而一目了然、层次清晰，行文简明扼要。二是综合式。就是对会议的内容或议定事项进行综合概括，然后分成若干类别分别述说。要突出主要内容，分清主次，一般把主要的、重要的内容放在前面，而且尽量写得详细、具体一些；次要的和一般性的内容放在后面，写得简略些。经常使用下列句式领起内容，如"会议讨论了""会议通过了""会议决定"等。三是摘要式。就是把与会者的具有典型性、代表性的发言要点摘录出来，按发言顺序或内容分类写出。要尽量保留发言人谈话的风格，避免一般化和千篇一律。

(3) 结尾。根据需要可以提出贯彻会议精神的相关要求或注意事项，也可以补充交代其他事宜。

3. 成文日期。标注于正文落款处，或会议纪要的文头部分。

（二）文书示例

××市强制隔离戒毒所召开加强党风廉政建设工作会议纪要（节选）

2019 年 7 月 16 日所党委书记、所长×××同志代表所党委同 19 个党支部书记分别签订了《××市强制隔离戒毒所 2019 年度党风廉政建设和反腐败工作目标责任书》。会议由党委委员、副政委×××同志主持，所党委班子成员和各支部书记参加会议。会上，党委委员、副政委×××同志传达了全市司法行政系统党风廉政建设和反腐败工作会议精神和市局党委书记×××同志在会议上的讲话精神。

所长×××同志全面总结了××市强制隔离戒毒所 2018 年度党风廉政建设和反腐败工作，一方面肯定了取得的成绩，同时也着重分析了存在的不足和短板，剖析了问题背后的思想根源，并结合全市司法行政系统党风廉政建设工作会议精神和市局 2019 年度党风廉政建设和反腐败工作安排，对本年度党风廉政建设和反腐败工作进行部署，并提出具体要求：

一是要做实党的政治建设，加强廉政建设。戒毒机关作为"政治机关、纪律部队"，政治属性是首要属性，要始终坚持把政治建设放在首位，把"两个维护"作为最高政治原则和根本政治规矩，将"四个意识""四个自信""四个服从"融入日常工作实践中去，把思想认识统一到中央的决策部署上来。

二是要站稳政治立场，严守政治纪律。努力提高政治敏锐性，立场坚定地反对社会上、工作中的各种错误思潮，坚定不移地执行党的政治路线，全面落实好中央和省、市委部署的各项工作。

三是压牢管党治党责任，落实“一岗双责”。抓好领导干部这个“关键少数”的重要性，要求党员领导干部要有更高标准、走在前列、当好表率，全面落实好“一岗双责”的政治责任，把管党治党的政治任务做得更实、更细、更紧。

四是强化监督检查机制，做好抓早抓小。要认真贯彻民主集中制，落实好基层联系点制度，认真倾听基层声音；要主动接受群众监督，畅通信访举报渠道；要加强舆论引导，提高工作的透明度和公信力。发挥好警务督察的监督作用，做好抓早抓小，切实发挥好警务督察的参谋、推动、协调作用。

五是严格干部选任管理，坚持政治首位。坚持德才兼备、以德为先，坚持把政治标准放在首位，把好选人用人关；要严格选任程序，严肃组织纪律，坚决防止和反对宗派主义、圈子文化、码头文化。建立并完善容错纠错机制、澄清保护机制等规章制度；要牢固树立“严管就是厚爱”的思想，推动政治关怀向基层延伸，引导党员干部强化党的意识和组织观念，做到思想上认同组织、政治上依靠组织、工作上服从组织、感情上信赖组织。

全所党员干部要始终对党保持绝对忠诚，更加紧密地团结在以习近平同志为核心的党中央周围，狠抓落实党风廉政建设和反腐败工作，全力推进全面从严治党，以时不我待、只争朝夕的精神，不断提高戒治质量，确保场所秩序持续安全稳定，为创建无毒、和谐社会和喜迎新中国七十华诞贡献自己的力量！

2019 年××月××日

（三）制作与应用要求

1. 全面了解会议内容，做好写作准备。动手写作前，拟稿人要尽可能全面地了解会议的情况，如会议目的与任务、议题与议程、参会人员构成、指导思想、基本思想、意见分歧、议定事项等。在全面收集材料的基础上，才能为写作打好坚实的材料基础。

2. 突出会议中心问题。会议都会有一个相对集中而明确的主题，写作会议纪要时必须突出会议主题，围绕主题把握写作核心；此外，还要根据本次会议或本单位、本部门的具体情况准确地解读会议内容，尤其是会议的主体文件和材料、领导的发言，在此基础上如实概括会议精神与内容。只有准确领会会议精神，会议纪要的写作才会有正确的指导方向。对于非中心和非重点的会议内容，应当略写，或者用“简报”的形式向有关部门传达。

3. 要将会议内容条理化。纪要不是会议内容及情况的无序堆积，它是在对会议内容及情况整理的基础上，以会议宗旨为中心加工而成的有层次、有逻辑顺序的文字记录。

第五节 工作简报

工作简报是国家机关、社会团体、企事业单位内部用来通报情况和问题，以及向上下级机关、平行或不相隶属机关通报情况、交流经验信息的一种简短的文字材料。常见的简报有“工作动态”“情况反映”“简讯”“内部参考”“情况反映”等。

一、工作简报的种类

简报的种类繁多，按不同的角度、标准，有不同的分类。一般从编写的内容和作用上划分，简报大体上有四类：

1. 会议简报。会议简报主要用于报道会议情况和主要精神，反映参会人员的意见和建议。会议简报一般用于较大型会议。内容简单的会议则不需要简报。

2. 专题性简报。专题性简报是就人们关心的重要议题专门制作一期简报。专题性简报的内容集中、单一，一般是写一个问题或一件事。语言简洁，篇幅短小，时效性很强。

3. 综合性简报。综合性简报是指在内容方面对某些情况或问题做出全面的、综合性的反映。这种简报的主要特点是涉及面广、情况复杂、材料丰富、带有综合性，能给人以全面的、概括性的认识。

4. 工作简报。工作简报是反映本部门、本系统各方面工作情况和问题的简报。一般包括三个方面：一是反映领会和贯彻执行党和国家的方针政策以及上级指示的情况，使上级机关随时掌握具体工作的进展状况；二是迅速反映工作中的经验、教训和问题，便于领导及时推广带有普遍意义的经验，引导各单位借鉴有关教训，少走弯路，并防止倾向性问题的产生；三是反映工作中的先进事例和错误，有助于领导发现并抓住先进典型宣传，抓住错误及时对症下药，引导各项工作沿着健康的轨道向前发展。

二、工作简报的结构及要求

简报有比较固定的格式，一般由报头、正文、报尾三部分组成。

（一）报头部分

报头在简报首页的上方，一般占全页的三分之一版面，用间隔横线与正文部分隔开，报头的内容包括：

1. 简报名称。常见的名称有“简报”“工作简报”“工作动态”“内部参考”

等。名称确定后，一般不要经常更换。为了醒目，简报名称字体应大些。字可用印刷体，也可用书写体，名称一般套红，也可不套红。名称的位置应固定在第一页上方正中。

2. 期数。简报期数一般放在简报名称下方，横隔线之上，按期序标列，如“第××期”。

3. 编发单位。位于期号之下，间隔横线之上的左侧，顶格写编发单位的名称，如“××学校党委办公室编”。

4. 印发日期。标在名称下面的右侧，一般位于期号之下，间隔横线之上的右侧，如“××年×月×日”。

5. 密级。密级程度一般标在报头的左上角。根据简报内容所涉机密的程度，可注明“绝密”“机密”“秘密”或“内部参考”等字样。如果有传阅范围限制，可以在密级下面注上“供××级以上领导参阅”等字样。

6. 编号。根据印发份数依次编号，每份一号，以便登记、保存和查核利用。编号一般放在报头的右上角，与密级形成对称。

7. 横隔线。在报头的下方，也就是在第一页上方三分之一处用一条醒目横线将报头与报文隔开。

（二）正文部分

简报的正文部分是简报的核心部分，主要包括标题、正文、结尾三个部分，如有按语，先写按语，然后再写标题。

1. 按语。对于内容重要的简报，有时要在正文之前加写一段文字，以表示发文单位的意见，这段文字就是简报的按语。按语常常是根据领导的意见起草，对简报的内容加以提示、说明和评注，用以表明简报编者的意向，转达有关领导的看法和意图，以引起读者注意。

2. 标题。指简报内文章的题目。简报的标题和新闻的标题相似，有单行标题、双行标题、多行标题。简报无论采用哪种标题形式，都应该尽可能地概括出正文的主旨，让人见题知意。

（1）单行标题。用一句话概括正文的主要内容。

（2）双行标题，正标题揭示正文的内容或意义，副标题起补充说明作用，强化正标题的含义。

（3）多行标题。引题交代背景或揭示意义，正题概括正文的内容，副标题补充或说明正题。

3. 正文。

（1）开头。一般用简洁、明确的一段话（有的仅一句话），总括全文的主要事实，先给人一个总的印象。接着交代时间、地点、事件、原因、经过、结果。简报的开头类似新闻开头中导语的写法。

(2) 主体。主体是简报的中心，写作这一部分必须让事实说话，或以事件的发生、发展过程，或按实物的逻辑关系为序展开，或按材料性质分类加小标题叙述。要做到层次分明，数据材料能充分说明观点。

简报正文的内容最关键的是要抓准主要问题，一份简报写出，效果如何，起的作用大小，主要在于反映的问题抓得准不准。写简报，要认真地研究本单位、本系统在贯彻执行国家的有关法令、方针、政策及上级的指示，开展各项工作中出现的新情况、新经验、新问题，将这些重要的、关键性的问题及时反映出来，有利于我们做好工作。

4. 结尾。简报文章多数没有结语，主体写完，自然结束。但也有一些简报文章有结语，或概括全文，以加深读者印象；或提出建议和措施，以改进工作；或指出发展前景，以引人注意。简报一般不具名，必要时在正文的右下方写明“××供稿”。

事情单一，篇幅短小的，可不写结尾部分。

（三）报尾部分

报尾位于简报最后一页下方，一般在最后一页的下端用两条间距适度的平行横线画出，在两条平行横线之内写清简报的发送单位，包括：报（指上级单位）、送（或不相隶属的单位）、发（指下级单位），并在平行横线内的右端注明共印份数。

三、文书示例

××司法行政简报（节选）

第 55 期

××市司法局办公室编

20××年××月×号

宜昌市强制隔离戒毒所

扎实抓好“特别加强期”场所安全稳定工作

××市强制隔离戒毒所采取多项措施，全力加强场所安全稳定“特别加强期”工作，将场所安全稳定工作同专项整治活动、安全度夏、G20 峰会安保等工作相结合，落细落小，奋力冲刺全所第 12 个“六无”目标。

一是抓好警示教育，强化思想认识。思想是行动的先导，在工作中始终坚持把思想教育放在首要位置来抓，通过抓学习来绷紧弦，提升认识，统一思想。由所政治处负责，对全体干警职工开展职业能力提升培训和“以案说法”警示教育；由所管教科负责，对在所学员的学习重点、课程内容进行科学安排，开展专题教育，认真组织检查考核。

二是抓好过程管理，强化重点管控。加强对二道门、来信来访、外协人员以及周边巡查、夜间督查等重点现场、重点环节、重点人员和重点时段的管理，严禁违禁品流入。对重点人员严格落实“三包三夹”包夹控管措施，对重点病号安排专班管控，实行定时排查、定点管理、24小时监控。戒毒人员外诊就医严格落实所长审批制度，按3：1比例配备警力，加戴警戒具，民警全程直接管理。

三是抓好隐患排查，强化问题整改。坚持沉下身找问题，静下心真整改。以“八查”为重点，坚持一周一次突击拉网式排查，一次动态分析，对场所安全隐患进行排查整治专项活动。加强基础设施维护，对所内院墙、井盖、供水等设施进行检修。对发现的隐患问题，建立清单，明确专人，限期整改销号。特别注重加强对苗头性、倾向性的小问题的排查整改工作，确保各类隐患在第一时间发现、在第一时间解决。

四是抓好疾病预防，强化综合保障。充分做好秋季疫病防治准备，备齐备足各类后勤保障物资。加强对学员场所、个人卫生的督办工作，规范戒毒学员生活管理，加强食堂管理，提高保障质量。坚持防治结合，积极完善“绿色通道”，加强重点关注病号的跟踪管理，认真做好传染病监测诊治。与市优抚医院积极联系，聘请有精神卫生专业执业资格医生不定期到所坐诊，探索解决对新型毒品所致精神障碍学员的诊治瓶颈。

五是抓好纪律教育，强化队伍建设。深入开展“两学一做”学习教育，扎实开展“主题党日”活动，认真学习《党章》《中国共产党问责条例》及习近平总书记“七一”重要讲话精神等重点内容，强化民警遵规守纪和严格履职意识……（略）

报：×××、××、×××、××、×××、×××同志；

省司法厅，市委办，市人大办，市政府办、市政协办，市委政法委，市直机关工委。

送：局领导班子成员、市普法工作办公室专职副主任、副调研员。

发：各县市区司法局，市强制隔离戒毒所，局机关各部门各单位。

××市司法局办公室　　　　　　　　　　2016年9月13日印

编辑：×××　　　　　　　　　　签发：×××

共印15份

四、制作与应用要求

1. 简。简就是内容集中，篇幅短小，文字简要。内容集中，是指每份简报的内容要做到简单、集中，一事一报，不要在一份简报中写许多项内容。

2. 真。简报的内容必须绝对真实。简报所写的事例，包括时间，地点，人物（或单位），事情的前因后果、来龙去脉，引用的数据、人物语言等，都必须准确无误。

3. 快。这是对简报时间上的要求，简报的时限性很强，它必须及时地把工作中出现的新情况、新问题、新典型、新动向，报告给有关上级机关和业务部门。

4. 准。准就是针对性强。简报应根据国家的法律、法令及各级政府的指示或上级机关的有关规定，围绕本单位工作的重点，抓住工作中的关键问题，准确地加以反映，为领导运筹决策提供依据。

第六节　宣传报道（通讯稿）

通讯是迅速、具体而又生动形象地报道具有新闻价值和意义的事件和人物的一种新闻文体。通讯和消息都是对新闻事件和人物进行报道，但是和消息相比，通讯更为详细具体、更为生动形象，形式也更加灵活。消息则更简短、更迅速。

一、通讯稿分类

1. 人物通讯。这是以写人物为主的通讯，反映所报道人物的言行、经历、事迹。人物通讯大多取材于近期社会生活中的重要人物、知名人物、先进人物等。反映他们的思想品貌、精神境界、事迹作为，它把人物放在突出的位置，通过对人物言行和事实的叙述描写，从各个角度揭示他们崇高的思想境界，为广大群众树立学习的榜样。

2. 事件通讯。这是以报道事件为主要内容的通讯。它一般围绕某一有新闻意义的事件展开叙述，报道事件的发生、发展、高潮、结局。并不是任何事件都能成为事件通讯的题材，它所选择的只能是具有典型意义的新闻事件。它往往通过事件的生动描述，表现事件的典型意义，体现时代的精神风貌。

3. 工作通讯。这类通讯是报道某项工作的经验、成就，分析工作中的成败得失，总结经验教训，概括出规律，以指导和推进某个领域的工作。工作通讯具有强烈的现实意义，它提出的问题，往往是当前普遍存在的、重要的、关键性的问题，往往是人们普遍关心和迫切希望解决的问题。它或是介绍做法、宣扬成绩、传播经验；或是抓住突出问题、分析矛盾，提出解决问题的办法，以指导工作。

4. 概貌通讯。这是综述某一地区、某一部门大好形势，勾勒某一活动、某一事件的基本面貌，展示某一地区或单位今昔变化的通讯。它也可以介绍祖国风光、地方物产、人情风俗等，因此也叫风貌通讯。这类通讯，常常采用点面结合的写法，既有细化，又有概观，给人以完整的印象。这类通讯的特点是取材广泛、角度灵活、现场感强。

二、通讯稿的结构及要求

1. 标题。通讯的标题与消息标题一样具有准确、鲜明、生动、简洁的特点，但它很少有消息标题所具有的三行标题，常见的只是单行标题和双行标题。通讯的标题与记叙文的标题较为接近。

2. 开头。通讯的开头不必像消息的导语一样要概括介绍新闻的主题思想，而是在不偏离主题思想的前提下，采用多种引人入胜的方式开启报道之门。通讯的开头通常有以下几种方式：

（1）直入式。开门见山地直接叙述所要报道的人和事。

（2）悬念式。开头设置悬念，以引起受众的好奇心和继续探究的兴趣。

（3）情节式。截取事件中重要的、有提纲挈领作用的情节，如现场事态、场景、人物动作等，以使受众产生身临其境的感觉，进而阅读兴趣大增。

（4）议论式。以蕴含深刻哲理的、有强烈感染力的议论开头，会使受众的精神为之一振，思想受到启迪，促使他们带着思考继续阅读。

（5）引用式。开头引用诗词典故、名人名言等会为主体叙述营造文化氛围。同时也可以引用新闻事件中人物的经典而富有个性的语言，以引起读者的思索和兴趣。

3. 主体。通讯的类别不同，其主体写作的侧重点也应有所不同，如人物通讯侧重写人，事件通讯侧重写事，但不论写何种通讯，都要通过深入采访，掌握典型事例和丰富材料，并在此基础上，以生动形象的语言对报道的主题进行挖掘、提炼、深化，从而达到感染和教育受众的目的。

通讯主体的结构方式常见的有三种：

（1）纵式结构。即按时间顺序、事件发展顺序、作者对所报道事件的认识发展顺序、采访过程的先后顺序来安排层次。这种结构便于受众了解事件发展的整体情况，给人以脉络清晰、一目了然的感觉。此种结构方式要注意巧妙布局，切忌平铺直叙。

（2）横式结构。主要是指按照空间变换或按照事物的性质来安排材料的结构方式。此种结构适宜于表现概括面较广、空间变化较多的题材。

（3）纵横结合式结构。以时间为经，以空间变换为纬，把两者结合起来运用，此种结构多用于事件较复杂、时间和空间跨度较大的通讯。

4. 结尾。通讯的结尾不拘一格，丰富多彩。好的结尾一般会起到画龙点睛、深化主题、引人思索、激发情感的作用。通讯的结尾方式通常有以下几种：

（1）议论式。这种方式是指在文章即将结束时用议论语句点明主旨，卒章显志，引人深思。

（2）含蓄式。在充分叙述事实之后，并不急于点出主旨，而是给受众留下思考的空间给人以言有尽而意无穷之感。

（3）呼应式。结尾与开头呼应，使文章前后贯通，浑然一体。

（4）展望式。依据事件动态和发展趋势作出富有前瞻性的预测、憧憬和展望。

三、文书示例

××市强制隔离戒毒所完成“换防”

2020-02-03　19：39

××日报全媒体记者　李婷　通讯员　彭金辉

“现在戒治大院情况正常，戒毒人员情绪稳定，医疗戒护区暂时没有收治发烧、发热戒毒人员。”2月3日9时许，××市强制隔离戒毒所第一批封闭式管理执勤带班领导、所纪委书记×××向前来接班的副所长×××介绍。

当天8时30分，该所执行第二批封闭管理任务的民警，准时进入戒治大院，换下第一批封闭管理的民警。

“同志们一定要在注意自身安全的基础上，做好大院内的疫情防控和日常管理工作。”AB门警戒线外，戒毒所政委×××叮嘱民警们，“等着你们凯旋”。

1月27日，为切断新冠肺炎病毒传染途径，实现戒毒场所“零疫情”，按照司法部、湖南省司法厅、湖南省戒毒管理局的要求，戒毒所全体民警取消休假，在所内封闭管理。民警分两批进入戒治大院执行封闭管理任务，担负第一批执勤任务的民警从春节前开始，一直连续工作了两个星期；第二批民警将执行为期15天的封闭执勤（吃住、工作在戒治大院）任务。

各科室、大队接班民警进入戒治大院后，分别跟所在科、队第一批执勤（班）民警进行交接班。

“再苦再难，大家都要挺住，不能有丝毫懈怠和差错。”在五大队交接班会上，大队长××对第一批民警节日期间的坚守表示感谢，并要求第二批执勤民警发扬特别能吃苦、特别能战斗、特别能忍耐的精神，扎实工作，严防死守，保持大队秩序持续稳定。

一大队交接班会上，教导员×××和其他民警，认真听取了大队长××的交班情况介绍后，纷纷表示一定克服困难，认真履职，加强对戒毒人员的管理，确保轮休民警安心地在戒治大院外休整好。

当得知大队有极个别新入所戒毒人员情绪不够稳定时，二大队大队长××表示，将带领第二批执勤民警细致地做好对戒毒人员的思想教育工作，在日常管理上下功夫，确保大队秩序稳定。

四大队（后勤）大队长×××则表示，将带领大队民警抓好民警、戒毒人员生活服务，确保饮食安全。

生活医疗科肩负着全所民警和戒毒人员疫情防控物资的采购、调配任务，×××科长称，在办理好交接手续的基础上，再进行一次详细的“盘底”，打好物资保障提前量，确保疫情防控期间口罩、酒精、消毒水等药品和器械的足量供应。

10时30分，该所第一批封闭执勤民警全部撤出戒治大院，开始所内封闭休整。

四、制作要求与应用说明

第一，宣传点的确立。通讯的主题还必须紧紧抓住宣传点，也就是说这个主题必须具有宣传意义，行文时应该紧扣其宣传点来写作。通讯与消息相比，消息更侧重新闻价值，主要是把新近发生的人和事告知公众，因而消息可以有宣传意义，也可以没有宣传意义。但通讯则不同，通讯更侧重宣传意义。所谓宣传意义是指在思想、道德、行为，或者政治、经济文化等方面。能够起到明辨是非，引导公众趋向真善美的作用。通讯的写作意义就在于展示其宣传点，因而在写作时应该紧扣宣传点，围绕它来组织材料，以宣传点为中心进行写作。

第二，材料要精当。按照主题思想的要求，去掂量材料、选取材料；把最能反映事物本质的、具有典型意义的和最有吸引力的材料写进去。

第三，写人离不开写事，写事为了写人。写人物通讯固然要写人，就是写事件通讯、概貌通讯、工作通讯，也不能忘记写人。当然，写人也离不开写事。离开事例、细节、情节去写人，势必写得空洞。

第四，角度要新颖。写作方法要灵活多样，除叙述外，可以描写、议论，也可以穿插人物对话、自叙和作者的体会、感受，既可以用第三人称的报道形式，也可以写成第一人称的访问记、印象记或书信体、日记体等。通讯所报道的新闻事实，可以从各个不同的角度去观察、去反映，诸如正面、反面、侧面、鸟瞰、平视、仰望、远眺、近看、俯首、细察……角度不同，印象各异。若能精心选取最佳角度去写，往往能使稿件陡然增添新意，写得别具一格，引人入胜。

第七节　应急预案

预案是在收集相关信息、分析其后果及应急能力的基础上，针对可能发生的突发公共事件而提前制订的计划。编写预案，能提高政府保障公共安全和处理突发公共事件的能力，最大限度地预防和减少突发公共事件及其造成的危害，保障公众的生命财产安全，维护国家安全和社会稳定。作为戒毒执法与管理机构，强制隔离戒毒所对安全防范、突发事件应急管理有着较高的要求，因此应当重视对各类预案的编制工作。

一、应急预案分类

预案的种类很多，按突发公共事件的性质、演变过程和发生概率分，有自然灾害预案，包括气象灾害、地质灾害、海洋灾害、森林草原火灾、重大生物灾害等预案；事故灾难预案，包括重大交通运输事故、企业各类重大安全事故、核与辐射事故、重大环境污染和生态破坏事故等预案；突发公共卫生事件预案，包括重大传染病疫情、群体性不明原因疾病、重大食物和职业中毒、重大动物疫情、其他严重影响公众健康事件等预案；突发社会安全事件预案，包括重大刑事案件、涉外突发事件、恐怖袭击事件以及规模较大的群体性事件等预案。

按预案体系分，有国家总体预案，《国家突发公共事件总体应急预案》是全国预案体系的总纲，是国务院应对特别重大突发公共事件的规范性文件；国家专项预案，是国务院及其有关部门为应对某类型或某几种类型突发公共事件而制定的规范性文件；部门预案，是国务院有关部门根据总体预案、专项预案和部门职责为应对突发公共事件而制定的规范性文件；地方预案，包括省级人民政府的总体预案、专项预案和部门预案，各市（地）、县（市）人民政府及其基层政权组织的预案；单位预案，是企事业单位根据有关法律法规而制定的应对突发公共事件的规范性文件；重大活动预案，是举办大型会展和文化体育等重大活动时，主办单位为应对突发公共事件而制定的规范性文件。

二、应急预案的结构及要求

一般来说，预案的格式包括以下几个项目：

（一）标题

标题的写法主要有三种：一是适用范围（包括国家、地区、单位等）+事由+文种，如《国家通信保障应急预案》《××市特大洪涝灾害救灾应急预案》。二是期限事由+文种，如《2005 年中晚稻最低收购价执行预案》；三是事由+文种，如《供电事故应急预案》。此外，总体预案应当在标题中注明“总体”二字，如《××市突发公共事件总体应急预案》；需要限定该预案所涉及的突发公共事件级别的，多在标题中提示，如《国家处置重、特大森林火灾应急预案》《××省特大自然灾害救灾应急预案》，另外试行性预案往往在标题之后标明“试行”等字样，并外加圆括号，如《化学品安全事故应急预案（试行）》。

目录包括一、二级序数和小标题。总体预案以及其他条文较多的预案需要加目录，显示其基本轮廓，起到导读的作用。

（二）正文

基本内容有下列几项：

1. 目的。即该预案的预期效果，大多起笔交代。写法有两种：一是用“为（为了）……制订本预案”的句式；二是直接用一组动宾短语说明，如“有效预防、及时控制和消除突发公共卫生事件及其危害，指导和规范各类突发公共卫生事件的应急处理工作，最大限度地减少突发公共卫生事件对公众健康造成的危害，保障公众身心健康与生命安全”（《国家突发公共卫生事件应急预案》）。

2. 工作原则。如以人为本、依法规范、职责明确、统一领导、分级负责、条块结合、以块为主、资源整合、信息共享、依靠科学、反应及时、措施果断、平战结合、军民结合、公众参与等。要切合实际、抓住要点。

3. 编制依据。即制订该预案所根据的有关法律、法规、上级机关文件、其他情况等。用“根据（依据）……制订本预案”的句式表述，如“根据《中华人民共和国传染病防治法》《突发公共卫生事件应急条例》《××省突发公共卫生事件应急预案》，制定本预案”（《××省防治人禽流感卫生应急处置预案》）。有时将编制依据与目的合写。

4. 现状。简述有关突发公共事件的现状与趋势。例如，《××市突发公共事件总体应急预案》划分了目前××市主要突发公共事件 4 大类 13 分类 34 种类型，概括了“以非自然因素为主，灾害种类多、损失重、影响大、连发性强、处置难度大”等特点，并作出大风及沙尘暴、浓雾、冰雪、强降雨和雷电等气象灾害仍将是××城市的主要自然灾害的结论。环境灾害、地质灾害、地震、信息灾害、超大地下空间、超高层建筑等特殊场所综合事故、城市工业化灾害与重大危险源、传染病疫情等将是主要的潜在灾害。

5. 适用范围。指出适用于该预案的各类突发公共事件。例如，“本预案适用于处置自然因素或者人为活动引发的危害人民生命和财产安全的山体崩塌、滑坡、泥石流、地面塌陷等与地质作用有关的地质灾害”（《国家突发地质灾害应急预案》）。

6. 组织机构与职责。明确领导、指挥、日常工作的机构及其职责、权限；以应急响应全过程为主线，多用图表描述由主管部门、协作部门、参与单位构成的组织体系框架；明确与该区域内的外驻单位、军队武警的应急联动机制。

7. 预测、预警。包括信息监测与报告、预警、预测预警支持系统、预警级别及发布等。其中，按其严重性和紧急程度，可分为一般（Ⅳ级）、较重（Ⅲ

级)、严重（Ⅱ级）和特别严重（Ⅰ级）四级预警，并依次用蓝色、黄色、橙色和红色表示。

8. 应急响应。包括分级响应、信息共享和处理、指挥与协调、新闻报道。其中，依照可控性、严重程度和影响范围，原则上可按一般（Ⅳ级）、较大（Ⅲ级)、重大（Ⅱ)、特别重大（Ⅰ级）四级启动相应预案。

9. 后期处置。说明人员安置与补偿、物资和劳务的征用补偿、灾后重建、污染物收集、现场清理与处理等善后处置；明确社会救助的程序和要求；明确保险机构的职责和任务、事件调查承办机构和审核程序。

10. 保障措施。包括通信与信息、现场救援和工程抢险装备、应急队伍、交通运输、医疗卫生、治安、物资经费、社会动员、技术等保障。要统筹安排、落实宣传、培训和演习。公布有关预案、报警电话等；广泛宣传应急法律法规和预防、避险、自救、互救、减灾等常识；明确上岗前和常规性培训的要求；交代演习的队伍、内容、范围、场所、频次、组织、评估和总结等事项。

11. 监督检查与奖惩。明确监督主体，对预案实施的全过程进行监督检查；明确奖惩方案，写出奖惩的依据。

12. 制订与解释。写明制订与解释该预案的机构全称或者规范化简称，并标注联系人的姓名和电话。

13. 实施时间。多在最后写“本预案自发布（印发）之日起实施（生效）”等。

上述内容在总体预案中大多载明，专项等预案则根据实际需要有所取舍。

（三）署名

署名一般写在正文的右下方。

（四）日期

日期多写在署名的右下方。

需要说明的是，有些预案的署名和日期写在标题的正下方，也就是题注。此外，预案一般通过公文发布或印发，公文中已说明其制定机关和日期，因此有的预案不再单独署名和写日期。

三、文书示例

××市强制隔离戒毒所新冠肺炎疫情应急预案

为加强新冠肺炎疫情防控工作，贯彻落实好中央和省市防范、抗击疫情工作部署，全力保障民警和戒毒人员的身体健康和生命安全，维护场所秩序稳定，根据《中华人民共和国传染病防治法》《突发公共卫生事件应急预案》文件精神，结合我所实际，制订本预案。××市强制隔离戒毒所全力投入疫情防控工作当中，坚决打赢这场没有硝烟的战争。

一、切实强化组织领导

为切实做好疫情防控工作，成立了以所长×××为组长，政委×××为副组长，其他班子成员为成员的疫情防控领导小组，领导小组办公室设在卫生院，副所长×××任办公室主任，负责具体工作协调、督导，统筹推进工作落实。连续召开党委会、中层会、专题会，学习习近平总书记对疫情防控工作的重要指示精神以及省局印发的《新型冠状病毒感染肺炎疫情防控工作实施方案》《新型冠状病毒感染肺炎疫情防控工作应急预案》等文件要求，研究制订××市戒毒所"封闭式管理"方案，全警动员，全力以赴，坚决打赢疫情防控攻坚战。

二、全面实行封闭式管理

将场所现有两个大队进行合并，1月27日17:00，正式执行封闭式管理，机关50岁以下男干警全部充实到一线，分为3批，每批17至18人，由所长×××、政委×××分别带队，3名副所长具体负责，每批干警在管理区内连续封闭工作14天，不得外出。每批干警进入管理区前，在场所备勤楼集中隔离观察14天，确保无异常情况，方可进入管理区封闭工作。

三、全面做好病情筛查工作

对新收治的戒毒人员要进行全面的入所检查，并询问入所前两周去过什么地方，对新入所人员实施单独隔离管理，确保新收治戒毒人员不与其他戒毒人员接触，坚持对每日入所的干警、戒毒人员和外协人员进行体温检测，严格控制外协人员进入管教区，严防疫情输入所内。封闭管理期间暂停一切探访活动。对在所戒毒人员进行一次全员筛查，确保及早发现、及时治疗。

四、积极开展卫生整治活动

根据疫情防控要求，组织专门人员，每日对戒毒人员学习、生活、劳动、康复等现场、戒毒人员日常使用的物品以及民警办公区域进行消毒，加强对场所公共区域的消毒，切实阻断疫情向所内传播的渠道。

五、广泛开展疫情防治知识宣传教育

由卫生院牵头，利用所内宣传资源和载体，加强对民警和戒毒人员的健康教育管理，广泛开展传染病防治知识，特别是预防新型冠状病毒感染肺炎的宣传教育，增强防护意识，做到不传谣、不信谣。

××市强制隔离戒毒所

2020年×月××日

四、制作与应用说明

编制预案是一项非常重要的工作，应当注意以下几点：

1. 求实。在符合党和国家的方针、政策以及上级机关预案的前提下，根据该区域、该单位、该次活动的突发公共事件的特点，制订出切实有力的预案，确保遇事拿得出、用得上、行得通。

2. 创新。要有勇于改革的意识，凭借超前思维，注重内容开放，重视制度创新，尤其是在社会资源和力量整合利用等方面提出新办法。

3. 严密。在内容上力求涵盖全面、重点突出、关联密切；在结构上，做到框架合理、项目齐全、衔接自然；在语言上，达到字端、词稳、句妥、循序。

预案的编制有特定的程序，成立预案编制小组，保证风险分析与能力评估、草拟预案、预案的评审与发布、预案的实施等环环相扣，每个环节又各有特定的内容和要求。可以说，严格的程序是预案科学化、规范化的一个重要保证。

【知识拓展】

司法行政戒毒系统突发事件应急预案

1. 总则

1.1 目的及依据

为提高全国司法行政戒毒系统预防和处置突发事件的能力，保证突发事件应急工作快速、高效、稳妥、有序进行，避免或减少突发事件及其造成的人员伤亡和财产损失，根据《中华人民共和国突发事件应对法》、《中华人民共和国防震减灾法》、国务院《国家突发公共事件总体应急预案》等相关法律法规和司法部《司法行政系统突发事件应急预案》等相关规定，结合本系统工作特点，制定本预案。

1.2 工作原则：以人为本，依法处置，快速反应，科学应对。

1.3 突发事件应急的概念

指造成或可能造成重大人员伤亡、重大财产损失或重大社会影响的事件已经发生或即将发生，以常规工作方式不能有效排除危险，需要以预订的特殊方式予以处置。

1.4 突发事件应急的适用范围

1.4.1 管教安全事件。其主要包括戒毒场所发生的暴力事件、集体骚乱、戒毒人员脱逃、自杀、自残、纵火、爆燃、行凶杀人、暴力袭警、劫持人质利用机动车辆冲所、集体绝食、集体斗殴、所内投毒等重大安全事件；戒毒人员与社会不法人员内外勾结暴所、冲所事件；社会不法人员暴力袭警、聚众围攻外出执行公务的警察、聚众冲击、袭扰戒毒场所、破坏戒毒场所设施和财产等重大事件；发生枪支弹药丢失、被盗和涉枪伤亡事件；毒品、现金、身份证或其他违禁物品流入戒毒场所，已经产生或可能产生严重后果的；调遣戒毒人员时发生骚乱、脱逃等安全事件或交通事故；针对戒毒场所的恐怖袭击事件。

1.4.2　安全生产事故。其主要包括重大安全生产事故，重大火灾，环境污染和生态破坏事件，以及严重危及警察、戒毒人员及其他人员生命财产安全的其他事故。

1.4.3　公共卫生事件。其主要包括戒毒场所内突发的、造成或者可能造成场所内警察和戒毒人员及社会公众健康严重损害的重大传染病疫情、重大动物疫情、群体性不明原因疾病、重大食物中毒和职业中毒及其他严重影响公众身心健康的事件。

1.4.4　群体性上访事件。其主要包括到各级信访接待场所集体上访，超过预警人数的；因信访问题到重点敏感地区聚集、闹事、缠访，造成重大社会影响的。

1.4.5　重大舆情。其主要包括涉及司法行政戒毒工作的不良网络舆情，已经或即将被新闻媒体和网络媒体炒作，在全国范围内甚至是国际上产生重大影响的舆情信息。

1.4.6　自然灾害。其主要包括水旱、气象、地震、地质、海洋及重大的生物灾害等。

1.4.7　重大交通事故、警察和医务人员职业暴露以及其他已经或可能对戒毒工作和警察形象造成严重社会影响的重大敏感事件。

1.5　各省（区、市）戒毒管理局预案的制订

各省、自治区、直辖市戒毒管理局、新疆生产建设兵团戒毒管理局和各戒毒场所要根据有关法律法规和本预案，结合工作实际，分别制订相应的突发事件应急预案，建立健全司法行政戒毒系统突发事件应急预案体系。应急预案内容要符合实际，科学合理，内容全面，易于操作，并根据实际情况变化不断补充完善。

2. 组织指挥体系及职责任务

2.1　司法部戒毒管理局应急指挥机构

司法部戒毒管理局设立突发事件应急指挥部（以下简称“应急指挥部”）负责司法行政戒毒系统特别重大突发事件处置工作的统一组织和协调。其主要职责是：通报突发事件信息，决定启动、终止本预案，决定有关重要事项，提出重大决策建议，制定处置措施，及时向司法部报告处置情况，向部办公厅提出事件信息发布的建议，必要时派员赶赴现场指导调查处理、紧急救援、慰问干警职工、指导灾后重建，负责与其他有关部门协调等。司法部戒毒管理局突发事件应

急指挥部在司法部突发事件应急总指挥部的领导下开展工作。

应急指挥部由戒毒管理局局长任总指挥，其他局领导任副总指挥，局内设各处室负责人为成员。

2.2 应急指挥部办事机构

应急指挥部下设突发事件应急办公室，具体负责突发事件处置工作的业务指导、组织管理和监督。突发事件应急办公室设在局办公室，突发事件应急办公室主任由分管副局长担任，局办公室、研究室、管理处、教育矫治处、医疗康复处、生产习艺处、规划科技处和财务处相关同志为成员。负责下列工作：

2.2.1 负责日常信息采集、汇总、分析，并及时向指挥部报告，提出预警及预案启动、结束的建议；

2.2.2 起草相关文件；

2.2.3 向相关部门通报情况，联络、协调有关部门做好应急工作；

2.2.4 根据应急指挥部的指示，制定完善应急措施，督促、指导各省、自治区、直辖市戒毒管理局应急指挥机构开展应急工作；

2.2.5 根据应急指挥部的指示，赶赴事件现场，在当地党委、政府统一领导下，协助处置突发事件；

2.2.6 跟踪了解事件的进展情况和处置情况，及时向应急指挥部报告；

2.2.7 根据实际情况建议结束应急响应，应急工作结束后，就突发事件发生的原因、经过、后果（伤亡、损失情况和影响）、责任追究、经验教训等写出调查报告报应急指挥部；

2.2.8 指导全国司法行政戒毒系统日常防控和宣传、教育工作；

2.2.9 承办应急指挥部交办的其他事项。

2.3 应急指挥行动组

指挥部根据突发事件种类，可以成立下列行动组，在应急指挥部总指挥、副总指挥带领下，具体负责应急处置工作。人员组成及工作职责如下：

2.3.1 指导处置组。

人员组成：管理处、医疗康复处、生产习艺处、规划科技处有关人员。工作职责：指导事发戒毒单位开展事件处置和协调有关单位进行应急联动，主要包括控制现场，开展现场勘查、摸排情况、确定处置措施，保护人员和财产，协调其他单位进行应急援助等。

2.3.2 监测研判组。

人员组成：办公室、管理处、医疗康复处、生产习艺处、规划科技处有关人员。

工作职责：汇总分析事件信息、提出预案启动等建议。

2.3.3 政策宣传和舆情应对组。

人员组成：政治处研究室、教育处有关人员。

工作职责：指导事发单位宣传和舆情应对工作，参与拟定宣传和舆情应对提纲，协调网监、媒体等单位共同做好舆情监控和引导工作，指导开展心理疏导工作。

2.3.4 协调保障组。

人员组成：办公室、规划科技处、财务处有关人员。

工作职责：协调应急车辆、资金、物资等。

2.3.5 事故调查组。

人员组成：政治处、管理处、生产习艺处、规划科技处、医疗康复处有关人员。

工作职责：指导处理善后工作，调查分析事发原因，提出追责的处理意见。

2.4 地方各级应急指挥机构

结合本地实际情况设定现场处置、医疗救护、后勤保障等机构和职责。

各省、自治区、直辖市戒毒管理局和各戒毒场所成立应急指挥机构。

3. 监测预警和信息报告

3.1 监测预警和信息报告监测等

3.1.1 管教安全事件的监测：重点人员、重点部位、重点时段、重点环节的管理情况；民警执法执纪、戒毒操作流程是否严格规范。

3.1.2 公共卫生事件的监测：本地区重大疫情；戒毒人员中的季节性流行病、艾滋病、肝病、结核病等传染病流行情况，食品饮用水供应的不安全或污染情况，等等。

3.1.3 安全生产事故的监测：生产中的作业风险包括生产项目、作业环境，技术、工艺、设备中的隐患。

3.1.4 自然灾害的监测：洪水、泥石流、山体滑坡、飓风等灾害可能对戒毒场所产生的重大危害。

3.1.5 群体性上访事件：上访人员串联、聚集，以及其他过激行为等。

3.1.6 其他严重危害戒毒场所安全的隐患。

3.2 监测方式

3.2.1 建立摸底排查机制。通过定期分析研判、警察直接管理、信息员制度等各种有效手段，收集信息，分析判断，跟踪监控，及时发现影响管教安全的隐患。

3.2.2 开展所内流行病学调查，进行常规体检和专项体检，联系省（区、市）疾控、食品检测等部门，及时发现影响公共卫生安全的隐患。

3.2.3 建立安全生产监管体制。建立生产项目准入制度，通过定期安全检查，查隐患漏洞；加强对安全生产设施、工艺设备的检查；开展安全生产专项整治。

3.2.4 其他有效的监测方法。

按照及时发现、及时报告、及时处置的原则，对监测到的信息进行分析，尽早发现事件苗头，并采取措施加以控制。对早期发现的事件及时预警，对可能发生的危机信息、情报及时处理，作出科学的预测和判断，做好必要的准备，以便各有关部门在危机发生后能快速反应，使突发事件造成的损害降到最低。

3.3 信息报告

发现可能引发较大或特大突发事件的苗头性信息、事项后，事发当地戒毒机关（场所）应立即将有关情况报告省、自治区、直辖市司法厅（局）、戒毒管理局，市属所还应同时报当地（市）司法局，详情和进展情况应随时续报。信息报告内容主要包括：突发事件种类，发生时间、地点、已采取和拟采取的处置措施，目前形势、舆情动态、事件处置过程中可能发生的其他意外情况，场所控制能力，指挥机构及相关人员联系方式等。

3.3.1 发生管教安全事件，报告时要说明事件发生的起因、危害、管教秩序，戒毒人员的基本情况（包括人数、罪错性质），行凶伤害、劫持人质人员的作案工具、作案手段，所提出的要求、目的。脱逃人员的体貌特征、可能的逃跑方向和区域以及逃跑后可能造成的社会危害。调遣戒毒人员过程中逃跑人员的人数、体貌特征、可能的逃跑方向和区域。毒品或其他违禁物品流入场所的时间、流入的方式、造成后果。发生所内案件的时间、地点、可能造成的社会危害。发生非正常死亡人员的身份、人数、时间，亲属提出的要求和目的。针对事件所采取的措施。

3.3.2 发生公共卫生事件，报告时要说明疫情、病情和食物中毒的类型以及不明疫情的特征表现，感染、中毒和死伤人数及财产损失情况，警察和医务人员职业暴露的时间、人数、特征表现，潜在的威胁和影响，可能发展趋势以及场所对事件的控制能力、针对发生事件所采取的措施。

3.3.3 发生生产安全事故，报告时要说明事件类型、人员伤亡和财产损失情况，可能产生的危害，初步推断的事故原因，已采取或拟采取的救援措施。

3.3.4 发生自然灾害，报告时要说明灾害类型、已造成的人员伤亡和财产损失情况，灾情发展动态。

3.3.5 发生群体性上访事件，报告时要说明事件发生的时间、地点、规模、涉及人员、事件的起因等基本情况，及其造成或可能造成的社会影响。针对事件所采取的措施。

3.3.6 重大舆情：舆情事件发生的原因、性质、规模以及后续发展动态。针对舆情所采取的措施。

3.3.7 事件处置过程中可能发生的其他意外情况。

3.4 信息报告方式

采取电话报告、密码传真等方式报告。

3.5 信息报告的基本要求

3.5.1 信息报告分为“预警报告”“即时报告”“随时报告”和“总结报告”。

3.5.2 “预警报告”指突发事件可能或即将发生时的报告。发现突发事件苗头性信息后，事发地戒毒场所应立即将情况报告省、自治区、直辖市戒毒管理局，地（市）所属戒毒场所应同时报地（市）司法局。

3.5.3 “即时报告”是指事发当时立即做出的报告。突发事件发生时，事发地戒毒场所应立即将情况报告省、自治区、直辖市戒毒管理局。对于特别重大突发事件（Ⅰ级）、重大突发事件（Ⅱ级）和较大突发事件（Ⅲ级），省、自治区、直辖市戒毒管理局接到报告后，应立刻向司法部戒毒管理局报告。

3.5.4 “随时报告”是指在事发和处置过程中随时做出的报告。事发单位应对事件详情和进展情况随时续报。

3.5.5 “总结报告”是指事件处置完毕后，对事件进行的全面性、综合性报告，对事件发生和处置情况进行总结，分析其原因和影响因素并提出今后对类似事件的防范和处置建议。

3.6 信息报告责任制

各省、自治区、直辖市戒毒管理局，各戒毒所均应建立信息报告责任制明确报告责任人及其职责，各单位主要负责同志为本单位信息报告第一责任人，对所报信息负总责。

4. 突发事件分级标准和应急响应程序与措施

分级和响应标准根据突发事件造成的人员伤亡、财产损失或者可能造成的社会响应程度，戒毒场所发生突发事件分为特别重大突发事件（Ⅰ级）、重大突发事件（Ⅱ级）和较大突发事件（Ⅲ级），根据事件的严重程度分别相应地启动Ⅰ级、Ⅱ级、Ⅲ级响应。

4.1 突发事件分级

4.1.1 特别重大突发事件（Ⅰ级）

戒毒场所特别重大突发事件，是指戒毒人员20人以上的脱逃事件；5人以上的自杀事件；造成2人以上死亡或3人以上重伤的行凶杀人事件；劫持5人以上人质的事件；30人以上的集体骚乱、绝食、斗殴事件；围攻戒毒场所及破坏财物持续时间较长、参与人数较多、财产损失较大的事件；调遣戒毒人员时发生脱逃3人以上的事件；针对戒毒场所制造的危害范围较大、涉及人员较多、财产损失较大的恐怖事件；因自然灾害、生产事故和中毒引起的5人以上死亡事件；发生毒品等违禁物品流入戒毒场所，造成严重影响的；发生3名以上警察或医务人员艾滋病职业暴露；发生所内案件被有关机关立案并有5人以上（含）被追究刑事责任的；涉司法行政戒毒的网络舆情被持续关注，产生广泛影响的；其他对戒毒场所安全稳定造成特别重大影响的突发事件。

4.1.2 重大突发事件（Ⅱ级）

戒毒场所重大突发事件，是指戒毒人员5~19人脱逃事件；2~4人自杀事件；造成1人死亡或2人重伤的行凶杀人事件；劫持14人的事件；10~29人集体骚乱、绝食、斗殴、暴所事件；调遣戒毒人员时发生脱逃2人以下的事件；因自然灾害、生产事故和中毒等引起的3~4人死亡事件；围攻戒毒场所及破坏财物事件；针对戒毒场所的恐怖事件；发生毒品等违禁物品流入戒毒场所，造成较大影响的；发生2名警察或医务人员职业暴露；发生所内案件被有关机关立案并有3人以上被追究刑事责任的；涉司法行政戒毒的网络舆情被持续关注，产生较大影响的；其他对戒毒场所安全稳定造成重大影响的突发事件。

4.1.3 较大突发事件（Ⅲ级）

戒毒场所较大突发事件，是指戒毒人员1~4人脱逃事件；戒毒人员自杀、行凶杀人事件；9人以下集体骚乱、绝食、斗殴、暴所事件；因自然灾害、生产事故和中毒等引起1~2人死亡事件；发生警察或医务人员职业暴露；发生毒品等违禁物品流入戒毒场所；调遣戒毒人员途中发生戒毒人员逃跑、骚乱事件及交通事故；发生所内案件被有关机关立案并被追究刑事责任的；针对戒毒所网络舆情产生一定影响的；其他对戒毒场所安全稳定造成较大影响的突发事件。

4.2 Ⅰ级响应程序与措施

4.2.1 先期应急处置。突发事件发生或即将发生时，迫于紧急情势，为阻止侵害、避免危害，在响应程序正式启动前，省（区、市）戒毒管理局、新疆生产建设兵团戒毒管理局、各戒毒场所及当事民警具有在紧急状态下的独立处置权。

4.2.2 特别重大事件发生后，事发戒毒场所各职能部门应按规定迅速抵达指定岗位，履行职责，进行先期应急处置，做好紧急控制和救援工作，确保场所秩序稳定，并立即将情况报告省、自治区、直辖市戒毒管理局。地（市）所属戒毒所应同时报地（市）司法局。

4.2.3 省、自治区、直辖市戒毒管理局接到报告后，应立即开展对信息的分析、研判，同步开展相关舆情信息搜集工作，各职能部门应按照规定迅速到达指定岗位，履行职责，并立即将事件情况报告省、自治区、直辖市司法厅（局）、司法部戒毒管理局，提出启动本预案Ⅰ级响应程序建议。

4.2.4 司法部戒毒管理局接到省、自治区、直辖市戒毒管理局应急事件报告后，应立即对事件情况进行研究、分析和判断，根据情况需要，由局突发事件应急指挥部决定启动本预案Ⅰ级响应程序，派出相应应急指挥行动组赶赴现场，履行职责，并及时报告司法部突发事件应急处置总指挥部。根据需要，报经司法部领导同志批准，启动《司法行政系统突发事件应急预案》。

4.2.5 突发事件应急处置结束后，由突发事件应急处置办公室提出结束Ⅰ级响应程序建议，报司法部戒毒局应急处置指挥部批准，并对事件情况进行跟踪，做出书面报告。

4.3　Ⅱ级响应程序与措施

重大突发事件发生后，事发戒毒场所应进行先期应急处置。各省、自治区、直辖市戒毒管理局接到戒毒场所的应急报告后，应及时决定启动Ⅱ级响应程序，开展处置工作，并上报省、自治区、直辖市司法厅（局）及司法部戒毒管理局。事件应急处理结束后，由省、自治区、直辖市戒毒局应急处置指挥部宣布应急结束，并写出专门报告，报省、自治区、直辖市司法厅（局）及司法部戒毒局。

4.4　Ⅲ级响应程序与措施

较大突发事件发生后，事发地戒毒场所应立即开展处置工作，并上报省、自治区、直辖市戒毒管理局、司法厅（局），司法部戒毒管理局，必要时请求上级启动Ⅲ级响应程序。司法部戒毒管理局应及时将有关情况上报司法部。事件应急处理结束后，由省、自治区、直辖市戒毒局应急处置指挥部宣布应急结束，并写出专门报告，报省、自治区、直辖市司法厅（局）及司法部戒毒局。

5. 应急联动

司法行政戒毒系统各级应急指挥机构根据应急处置的实际需要，可与公安机关、检察机关、卫生疾控部门实施应急联动，协同作战，全力以赴做好各项应急处置工作。

5.1　善后处置

省、自治区、直辖市戒毒管理局应按照有关规定做好善后处置工作，包括人员安置、补偿、灾后重建、现场保护及对有关人员的奖惩事宜等工作。

5.2　社会救助

省、自治区、直辖市戒毒管理局应当指导发生突发事件的戒毒场所开展社会救助工作，确定专门机构和人员负责对社会救助机构的组织协调、资金和物资的管理与监督等。

5.3　保险

发生突发事件的戒毒场所根据《中华人民共和国保险法》等有关法律法规的规定，结合工作需要，做好应急人员保险投保和受灾人员保险索赔等工作。

5.4　调查报告及处理意见

突发事件结束后，由各级突发事件应急指挥部办公室负责起草突发事件的调查报告，认真剖析引发事件的原因和责任，总结经验教训，提出改进建议，并向省、自治区、直辖市戒毒管理局报送。司法部戒毒管理局负责向司法部报告。

6. 应急保障

6.1　值班制度

司法行政戒毒系统实行24小时值班制度，建立通信系统维护制度及信息采集制度等，确保应急期间通讯畅通。

6.2　应急支援与装备保障

各级司法行政戒毒机关要在以下方面制定相应的保障措施，明确机构、人员及装备、物资、药品、食品、资金等。

6.2.1 应急队伍保障。明确各类应急响应的人力资源，包括有关组织者和志愿者。

6.2.2 资金保障。其包括应急准备和救援工作资金来源和使用管理等。

6.2.3 物资保障。其包括应急物资的采购、储备、管理等制度。

6.2.4 医疗保障。其包括医疗药品、器械的储备及医护人员的组织调用。其包括常备交通运输工具、维护要求、人员使用与管理等。

6.2.5 交通运输保障。其包括常备交通运输工具、维护要求、人员使用与管理等。

6.2.6 治安保障。其包括应急各阶段对戒毒场所秩序的维护方案。

6.2.7 装备和设施保障。明确突发事件现场可供应急响应单位使用的应急设备和装备类型、数量、性能和存放位置，备用措施，相应的制度等。

各级司法行政戒毒机关应成立由有关方面组成的咨询小组，为应急决策、处置提供专业意见。依托相应技术机构，建立相应数据库，为处置工作提供技术支持。

7. 监督管理

7.1 日常演练

各级司法行政戒毒机关应确保日常演习工作的制度化，演习方案要确定演习的组织、要求、场地、频次、范围、内容等，各类演习每年至少两次，并根据需要开展本地区的工作交流。

7.2 新闻发布与舆情监测

要最全面地公布突发事件应急预案信息，报警电话和预防、避险、避灾、自救、互救常识。要建立舆情监测制度，明确负责机构和人员，密切关注舆情发展，及时提出对策建议，防范舆情危机发酵。要加强与主流媒体、网站的沟通联系，组织专、兼职网评队伍，积极参与网络评论，澄清事实等。

7.3 应急队伍培训

司法行政戒毒系统应急队伍培训分为三个层次进行，即操作人员、中级管理人员和高级管理人员的培训。培训内容由理论培训和操作培训两部分组成。对操作人员的培训侧重于设施、设备和器材的使用、操作与维护，对管理人员通过培训和模拟演练，总结应急处置经验。

7.4 奖励与责任追究

7.4.1 奖励。依据《中华人民共和国公务员法》和《中华人民共和国警察法》，对在处置突发事件中表现突出的单位和个人，按照干部管理权限给予表彰奖励。

7.4.2 处罚。对失职、渎职、违反安全制度而引发突发事件的行为，突发事件发生后瞒报、缓报、谎报漏报的行为，以及在突发事件中未依法履职造成相应后果的行为，按有关规定对责任人给予行政处分或纪律处分；需要追究法律责任的，移交司法机关处理。

8. 附则

本预案由司法部戒毒管理局制订并负责解释，按程序上报司法部备案并根据形势发展，及时修订完善。各省、自治区、直辖市戒毒管理局制订修订的突发事件应急预案，应报司法部戒毒管理局和本省、自治区、直辖市司法厅备案。

本预案“4.1.1 特别重大突发事件（Ⅰ级）”“4.1.2 重大突发事件（Ⅱ级）”“4.1.3 较大突发事件（Ⅲ级）”中的数字“以上”“以下”均含本数。

本预案自公布之日起实施。

【实战实训】

1. 比较并论述计划与总结的异同。
2. 撰写个人年度工作（学习）总结。

附录 1：中华人民共和国禁毒法

第一章 总 则

第一条 为了预防和惩治毒品违法犯罪行为，保护公民身心健康，维护社会秩序，制定本法。

第二条 本法所称毒品，是指鸦片、海洛因、甲基苯丙胺（冰毒）、吗啡、大麻、可卡因，以及国家规定管制的其他能够使人形成瘾癖的麻醉药品和精神药品。

根据医疗、教学、科研的需要，依法可以生产、经营、使用、储存、运输麻醉药品和精神药品。

第三条 禁毒是全社会的共同责任。国家机关、社会团体、企业事业单位以及其他组织和公民，应当依照本法和有关法律的规定，履行禁毒职责或者义务。

第四条 禁毒工作实行预防为主，综合治理，禁种、禁制、禁贩、禁吸并举的方针。

禁毒工作实行政府统一领导，有关部门各负其责，社会广泛参与的工作机制。

第五条 国务院设立国家禁毒委员会，负责组织、协调、指导全国的禁毒工作。

县级以上地方各级人民政府根据禁毒工作的需要，可以设立禁毒委员会，负责组织、协调、指导本行政区域内的禁毒工作。

第六条 县级以上各级人民政府应当将禁毒工作纳入国民经济和社会发展规划，并将禁毒经费列入本级财政预算。

第七条 国家鼓励对禁毒工作的社会捐赠，并依法给予税收优惠。

第八条 国家鼓励开展禁毒科学技术研究，推广先进的缉毒技术、装备和戒毒方法。

第九条 国家鼓励公民举报毒品违法犯罪行为。各级人民政府和有关部门应当对举报人予以保护，对举报有功人员以及在禁毒工作中有突出贡献的单位和个人，给予表彰和奖励。

第十条 国家鼓励志愿人员参与禁毒宣传教育和戒毒社会服务工作。地方各级人民政府应当对志愿人员进行指导、培训，并提供必要的工作条件。

第二章　禁毒宣传教育

第十一条　国家采取各种形式开展全民禁毒宣传教育，普及毒品预防知识，增强公民的禁毒意识，提高公民自觉抵制毒品的能力。

国家鼓励公民、组织开展公益性的禁毒宣传活动。

第十二条　各级人民政府应当经常组织开展多种形式的禁毒宣传教育。

工会、共产主义青年团、妇女联合会应当结合各自工作对象的特点，组织开展禁毒宣传教育。

第十三条　教育行政部门、学校应当将禁毒知识纳入教育、教学内容，对学生进行禁毒宣传教育。公安机关、司法行政部门和卫生行政部门应当予以协助。

第十四条　新闻、出版、文化、广播、电影、电视等有关单位，应当有针对性地面向社会进行禁毒宣传教育。

第十五条　飞机场、火车站、长途汽车站、码头以及旅店、娱乐场所等公共场所的经营者、管理者，负责本场所的禁毒宣传教育，落实禁毒防范措施，预防毒品违法犯罪行为在本场所内发生。

第十六条　国家机关、社会团体、企业事业单位以及其他组织，应当加强对本单位人员的禁毒宣传教育。

第十七条　居民委员会、村民委员会应当协助人民政府以及公安机关等部门，加强禁毒宣传教育，落实禁毒防范措施。

第十八条　未成年人的父母或者其他监护人应当对未成年人进行毒品危害的教育，防止其吸食、注射毒品或者进行其他毒品违法犯罪活动。

第三章　毒品管制

第十九条　国家对麻醉药品药用原植物种植实行管制。禁止非法种植罂粟、古柯植物、大麻植物以及国家规定管制的可以用于提炼加工毒品的其他原植物。禁止走私或者非法买卖、运输、携带、持有未经灭活的毒品原植物种子或者幼苗。

地方各级人民政府发现非法种植毒品原植物的，应当立即采取措施予以制止、铲除。村民委员会、居民委员会发现非法种植毒品原植物的，应当及时予以制止、铲除，并向当地公安机关报告。

第二十条　国家确定的麻醉药品药用原植物种植企业，必须按照国家有关规定种植麻醉药品药用原植物。

国家确定的麻醉药品药用原植物种植企业的提取加工场所，以及国家设立的麻醉药品储存仓库，列为国家重点警戒目标。

未经许可，擅自进入国家确定的麻醉药品药用原植物种植企业的提取加工场所或者国家设立的麻醉药品储存仓库等警戒区域的，由警戒人员责令其立即离开；拒不离开的，强行带离现场。

第二十一条 国家对麻醉药品和精神药品实行管制，对麻醉药品和精神药品的实验研究、生产、经营、使用、储存、运输实行许可和查验制度。

国家对易制毒化学品的生产、经营、购买、运输实行许可制度。

禁止非法生产、买卖、运输、储存、提供、持有、使用麻醉药品、精神药品和易制毒化学品。

第二十二条 国家对麻醉药品、精神药品和易制毒化学品的进口、出口实行许可制度。国务院有关部门应当按照规定的职责，对进口、出口麻醉药品、精神药品和易制毒化学品依法进行管理。禁止走私麻醉药品、精神药品和易制毒化学品。

第二十三条 发生麻醉药品、精神药品和易制毒化学品被盗、被抢、丢失或者其他流入非法渠道的情形，案发单位应当立即采取必要的控制措施，并立即向公安机关报告，同时依照规定向有关主管部门报告。

公安机关接到报告后，或者有证据证明麻醉药品、精神药品和易制毒化学品可能流入非法渠道的，应当及时开展调查，并可以对相关单位采取必要的控制措施。药品监督管理部门、卫生行政部门以及其他有关部门应当配合公安机关开展工作。

第二十四条 禁止非法传授麻醉药品、精神药品和易制毒化学品的制造方法。公安机关接到举报或者发现非法传授麻醉药品、精神药品和易制毒化学品制造方法的，应当及时依法查处。

第二十五条 麻醉药品、精神药品和易制毒化学品管理的具体办法，由国务院规定。

第二十六条 公安机关根据查缉毒品的需要，可以在边境地区、交通要道、口岸以及飞机场、火车站、长途汽车站、码头对来往人员、物品、货物以及交通工具进行毒品和易制毒化学品检查，民航、铁路、交通部门应当予以配合。

海关应当依法加强对进出口岸的人员、物品、货物和运输工具的检查，防止走私毒品和易制毒化学品。

邮政企业应当依法加强对邮件的检查，防止邮寄毒品和非法邮寄易制毒化学品。

第二十七条 娱乐场所应当建立巡查制度，发现娱乐场所内有毒品违法犯罪活动的，应当立即向公安机关报告。

第二十八条 对依法查获的毒品，吸食、注射毒品的用具，毒品违法犯罪的非法所得及其收益，以及直接用于实施毒品违法犯罪行为的本人所有的工具、设备、资金，应当收缴，依照规定处理。

第二十九条 反洗钱行政主管部门应当依法加强对可疑毒品犯罪资金的监

测。反洗钱行政主管部门和其他依法负有反洗钱监督管理职责的部门、机构发现涉嫌毒品犯罪的资金流动情况，应当及时向侦查机关报告，并配合侦查机关做好侦查、调查工作。

第三十条 国家建立健全毒品监测和禁毒信息系统，开展毒品监测和禁毒信息的收集、分析、使用、交流工作。

第四章 戒毒措施

第三十一条 国家采取各种措施帮助吸毒人员戒除毒瘾，教育和挽救吸毒人员。

吸毒成瘾人员应当进行戒毒治疗。

吸毒成瘾的认定办法，由国务院卫生行政部门、药品监督管理部门、公安部门规定。

第三十二条 公安机关可以对涉嫌吸毒的人员进行必要的检测，被检测人员应当予以配合；对拒绝接受检测的，经县级以上人民政府公安机关或者其派出机构负责人批准，可以强制检测。

公安机关应当对吸毒人员进行登记。

第三十三条 对吸毒成瘾人员，公安机关可以责令其接受社区戒毒，同时通知吸毒人员户籍所在地或者现居住地的城市街道办事处、乡镇人民政府。社区戒毒的期限为三年。

戒毒人员应当在户籍所在地接受社区戒毒；在户籍所在地以外的现居住地有固定住所的，可以在现居住地接受社区戒毒。

第三十四条 城市街道办事处、乡镇人民政府负责社区戒毒工作。城市街道办事处、乡镇人民政府可以指定有关基层组织，根据戒毒人员本人和家庭情况，与戒毒人员签订社区戒毒协议，落实有针对性的社区戒毒措施。公安机关和司法行政、卫生行政、民政等部门应当对社区戒毒工作提供指导和协助。

城市街道办事处、乡镇人民政府，以及县级人民政府劳动行政部门对无职业且缺乏就业能力的戒毒人员，应当提供必要的职业技能培训、就业指导和就业援助。

第三十五条 接受社区戒毒的戒毒人员应当遵守法律、法规，自觉履行社区戒毒协议，并根据公安机关的要求，定期接受检测。

对违反社区戒毒协议的戒毒人员，参与社区戒毒的工作人员应当进行批评、教育；对严重违反社区戒毒协议或者在社区戒毒期间又吸食、注射毒品的，应当及时向公安机关报告。

第三十六条 吸毒人员可以自行到具有戒毒治疗资质的医疗机构接受戒毒治疗。

设置戒毒医疗机构或者医疗机构从事戒毒治疗业务的，应当符合国务院卫生行政部门规定的条件，报所在地的省、自治区、直辖市人民政府卫生行政部门批准，并报同级公安机关备案。戒毒治疗应当遵守国务院卫生行政部门制定的戒毒治疗规范，接受卫生行政部门的监督检查。

戒毒治疗不得以营利为目的。戒毒治疗的药品、医疗器械和治疗方法不得做广告。戒毒治疗收取费用的，应当按照省、自治区、直辖市人民政府价格主管部门会同卫生行政部门制定的收费标准执行。

第三十七条 医疗机构根据戒毒治疗的需要，可以对接受戒毒治疗的戒毒人员进行身体和所携带物品的检查；对在治疗期间有人身危险的，可以采取必要的临时保护性约束措施。

发现接受戒毒治疗的戒毒人员在治疗期间吸食、注射毒品的，医疗机构应当及时向公安机关报告。

第三十八条 吸毒成瘾人员有下列情形之一的，由县级以上人民政府公安机关作出强制隔离戒毒的决定：

（一）拒绝接受社区戒毒的；

（二）在社区戒毒期间吸食、注射毒品的；

（三）严重违反社区戒毒协议的；

（四）经社区戒毒、强制隔离戒毒后再次吸食、注射毒品的。

对于吸毒成瘾严重，通过社区戒毒难以戒除毒瘾的人员，公安机关可以直接作出强制隔离戒毒的决定。

吸毒成瘾人员自愿接受强制隔离戒毒的，经公安机关同意，可以进入强制隔离戒毒场所戒毒。

第三十九条 怀孕或者正在哺乳自己不满一周岁婴儿的妇女吸毒成瘾的，不适用强制隔离戒毒。不满十六周岁的未成年人吸毒成瘾的，可以不适用强制隔离戒毒。

对依照前款规定不适用强制隔离戒毒的吸毒成瘾人员，依照本法规定进行社区戒毒，由负责社区戒毒工作的城市街道办事处、乡镇人民政府加强帮助、教育和监督，督促落实社区戒毒措施。

第四十条 公安机关对吸毒成瘾人员决定予以强制隔离戒毒的，应当制作强制隔离戒毒决定书，在执行强制隔离戒毒前送达被决定人，并在送达后二十四小时以内通知被决定人的家属、所在单位和户籍所在地公安派出所；被决定人不讲真实姓名、住址，身份不明的，公安机关应当自查清其身份后通知。

被决定人对公安机关作出的强制隔离戒毒决定不服的，可以依法申请行政复议或者提起行政诉讼。

第四十一条 对被决定予以强制隔离戒毒的人员，由作出决定的公安机关送强制隔离戒毒场所执行。

强制隔离戒毒场所的设置、管理体制和经费保障，由国务院规定。

第四十二条 戒毒人员进入强制隔离戒毒场所戒毒时，应当接受对其身体和所携带物品的检查。

第四十三条 强制隔离戒毒场所应当根据戒毒人员吸食、注射毒品的种类及成瘾程度等，对戒毒人员进行有针对性的生理、心理治疗和身体康复训练。

根据戒毒的需要，强制隔离戒毒场所可以组织戒毒人员参加必要的生产劳动，对戒毒人员进行职业技能培训。组织戒毒人员参加生产劳动的，应当支付劳动报酬。

第四十四条 强制隔离戒毒场所应当根据戒毒人员的性别、年龄、患病等情况，对戒毒人员实行分别管理。

强制隔离戒毒场所对有严重残疾或者疾病的戒毒人员，应当给予必要的看护和治疗；对患有传染病的戒毒人员，应当依法采取必要的隔离、治疗措施；对可能发生自伤、自残等情形的戒毒人员，可以采取相应的保护性约束措施。

强制隔离戒毒场所管理人员不得体罚、虐待或者侮辱戒毒人员。

第四十五条 强制隔离戒毒场所应当根据戒毒治疗的需要配备执业医师。强制隔离戒毒场所的执业医师具有麻醉药品和精神药品处方权的，可以按照有关技术规范对戒毒人员使用麻醉药品、精神药品。

卫生行政部门应当加强对强制隔离戒毒场所执业医师的业务指导和监督管理。

第四十六条 戒毒人员的亲属和所在单位或者就读学校的工作人员，可以按照有关规定探访戒毒人员。戒毒人员经强制隔离戒毒场所批准，可以外出探视配偶、直系亲属。

强制隔离戒毒场所管理人员应当对强制隔离戒毒场所以外的人员交给戒毒人员的物品和邮件进行检查，防止夹带毒品。在检查邮件时，应当依法保护戒毒人员的通信自由和通信秘密。

第四十七条 强制隔离戒毒的期限为二年。

执行强制隔离戒毒一年后，经诊断评估，对于戒毒情况良好的戒毒人员，强制隔离戒毒场所可以提出提前解除强制隔离戒毒的意见，报强制隔离戒毒的决定机关批准。

强制隔离戒毒期满前，经诊断评估，对于需要延长戒毒期限的戒毒人员，由强制隔离戒毒场所提出延长戒毒期限的意见，报强制隔离戒毒的决定机关批准。强制隔离戒毒的期限最长可以延长一年。

第四十八条 对于被解除强制隔离戒毒的人员，强制隔离戒毒的决定机关可以责令其接受不超过三年的社区康复。

社区康复参照本法关于社区戒毒的规定实施。

第四十九条 县级以上地方各级人民政府根据戒毒工作的需要，可以开办戒毒康复场所；对社会力量依法开办的公益性戒毒康复场所应当给予扶持，提供必要的便利和帮助。

戒毒人员可以自愿在戒毒康复场所生活、劳动。戒毒康复场所组织戒毒人员参加生产劳动的，应当参照国家劳动用工制度的规定支付劳动报酬。

第五十条 公安机关、司法行政部门对被依法拘留、逮捕、收监执行刑罚以及被依法采取强制性教育措施的吸毒人员，应当给予必要的戒毒治疗。

第五十一条 省、自治区、直辖市人民政府卫生行政部门会同公安机关、药品监督管理部门依照国家有关规定，根据巩固戒毒成果的需要和本行政区域艾滋病流行情况，可以组织开展戒毒药物维持治疗工作。

第五十二条 戒毒人员在入学、就业、享受社会保障等方面不受歧视。有关部门、组织和人员应当在入学、就业、享受社会保障等方面对戒毒人员给予必要的指导和帮助。

第五章 禁毒国际合作

第五十三条 中华人民共和国根据缔结或者参加的国际条约或者按照对等原则，开展禁毒国际合作。

第五十四条 国家禁毒委员会根据国务院授权，负责组织开展禁毒国际合作，履行国际禁毒公约义务。

第五十五条 涉及追究毒品犯罪的司法协助，由司法机关依照有关法律的规定办理。

第五十六条 国务院有关部门应当按照各自职责，加强与有关国家或者地区执法机关以及国际组织的禁毒情报信息交流，依法开展禁毒执法合作。

经国务院公安部门批准，边境地区县级以上人民政府公安机关可以与有关国家或者地区的执法机关开展执法合作。

第五十七条 通过禁毒国际合作破获毒品犯罪案件的，中华人民共和国政府可以与有关国家分享查获的非法所得、由非法所得获得的收益以及供毒品犯罪使用的财物或者财物变卖所得的款项。

第五十八条 国务院有关部门根据国务院授权，可以通过对外援助等渠道，支持有关国家实施毒品原植物替代种植、发展替代产业。

第六章 法律责任

第五十九条 有下列行为之一，构成犯罪的，依法追究刑事责任；尚不构成犯罪的，依法给予治安管理处罚：

（一）走私、贩卖、运输、制造毒品的；

（二）非法持有毒品的；

（三）非法种植毒品原植物的；

（四）非法买卖、运输、携带、持有未经灭活的毒品原植物种子或者幼苗的；

（五）非法传授麻醉药品、精神药品或者易制毒化学品制造方法的；

（六）强迫、引诱、教唆、欺骗他人吸食、注射毒品的；

（七）向他人提供毒品的。

第六十条 有下列行为之一，构成犯罪的，依法追究刑事责任；尚不构成犯罪的，依法给予治安管理处罚：

（一）包庇走私、贩卖、运输、制造毒品的犯罪分子，以及为犯罪分子窝藏、转移、隐瞒毒品或者犯罪所得财物的；

（二）在公安机关查处毒品违法犯罪活动时为违法犯罪行为人通风报信的；

（三）阻碍依法进行毒品检查的；

（四）隐藏、转移、变卖或者损毁司法机关、行政执法机关依法扣押、查封、冻结的涉及毒品违法犯罪活动的财物的。

第六十一条 容留他人吸食、注射毒品或者介绍买卖毒品，构成犯罪的，依法追究刑事责任；尚不构成犯罪的，由公安机关处十日以上十五日以下拘留，可以并处三千元以下罚款；情节较轻的，处五日以下拘留或者五百元以下罚款。

第六十二条 吸食、注射毒品的，依法给予治安管理处罚。吸毒人员主动到公安机关登记或者到有资质的医疗机构接受戒毒治疗的，不予处罚。

第六十三条 在麻醉药品、精神药品的实验研究、生产、经营、使用、储存、运输、进口、出口以及麻醉药品药用原植物种植活动中，违反国家规定，致使麻醉药品、精神药品或者麻醉药品药用原植物流入非法渠道，构成犯罪的，依法追究刑事责任；尚不构成犯罪的，依照有关法律、行政法规的规定给予处罚。

第六十四条 在易制毒化学品的生产、经营、购买、运输或者进口、出口活动中，违反国家规定，致使易制毒化学品流入非法渠道，构成犯罪的，依法追究刑事责任；尚不构成犯罪的，依照有关法律、行政法规的规定给予处罚。

第六十五条 娱乐场所及其从业人员实施毒品违法犯罪行为，或者为进入娱乐场所的人员实施毒品违法犯罪行为提供条件，构成犯罪的，依法追究刑事责任；尚不构成犯罪的，依照有关法律、行政法规的规定给予处罚。

娱乐场所经营管理人员明知场所内发生聚众吸食、注射毒品或者贩毒活动，不向公安机关报告的，依照前款的规定给予处罚。

第六十六条 未经批准，擅自从事戒毒治疗业务的，由卫生行政部门责令停止违法业务活动，没收违法所得和使用的药品、医疗器械等物品；构成犯罪的，依法追究刑事责任。

第六十七条 戒毒医疗机构发现接受戒毒治疗的戒毒人员在治疗期间吸食、注射毒品，不向公安机关报告的，由卫生行政部门责令改正；情节严重的，责令停业整顿。

第六十八条 强制隔离戒毒场所、医疗机构、医师违反规定使用麻醉药品、精神药品，构成犯罪的，依法追究刑事责任；尚不构成犯罪的，依照有关法律、行政法规的规定给予处罚。

第六十九条 公安机关、司法行政部门或者其他有关主管部门的工作人员在禁毒工作中有下列行为之一，构成犯罪的，依法追究刑事责任；尚不构成犯罪的，依法给予处分：

（一）包庇、纵容毒品违法犯罪人员的；

（二）对戒毒人员有体罚、虐待、侮辱等行为的；

（三）挪用、截留、克扣禁毒经费的；

（四）擅自处分查获的毒品和扣押、查封、冻结的涉及毒品违法犯罪活动的财物的。

第七十条 有关单位及其工作人员在入学、就业、享受社会保障等方面歧视戒毒人员的，由教育行政部门、劳动行政部门责令改正；给当事人造成损失的，依法承担赔偿责任。

第七章 附 则

第七十一条 本法自2008年6月1日起施行。《全国人民代表大会常务委员会关于禁毒的决定》同时废止。

附录2：戒毒条例

中华人民共和国国务院令
第597号

《戒毒条例》已经2011年6月22日国务院第160次常务会议通过，现予公布，自公布之日起施行。

总理　温家宝

二〇一一年六月二十六日

第一章　总　　则

第一条　为了规范戒毒工作，帮助吸毒成瘾人员戒除毒瘾，维护社会秩序，根据《中华人民共和国禁毒法》，制定本条例。

第二条　县级以上人民政府应当建立政府统一领导，禁毒委员会组织、协调、指导，有关部门各负其责，社会力量广泛参与的戒毒工作体制。

戒毒工作坚持以人为本、科学戒毒、综合矫治、关怀救助的原则，采取自愿戒毒、社区戒毒、强制隔离戒毒、社区康复等多种措施，建立戒毒治疗、康复指导、救助服务兼备的工作体系。

第三条　县级以上人民政府应当按照国家有关规定将戒毒工作所需经费列入本级财政预算。

第四条　县级以上地方人民政府设立的禁毒委员会可以组织公安机关、卫生行政和负责药品监督管理的部门开展吸毒监测、调查，并向社会公开监测、调查结果。

县级以上地方人民政府公安机关负责对涉嫌吸毒人员进行检测，对吸毒人员进行登记并依法实行动态管控，依法责令社区戒毒、决定强制隔离戒毒、责令社区康复，管理公安机关的强制隔离戒毒场所、戒毒康复场所，对社区戒毒、社区康复工作提供指导和支持。

设区的市级以上地方人民政府司法行政部门负责管理司法行政部门的强制隔离戒毒场所、戒毒康复场所，对社区戒毒、社区康复工作提供指导和支持。

县级以上地方人民政府卫生行政部门负责戒毒医疗机构的监督管理，会同公安机关、司法行政等部门制定戒毒医疗机构设置规划，对戒毒医疗服务提供指导和支持。

县级以上地方人民政府民政、人力资源社会保障、教育等部门依据各自的职责，对社区戒毒、社区康复工作提供康复和职业技能培训等指导和支持。

第五条 乡（镇）人民政府、城市街道办事处负责社区戒毒、社区康复工作。

第六条 县级、设区的市级人民政府需要设置强制隔离戒毒场所、戒毒康复场所的，应当合理布局，报省、自治区、直辖市人民政府批准，并纳入当地国民经济和社会发展规划。

强制隔离戒毒场所、戒毒康复场所的建设标准，由国务院建设部门、发展改革部门会同国务院公安部门、司法行政部门制定。

第七条 戒毒人员在入学、就业、享受社会保障等方面不受歧视。

对戒毒人员戒毒的个人信息应当依法予以保密。对戒断3年未复吸的人员，不再实行动态管控。

第八条 国家鼓励、扶持社会组织、企业、事业单位和个人参与戒毒科研、戒毒社会服务和戒毒社会公益事业。

对在戒毒工作中有显著成绩和突出贡献的，按照国家有关规定给予表彰、奖励。

第二章 自愿戒毒

第九条 国家鼓励吸毒成瘾人员自行戒除毒瘾。吸毒人员可以自行到戒毒医疗机构接受戒毒治疗。对自愿接受戒毒治疗的吸毒人员，公安机关对其原吸毒行为不予处罚。

第十条 戒毒医疗机构应当与自愿戒毒人员或者其监护人签订自愿戒毒协议，就戒毒方法、戒毒期限、戒毒的个人信息保密、戒毒人员应当遵守的规章制度、终止戒毒治疗的情形等作出约定，并应当载明戒毒疗效、戒毒治疗风险。

第十一条 戒毒医疗机构应当履行下列义务：

（一）对自愿戒毒人员开展艾滋病等传染病的预防、咨询教育；

（二）对自愿戒毒人员采取脱毒治疗、心理康复、行为矫治等多种治疗措施，并应当符合国务院卫生行政部门制定的戒毒治疗规范；

（三）采用科学、规范的诊疗技术和方法，使用的药物、医院制剂、医疗器械应当符合国家有关规定；

（四）依法加强药品管理，防止麻醉药品、精神药品流失滥用。

第十二条 符合参加戒毒药物维持治疗条件的戒毒人员，由本人申请，并经登记，可以参加戒毒药物维持治疗。登记参加戒毒药物维持治疗的戒毒人员的信息应当及时报公安机关备案。

戒毒药物维持治疗的管理办法，由国务院卫生行政部门会同国务院公安部门、药品监督管理部门制定。

第三章　社区戒毒

第十三条 对吸毒成瘾人员，县级、设区的市级人民政府公安机关可以责令其接受社区戒毒，并出具责令社区戒毒决定书，送达本人及其家属，通知本人户籍所在地或者现居住地乡（镇）人民政府、城市街道办事处。

第十四条 社区戒毒人员应当自收到责令社区戒毒决定书之日起 15 日内到社区戒毒执行地乡（镇）人民政府、城市街道办事处报到，无正当理由逾期不报到的，视为拒绝接受社区戒毒。

社区戒毒的期限为 3 年，自报到之日起计算。

第十五条 乡（镇）人民政府、城市街道办事处应当根据工作需要成立社区戒毒工作领导小组，配备社区戒毒专职工作人员，制定社区戒毒工作计划，落实社区戒毒措施。

第十六条 乡（镇）人民政府、城市街道办事处，应当在社区戒毒人员报到后及时与其签订社区戒毒协议，明确社区戒毒的具体措施、社区戒毒人员应当遵守的规定以及违反社区戒毒协议应承担的责任。

第十七条 社区戒毒专职工作人员、社区民警、社区医务人员、社区戒毒人员的家庭成员以及禁毒志愿者共同组成社区戒毒工作小组具体实施社区戒毒。

第十八条 乡（镇）人民政府、城市街道办事处和社区戒毒工作小组应当采取下列措施管理、帮助社区戒毒人员：

（一）戒毒知识辅导；

（二）教育、劝诫；

（三）职业技能培训，职业指导，就学、就业、就医援助；

（四）帮助戒毒人员戒除毒瘾的其他措施。

第十九条 社区戒毒人员应当遵守下列规定：

（一）履行社区戒毒协议；

（二）根据公安机关的要求，定期接受检测；

（三）离开社区戒毒执行地所在县（市、区）3 日以上的，须书面报告。

第二十条 社区戒毒人员在社区戒毒期间，逃避或者拒绝接受检测 3 次以上，擅自离开社区戒毒执行地所在县（市、区）3 次以上或者累计超过 30 日的，属于《中华人民共和国禁毒法》规定的“严重违反社区戒毒协议”。

第二十一条 社区戒毒人员拒绝接受社区戒毒，在社区戒毒期间又吸食、注射毒品，以及严重违反社区戒毒协议的，社区戒毒专职工作人员应当及时向当地公安机关报告。

第二十二条 社区戒毒人员的户籍所在地或者现居住地发生变化，需要变更社区戒毒执行地的，社区戒毒执行地乡（镇）人民政府、城市街道办事处应当将有关材料转送至变更后的乡（镇）人民政府、城市街道办事处。

社区戒毒人员应当自社区戒毒执行地变更之日起15日内前往变更后的乡（镇）人民政府、城市街道办事处报到，社区戒毒时间自报到之日起连续计算。

变更后的乡（镇）人民政府、城市街道办事处，应当按照本条例第十六条的规定，与社区戒毒人员签订新的社区戒毒协议，继续执行社区戒毒。

第二十三条 社区戒毒自期满之日起解除。社区戒毒执行地公安机关应当出具解除社区戒毒通知书送达社区戒毒人员本人及其家属，并在7日内通知社区戒毒执行地乡（镇）人民政府、城市街道办事处。

第二十四条 社区戒毒人员被依法收监执行刑罚、采取强制性教育措施的，社区戒毒终止。

社区戒毒人员被依法拘留、逮捕的，社区戒毒中止，由羁押场所给予必要的戒毒治疗，释放后继续接受社区戒毒。

第四章 强制隔离戒毒

第二十五条 吸毒成瘾人员有《中华人民共和国禁毒法》第三十八条第一款所列情形之一的，由县级、设区的市级人民政府公安机关作出强制隔离戒毒的决定。

对于吸毒成瘾严重，通过社区戒毒难以戒除毒瘾的人员，县级、设区的市级人民政府公安机关可以直接作出强制隔离戒毒的决定。

吸毒成瘾人员自愿接受强制隔离戒毒的，经强制隔离戒毒场所所在地县级、设区的市级人民政府公安机关同意，可以进入强制隔离戒毒场所戒毒。强制隔离戒毒场所应当与其就戒毒治疗期限、戒毒治疗措施等作出约定。

第二十六条 对依照《中华人民共和国禁毒法》第三十九条第一款规定不适用强制隔离戒毒的吸毒成瘾人员，县级、设区的市级人民政府公安机关应当作出社区戒毒的决定，依照本条例第三章的规定进行社区戒毒。

第二十七条 强制隔离戒毒的期限为2年，自作出强制隔离戒毒决定之日起计算。

被强制隔离戒毒的人员在公安机关的强制隔离戒毒场所执行强制隔离戒毒3个月至6个月后，转至司法行政部门的强制隔离戒毒场所继续执行强制隔离戒毒。

执行前款规定不具备条件的省、自治区、直辖市，由公安机关和司法行政部门共同提出意见报省、自治区、直辖市人民政府决定具体执行方案，但在公安机关的强制隔离戒毒场所执行强制隔离戒毒的时间不得超过 12 个月。

第二十八条 强制隔离戒毒场所对强制隔离戒毒人员的身体和携带物品进行检查时发现的毒品等违禁品，应当依法处理；对生活必需品以外的其他物品，由强制隔离戒毒场所代为保管。

女性强制隔离戒毒人员的身体检查，应当由女性工作人员进行。

第二十九条 强制隔离戒毒场所设立戒毒医疗机构应当经所在地省、自治区、直辖市人民政府卫生行政部门批准。强制隔离戒毒场所应当配备设施设备及必要的管理人员，依法为强制隔离戒毒人员提供科学规范的戒毒治疗、心理治疗、身体康复训练和卫生、道德、法制教育，开展职业技能培训。

第三十条 强制隔离戒毒场所应当根据强制隔离戒毒人员的性别、年龄、患病等情况对强制隔离戒毒人员实行分别管理；对吸食不同种类毒品的，应当有针对性地采取必要的治疗措施；根据戒毒治疗的不同阶段和强制隔离戒毒人员的表现，实行逐步适应社会的分级管理。

第三十一条 强制隔离戒毒人员患严重疾病，不出所治疗可能危及生命的，经强制隔离戒毒场所主管机关批准，并报强制隔离戒毒决定机关备案，强制隔离戒毒场所可以允许其所外就医。所外就医的费用由强制隔离戒毒人员本人承担。

所外就医期间，强制隔离戒毒期限连续计算。对于健康状况不再适宜回所执行强制隔离戒毒的，强制隔离戒毒场所应当向强制隔离戒毒决定机关提出变更为社区戒毒的建议，强制隔离戒毒决定机关应当自收到建议之日起 7 日内，作出是否批准的决定。经批准变更为社区戒毒的，已执行的强制隔离戒毒期限折抵社区戒毒期限。

第三十二条 强制隔离戒毒人员脱逃的，强制隔离戒毒场所应当立即通知所在地县级人民政府公安机关，并配合公安机关追回脱逃人员。被追回的强制隔离戒毒人员应当继续执行强制隔离戒毒，脱逃期间不计入强制隔离戒毒期限。被追回的强制隔离戒毒人员不得提前解除强制隔离戒毒。

第三十三条 对强制隔离戒毒场所依照《中华人民共和国禁毒法》第四十七条第二款、第三款规定提出的提前解除强制隔离戒毒、延长戒毒期限的意见，强制隔离戒毒决定机关应当自收到意见之日起 7 日内，作出是否批准的决定。对提前解除强制隔离戒毒或者延长强制隔离戒毒期限的，批准机关应当出具提前解除强制隔离戒毒决定书或者延长强制隔离戒毒期限决定书，送达被决定人，并在送达后 24 小时以内通知被决定人的家属、所在单位以及其户籍所在地或者现居住地公安派出所。

第三十四条 解除强制隔离戒毒的，强制隔离戒毒场所应当在解除强制隔离戒毒 3 日前通知强制隔离戒毒决定机关，出具解除强制隔离戒毒证明书送达戒毒人员本人，并通知其家属、所在单位、其户籍所在地或者现居住地公安派出所将其领回。

第三十五条 强制隔离戒毒诊断评估办法由国务院公安部门、司法行政部门会同国务院卫生行政部门制定。

第三十六条 强制隔离戒毒人员被依法收监执行刑罚、采取强制性教育措施或者被依法拘留、逮捕的，由监管场所、羁押场所给予必要的戒毒治疗，强制隔离戒毒的时间连续计算；刑罚执行完毕时、解除强制性教育措施时或者释放时强制隔离戒毒尚未期满的，继续执行强制隔离戒毒。

第五章 社区康复

第三十七条 对解除强制隔离戒毒的人员，强制隔离戒毒的决定机关可以责令其接受不超过3年的社区康复。

社区康复在当事人户籍所在地或者现居住地乡（镇）人民政府、城市街道办事处执行，经当事人同意，也可以在戒毒康复场所中执行。

第三十八条 被责令接受社区康复的人员，应当自收到责令社区康复决定书之日起15日内到户籍所在地或者现居住地乡（镇）人民政府、城市街道办事处报到，签订社区康复协议。

被责令接受社区康复的人员拒绝接受社区康复或者严重违反社区康复协议，并再次吸食、注射毒品被决定强制隔离戒毒的，强制隔离戒毒不得提前解除。

第三十九条 负责社区康复工作的人员应当为社区康复人员提供必要的心理治疗和辅导、职业技能培训、职业指导以及就学、就业、就医援助。

第四十条 社区康复自期满之日起解除。社区康复执行地公安机关出具解除社区康复通知书送达社区康复人员本人及其家属，并在7日内通知社区康复执行地乡（镇）人民政府、城市街道办事处。

第四十一条 自愿戒毒人员、社区戒毒、社区康复的人员可以自愿与戒毒康复场所签订协议，到戒毒康复场所戒毒康复、生活和劳动。

戒毒康复场所应当配备必要的管理人员和医务人员，为戒毒人员提供戒毒康复、职业技能培训和生产劳动条件。

第四十二条 戒毒康复场所应当加强管理，严禁毒品流入，并建立戒毒康复人员自我管理、自我教育、自我服务的机制。

戒毒康复场所组织戒毒人员参加生产劳动，应当参照国家劳动用工制度的规定支付劳动报酬。

第六章 法律责任

第四十三条 公安、司法行政、卫生行政等有关部门工作人员泄露戒毒人员个人信息的，依法给予处分；构成犯罪的，依法追究刑事责任。

第四十四条 乡（镇）人民政府、城市街道办事处负责社区戒毒、社区康复工作的人员有下列行为之一的，依法给予处分：

（一）未与社区戒毒、社区康复人员签订社区戒毒、社区康复协议，不落实社区戒毒、社区康复措施的；

（二）不履行本条例第二十一条规定的报告义务的；

（三）其他不履行社区戒毒、社区康复监督职责的行为。

第四十五条 强制隔离戒毒场所的工作人员有下列行为之一的，依法给予处分；构成犯罪的，依法追究刑事责任：

（一）侮辱、虐待、体罚强制隔离戒毒人员的；

（二）收受、索要财物的；

（三）擅自使用、损毁、处理没收或者代为保管的财物的；

（四）为强制隔离戒毒人员提供麻醉药品、精神药品或者违反规定传递其他物品的；

（五）在强制隔离戒毒诊断评估工作中弄虚作假的；

（六）私放强制隔离戒毒人员的；

（七）其他徇私舞弊、玩忽职守、不履行法定职责的行为。

第七章 附 则

第四十六条 本条例自公布之日起施行。1995 年 1 月 12 日国务院发布的《强制戒毒办法》同时废止。

附录 3：党政机关公文处理工作条例

第一章 总　　则

第一条　为了适应中国共产党机关和国家行政机关（以下简称党政机关）工作需要，推进党政机关公文处理工作科学化、制度化、规范化，制定本条例。

第二条　本条例适用于各级党政机关公文处理工作。

第三条　党政机关公文是党政机关实施领导、履行职能、处理公务的具有特定效力和规范体式的文书，是传达贯彻党和国家的方针政策，公布法规和规章，指导、布置和商洽工作，请示和答复问题，报告、通报和交流情况等的重要工具。

第四条　公文处理工作是指公文拟制、办理、管理等一系列相互关联、衔接有序的工作。

第五条　公文处理工作应当坚持实事求是、准确规范、精简高效、安全保密的原则。

第六条　各级党政机关应当高度重视公文处理工作，加强组织领导，强化队伍建设，设立文秘部门或者由专人负责公文处理工作。

第七条　各级党政机关办公厅（室）主管本机关的公文处理工作，并对下级机关的公文处理工作进行业务指导和督促检查。

第二章 公文种类

第八条　公文种类主要有：

（一）决议。适用于会议讨论通过的重大决策事项。

（二）决定。适用于对重要事项作出决策和部署、奖惩有关单位和人员、变更或者撤销下级机关不适当的决定事项。

（三）命令（令）。适用于公布行政法规和规章、宣布施行重大强制性措施、批准授予和晋升衔级、嘉奖有关单位和人员。

（四）公报。适用于公布重要决定或者重大事项。

（五）公告。适用于向国内外宣布重要事项或者法定事项。

（六）通告。适用于在一定范围内公布应当遵守或者周知的事项。

（七）意见。适用于对重要问题提出见解和处理办法。

（八）通知。适用于发布、传达要求下级机关执行和有关单位周知或者执行的事项，批转、转发公文。

（九）通报。适用于表彰先进、批评错误、传达重要精神和告知重要情况。

（十）报告。适用于向上级机关汇报工作、反映情况，回复上级机关的询问。

（十一）请示。适用于向上级机关请求指示、批准。

（十二）批复。适用于答复下级机关请示事项。

（十三）议案。适用于各级人民政府按照法律程序向同级人民代表大会或者人民代表大会常务委员会提请审议事项。

（十四）函。适用于不相隶属机关之间商洽工作、询问和答复问题、请求批准和答复审批事项。

（十五）纪要。适用于记载会议主要情况和议定事项。

第三章　公文格式

第九条　公文一般由份号、密级和保密期限、紧急程度、发文机关标志、发文字号、签发人、标题、主送机关、正文、附件说明、发文机关署名、成文日期、印章、附注、附件、抄送机关、印发机关和印发日期、页码等组成。

（一）份号。公文印制份数的顺序号。涉密公文应当标注份号。

（二）密级和保密期限。公文的秘密等级和保密的期限。涉密公文应当根据涉密程度分别标注“绝密”“机密”“秘密”和保密期限。

（三）紧急程度。公文送达和办理的时限要求。根据紧急程度，紧急公文应当分别标注“特急”“加急”，电报应当分别标注“特提”“特急”“加急”“平急”。

（四）发文机关标志。由发文机关全称或者规范化简称加“文件”二字组成，也可以使用发文机关全称或者规范化简称。联合行文时，发文机关标志可以并用联合发文机关名称，也可以单独用主办机关名称。

（五）发文字号。由发文机关代字、年份、发文顺序号组成。联合行文时，使用主办机关的发文字号。

（六）签发人。上行文应当标注签发人姓名。

（七）标题。由发文机关名称、事由和文种组成。

（八）主送机关。公文的主要受理机关，应当使用机关全称、规范化简称或者同类型机关统称。

（九）正文。公文的主体，用来表述公文的内容。

（十）附件说明。公文附件的顺序号和名称。

（十一）发文机关署名。署发文机关全称或者规范化简称。

（十二）成文日期。署会议通过或者发文机关负责人签发的日期。联合行文时，署最后签发机关负责人签发的日期。

（十三）印章。公文中有发文机关署名的，应当加盖发文机关印章，并与署名机关相符。有特定发文机关标志的普发性公文和电报可以不加盖印章。

（十四）附注。公文印发传达范围等需要说明的事项。

（十五）附件。公文正文的说明、补充或者参考资料。

（十六）抄送机关。除主送机关外需要执行或者知晓公文内容的其他机关，应当使用机关全称、规范化简称或者同类型机关统称。

（十七）印发机关和印发日期。公文的送印机关和送印日期。

（十八）页码。公文页数顺序号。

第十条 公文的版式按照《党政机关公文格式》国家标准执行。

第十一条 公文使用的汉字、数字、外文字符、计量单位和标点符号等，按照有关国家标准和规定执行。民族自治地方的公文，可以并用汉字和当地通用的少数民族文字。

第十二条 公文用纸幅面采用国际标准 A4 型。特殊形式的公文用纸幅面，根据实际需要确定。

第四章 行文规则

第十三条 行文应当确有必要，讲求实效，注重针对性和可操作性。

第十四条 行文关系根据隶属关系和职权范围确定。一般不得越级行文，特殊情况需要越级行文的，应当同时抄送被越过的机关。

第十五条 向上级机关行文，应当遵循以下规则：

（一）原则上主送一个上级机关，根据需要同时抄送相关上级机关和同级机关，不抄送下级机关。

（二）党委、政府的部门向上级主管部门请示、报告重大事项，应当经本级党委、政府同意或者授权；属于部门职权范围内的事项应当直接报送上级主管部门。

（三）下级机关的请示事项，如需以本机关名义向上级机关请示，应当提出倾向性意见后上报，不得原文转报上级机关。

（四）请示应当一文一事。不得在报告等非请示性公文中夹带请示事项。

（五）除上级机关负责人直接交办事项外，不得以本机关名义向上级机关负责人报送公文，不得以本机关负责人名义向上级机关报送公文。

（六）受双重领导的机关向一个上级机关行文，必要时抄送另一个上级机关。

第十六条 向下级机关行文，应当遵循以下规则：

（一）主送受理机关，根据需要抄送相关机关。重要行文应当同时抄送发文机关的直接上级机关。

（二）党委、政府的办公厅（室）根据本级党委、政府授权，可以向下级党委、政府行文，其他部门和单位不得向下级党委、政府发布指令性公文或者在公文中向下级党委、政府提出指令性要求。需经政府审批的具体事项，经政府同意后可以由政府职能部门行文，文中须注明已经政府同意。

（三）党委、政府的部门在各自职权范围内可以向下级党委、政府的相关部门行文。

（四）涉及多个部门职权范围内的事务，部门之间未协商一致的，不得向下行文；擅自行文的，上级机关应当责令其纠正或者撤销。

（五）上级机关向受双重领导的下级机关行文，必要时抄送该下级机关的另一个上级机关。

第十七条 同级党政机关、党政机关与其他同级机关必要时可以联合行文。属于党委、政府各自职权范围内的工作，不得联合行文。

党委、政府的部门依据职权可以相互行文。

部门内设机构除办公厅（室）外不得对外正式行文。

第五章 公文拟制

第十八条 公文拟制包括公文的起草、审核、签发等程序。

第十九条 公文起草应当做到：

（一）符合党的理论路线方针政策和国家法律法规，完整准确体现发文机关意图，并同现行有关公文相衔接。

（二）一切从实际出发，分析问题实事求是，所提政策措施和办法切实可行。

（三）内容简洁，主题突出，观点鲜明，结构严谨，表述准确，文字精练。

（四）文种正确，格式规范。

（五）深入调查研究，充分进行论证，广泛听取意见。

（六）公文涉及其他地区或者部门职权范围内的事项，起草单位必须征求相关地区或者部门意见，力求达成一致。

（七）机关负责人应当主持、指导重要公文起草工作。

第二十条 公文文稿签发前，应当由发文机关办公厅（室）进行审核。审核的重点是：

（一）行文理由是否充分，行文依据是否准确。

（二）内容是否符合党的理论路线方针政策和国家法律法规；是否完整准确体现发文机关意图；是否同现行有关公文相衔接；所提政策措施和办法是否切实可行。

（三）涉及有关地区或者部门职权范围内的事项是否经过充分协商并达成一致意见。

（四）文种是否正确，格式是否规范；人名、地名、时间、数字、段落顺序、引文等是否准确；文字、数字、计量单位和标点符号等用法是否规范。

（五）其他内容是否符合公文起草的有关要求。

需要发文机关审议的重要公文文稿，审议前由发文机关办公厅（室）进行初核。

第二十一条 经审核不宜发文的公文文稿，应当退回起草单位并说明理由；符合发文条件但内容需作进一步研究和修改的，由起草单位修改后重新报送。

第二十二条 公文应当经本机关负责人审批签发。重要公文和上行文由机关主要负责人签发。党委、政府的办公厅（室）根据党委、政府授权制发的公文，由受权机关主要负责人签发或者按照有关规定签发。签发人签发公文，应当签署意见、姓名和完整日期；圈阅或者签名的，视为同意。联合发文由所有联署机关的负责人会签。

第六章 公文办理

第二十三条 公文办理包括收文办理、发文办理和整理归档。

第二十四条 收文办理主要程序是：

（一）签收。对收到的公文应当逐件清点，核对无误后签字或者盖章，并注明签收时间。

（二）登记。对公文的主要信息和办理情况应当详细记载。

（三）初审。对收到的公文应当进行初审。初审的重点是：是否应当由本机关办理，是否符合行文规则，文种、格式是否符合要求，涉及其他地区或者部门职权范围内的事项是否已经协商、会签，是否符合公文起草的其他要求。经初审不符合规定的公文，应当及时退回来文单位并说明理由。

（四）承办。阅知性公文应当根据公文内容、要求和工作需要确定范围后分送。批办性公文应当提出拟办意见报本机关负责人批示或者转有关部门办理；需要两个以上部门办理的，应当明确主办部门。紧急公文应当明确办理时限。承办部门对交办的公文应当及时办理，有明确办理时限要求的应当在规定时限内办理完毕。

（五）传阅。根据领导批示和工作需要将公文及时送传阅对象阅知或者批示。办理公文传阅应当随时掌握公文去向，不得漏传、误传、延误。

（六）催办。及时了解掌握公文的办理进展情况，督促承办部门按期办结。紧急公文或者重要公文应当由专人负责催办。

（七）答复。公文的办理结果应当及时答复来文单位，并根据需要告知相关单位。

第二十五条 发文办理主要程序是：

（一）复核。已经发文机关负责人签批的公文，印发前应当对公文的审批手续、内容、文种、格式等进行复核；需作实质性修改的，应当报原签批人复审。

（二）登记。对复核后的公文，应当确定发文字号、分送范围和印制份数并详细记载。

（三）印制。公文印制必须确保质量和时效。涉密公文应当在符合保密要求的场所印制。

（四）核发。公文印制完毕，应当对公文的文字、格式和印刷质量进行检查后分发。

第二十六条 涉密公文应当通过机要交通、邮政机要通信、城市机要文件交换站或者收发件机关机要收发人员进行传递，通过密码电报或者符合国家保密规定的计算机信息系统进行传输。

第二十七条 需要归档的公文及有关材料，应当根据有关档案法律法规以及机关档案管理规定，及时收集齐全、整理归档。两个以上机关联合办理的公文，原件由主办机关归档，相关机关保存复制件。机关负责人兼任其他机关职务的，在履行所兼职务过程中形成的公文，由其兼职机关归档。

第七章 公文管理

第二十八条 各级党政机关应当建立健全本机关公文管理制度，确保管理严格规范，充分发挥公文效用。

第二十九条 党政机关公文由文秘部门或者专人统一管理。设立党委（党组）的县级以上单位应当建立机要保密室和机要阅文室，并按照有关保密规定配备工作人员和必要的安全保密设施设备。

第三十条 公文确定密级前，应当按照拟定的密级先行采取保密措施。确定密级后，应当按照所定密级严格管理。绝密级公文应当由专人管理。

公文的密级需要变更或者解除的，由原确定密级的机关或者其上级机关决定。

第三十一条 公文的印发传达范围应当按照发文机关的要求执行；需要变更的，应当经发文机关批准。

涉密公文公开发布前应当履行解密程序。公开发布的时间、形式和渠道，由发文机关确定。

经批准公开发布的公文，同发文机关正式印发的公文具有同等效力。

第三十二条 复制、汇编机密级、秘密级公文，应当符合有关规定并经本机关负责人批准。绝密级公文一般不得复制、汇编，确有工作需要的，应当经发文机关或者其上级机关批准。复制、汇编的公文视同原件管理。

复制件应当加盖复制机关戳记。翻印件应当注明翻印的机关名称、日期。汇编本的密级按照编入公文的最高密级标注。

第三十三条 公文的撤销和废止，由发文机关、上级机关或者权力机关根据职权范围和有关法律法规决定。公文被撤销的，视为自始无效；公文被废止的，视为自废止之日起失效。

第三十四条 涉密公文应当按照发文机关的要求和有关规定进行清退或者销毁。

第三十五条 不具备归档和保存价值的公文，经批准后可以销毁。销毁涉密公文必须严格按照有关规定履行审批登记手续，确保不丢失、不漏销。个人不得私自销毁、留存涉密公文。

第三十六条 机关合并时，全部公文应当随之合并管理；机关撤销时，需要归档的公文经整理后按照有关规定移交档案管理部门。

工作人员离岗离职时，所在机关应当督促其将暂存、借用的公文按照有关规定移交、清退。

第三十七条 新设立的机关应当向本级党委、政府的办公厅（室）提出发文立户申请。经审查符合条件的，列为发文单位，机关合并或者撤销时，相应进行调整。

第八章　附　　则

第三十八条 党政机关公文含电子公文。电子公文处理工作的具体办法另行制定。

第三十九条 法规、规章方面的公文，依照有关规定处理。外事方面的公文，依照外事主管部门的有关规定处理。

第四十条 其他机关和单位的公文处理工作，可以参照本条例执行。

第四十一条 本条例由中共中央办公厅、国务院办公厅负责解释。

第四十二条 本条例自2012年7月1日起施行。1996年5月3日中共中央办公厅发布的《中国共产党机关公文处理条例》和2000年8月24日国务院发布的《国家行政机关公文处理办法》停止执行。

主要参考文献

1. 司法部戒毒管理局:《司法行政强制隔离戒毒执法实务》,法律出版社2017年版。

2. 司法部戒毒管理局:《司法行政强制隔离戒毒管理实务》,法律出版社2017年版。

3. 汪宗亮:《强制隔离戒毒场所执法文书制作》,浙江大学出版社2013年版。

4. 司法部戒毒管理局:《司法行政戒毒工作培训教材》,法律出版社2017年版。

5. 李岚、梁志东、张敏发:《强制隔离戒毒矫治与管理实务》,暨南大学出版社2011年版。

6. 潘庆云:《法律文书》,中国政法大学出版社2017年版。

7. 李晓棠:《书记员工作实务》,中国人民大学出版社2010年版。

8. 姬瑞环、张虹:《公文写作与处理》,中国人民大学出版社2014年版。

9. 王瑜珲:《新编应用写作教程》,吉林大学出版社2013年版。

10. 吴丙林:《监狱文书制作原理与实务》,中国市场出版社2012年版。

图书在版编目（CIP）数据

强制隔离戒毒文书制作与应用／陈书成主编. --北京：中国人民公安大学出版社，2021.11

ISBN 978-7-5653-4342-1

Ⅰ.①强… Ⅱ.①陈… Ⅲ.①戒毒—法律文书—基本知识—中国 Ⅳ.①D922.14

中国版本图书馆CIP数据核字（2021）第177611号

强制隔离戒毒文书制作与应用

陈书成 主编

出版发行：中国人民公安大学出版社
地　　址：北京市西城区木樨地南里
邮政编码：100038
经　　销：新华书店
印　　刷：北京市泰锐印刷有限责任公司

版　　次：2021年11月第1版
印　　次：2021年11月第1次
印　　张：19.75
开　　本：787毫米×1092毫米　1/16
字　　数：400千字

书　　号：ISBN 978-7-5653-4342-1
定　　价：68.00元

网　　址：www.cppsup.com.cn　www.porclub.com.cn
电子邮箱：zbs@cppsup.com　zbs@cppsu.edu.cn

营销中心电话：010-83903991
读者服务部电话（门市）：010-83903257
警官读者俱乐部电话（网购、邮购）：010-83901775
法律分社电话：010-83905745